普通高等教育“十三五”规划教材
中国科学院规划教材·经济管理类核心课系列

计量经济学
——基于R语言的实现
（第二版）

王　涛　田秀杰　主编

科学出版社
北　京

内 容 简 介

本书对计量经济学的基础概念、核心理论、基本方法等视角进行系统的介绍，对其度量和分析操作的实现方案进行具体的讲解，并结合案例和编程，使计量经济学课程的理论与实践学习相融合。作为技能培训教材，本书能够让使用者快速上手。

本书适合高等学校经济管理类专业的本科生和研究生使用。本书是更好地理解和学习高级计量经济学的重要参考资料，也是社会科学研究工作者进行各类实证分析的参考资料和工具书。

图书在版编目（CIP）数据

计量经济学：基于 R 语言的实现 / 王涛，田秀杰主编. —2 版. —北京：科学出版社，2021.10

普通高等教育"十三五"规划教材

中国科学院规划教材・经济管理类核心课系列

ISBN 978-7-03-067806-5

Ⅰ. ①计… Ⅱ. ①王… ②田… Ⅲ. ①计量经济学－高等学校－教材 Ⅳ. ①F224.0

中国版本图书馆 CIP 数据核字（2020）第 271864 号

责任编辑：王京苏 / 责任校对：贾娜娜
责任印制：张 伟 / 封面设计：蓝正设计

科学出版社出版
北京东黄城根北街 16 号
邮政编码：100717
http://www.sciencep.com

北京九州迅驰传媒文化有限公司印刷
科学出版社发行 各地新华书店经销

*

2015 年 6 月第 一 版 开本：787×1092 1/16
2021 年 10 月第 二 版 印张：15 1/4
2025 年 7 月第五次印刷 字数：361 000

定价：52.00 元

（如有印装质量问题，我社负责调换）

前　言

在举国欢庆中华人民共和国成立70周年之际，我们完成了本书的再版修订的初稿，作为一份礼物献给欣欣向荣的祖国。70年来，共和国的建设者积累了一系列丰富的建设经验，为人类社会的文明进步贡献了中国的智慧，这些智慧和经验的系统化就是推动全球文明与社会进步的理论体系。然而科学成果的推广、应用是需要普遍认同的，即需要通过科学界普遍认同的语言和论证的方式来实现。计量经济学是社会科学界普遍认同的工具语言，也是每一位社会科学研究工作者必须具备的基本技能。为此，我们在本书第一版探索性教学意见汇集的基础上，将发现的一些疏漏和不理想之处，在本次再版中进行了改进。

学者们在经济学界结合渐进式的改革探索，积累了较为丰富的各类实验性数据，也为经济理论的创新和发展提供了宝贵的经验。这些理论的系统化，以及科学性的论证工作都是经济工作者的责任和义务。使用主流经济学的语言和方法，让经济学界普遍理解这些经验和规律，也是意义重大的事业。

本书适用于对社会经济活动分析、大数据挖掘与应用等工作有需求的读者，是进行基础性训练的好帮手。

本书由王涛教授、田秀杰副教授主编，参编教师有符建华副教授、刘福香副教授、张宇讲师等，在此感谢哈尔滨商业大学和科学出版社各位编辑的努力与合作。

目　录

第1章

计量经济学与基础工具

学习一门新课程必须对该课程的知识体系有所了解，需要系统掌握其基础理论和基本方法，同时还要为知识的应用做好准备。由于学习本课程的同学大多是在大学的高年级和研究生阶段，正是需要撰写论文和应用本课程所学方法进行研究的学习阶段，所以在实践中学习是个效率最高的学习方法。为此本章主要对本课程的基本内容和学习中主要使用的工具做概况性的介绍。

1.1 计量经济学简介

学习新知识与结识新朋友一样，首先要了解其基本信息，他是什么样的人，他的来龙去脉，与我的关系怎样，以及对我有什么用等。计量经济学是什么样的学科？对我们有什么用？是我们学习计量经济学首先要明确的内容。

1.1.1 计量经济学的含义

计量经济学（econometrics）或称为经济计量学，在不同的教材中对本课程的理解也不尽相同。主要的表述介绍如下。

1. 不同的观察视角

第一，将本课程理解为多学科的交叉而产生的边缘学科。这是学科产生之初，由创始人挪威的经济学家弗里希（Frisch）于1926年给出的通俗解释：计量经济学是统计学、经济理论和数学的结合，即量化了的经济理论与统计观测相融合的结晶。这一解释在人们还不了解本学科内容的情况下是必要的，也是有效的概括性表达。但是这种抽象概括并不能反映出本课程的本质内容，需要给出一个恰当的定义。

第二，本课程实属舶来品，所以在翻译时，会因译者对本学科的特点理解不同而造成差异。如有人译为计量经济学也有人译为经济计量学，这是因为本课程引进国内时主要是用于教学，而其中的数理统计知识在当时的高校普及程度有限，所以讲授本课程的教师也多数是从事数学和统计学的，进而本课程的教学内容就偏重统计学和数学的推导和证明。因此将其理解为经济计量学的大有人在。随着相关知识的普及，解决经济管理等领域问题的研究越来越多，因此人们反而普遍认同计量经济学的称谓。

第三，如今计量经济学的方法已经广泛应用于各类科学研究的过程中，已经成为科学研究的通用工具和语言，其定性与定量分析融合的内容更为突出，与各专业融合的特点更为显著。因此也开始出现管理计量学、金融计量学、法律计量学等各种提法。但是从方法论的本质来看，无外乎都是计量经济学的方法在各个专业领域的应用，因此本学科已经成为社会科学研究的方法论基础。

2. 计量经济学的本质性定义

计量经济学是人们在探索经济实证研究方法的过程中，广泛地应用统计学、数学等方法而产生的，适合于小样本观察的、思维严谨的、可操作性较强的现代社会科学领域的研究方法论。它是借助数学语言和工具，利用数理统计学的抽样推断思想与方法，通过对经济统计学等关于社会经济状况的观察，建立反映社会经济关系的方程式或方程组，来模拟社会经济现象的生成过程，并发现其变化规律，寻找其决定性因果关系的过程，对这一模拟过程的简单概括就是经济建模过程。因此计量经济学是通过经济建模来实证经济理论、模拟经济政策运作、进行经济预测和结构分析的方法论学说。

1.1.2 计量经济学的产生与发展

通过对本课程的产生和发展演变过程的观察，可以帮助我们理解本课程的性质和理论知识体系，也有助于认识本课程的发展方向及对我们的作用。

1. 思想与方法的萌芽

经济学萌芽于1676年威廉·配第所写的《政治算术》，马克思认为这是经济学的开篇之作；而主流经济学却认为经济学的基石之作是1776年亚当·斯密发表的《国富论》。这两部刚好相差一个世纪的著作，在英国历史上都是具有重大影响力的，甚至是加快人类文明历史进程的巨著。《政治算术》的核心是客观系统地分析国家之间的竞争实力；而《国富论》的中心是揭示市场中看不见的手的原理，即理性思维和决策均衡规律的探寻，这些都是经济分析的精髓和宝贵财富。但是其所用的分析方法都属于自然语言的逻辑表达，且不同的翻译版本对同一用词的理解也存在差异，表现出思想表达的不同，因而也产生了许多经济学的流派之争。因此，为了探寻数理的表达方式，减少语言理解的偏差，人们做出了许多的努力。

1823年，英国法学哲学家边沁在《幸福的微积分学》中提到每个人都会理性使用其人生损益计算器来安排自己的生活。

1826年，德国的杜能在《孤立国》中关于农业和国民经济关系的形象描绘似乎是最早的模型构建。

1838年，考纳德在《财富理论的数学原理研究》一书中提出了思想超前的法国最早的均衡分析模型。

1881年，艾奇渥斯的《数理心理学》，主要将人类社会各类事物的可量化的东西演化为数学分析。

这些都是努力以精准的数量化的分析对社会经济问题进行的研究和探索。这些探索都可以概括为数理经济学的研究和发展，其中最为重要的是1806年法国学者勒让德发明了最小二乘法，并由高斯在1809～1826年进行证明和推广应用，才算是找到了比较有效的实证分析的工具，并为计量经济学的产生奠定了理论和方法论的基础。

2. 产生与发展

20 世纪初，挪威的弗里希，法国的迪维西亚，美国的弗歇尔、穆尔、舒尔茨、道格拉斯、柯布等，结合数理经济学和统计学的方法，利用经济数据进行了大量的经济分析和检验，为计量经济学的产生奠定了良好的基础。但是他们的做法各不相同，影响了相互间的交流与合作。为此，学者都为建立一个规范化交流平台的希望而努力，由此便催生了计量经济学。

1926 年，挪威奥斯陆大学的弗里希与弗歇尔、迪维西亚等反复交流和磋商，提出以计量经济学作为该学科的名称，并于 1930 年 12 月 29 日，在美国俄亥俄州克利夫兰成立了世界计量经济学会，弗歇尔当选第一任主席。计量经济学会还创办了名为 *Econometrica* 的学术杂志，并于 1933 年正式出版发行。自此，计量经济学开始走上了快速发展的道路，其主要的里程如下。

（1）1932 年，考尔斯（Cowles）出资成立了考尔斯委员会（Cowles Commission，CC）。考尔斯委员会是一个促进经济学、数学和统计学结合的研究性机构。在资助了 *Econometrica* 学刊的同时，还组织了哈韦尔莫（Haavelmo）、科普曼斯（Koopmans）、阿罗（Arrow）、德布勒（Debreu）、克莱因（Klein）、马科维茨（Markowitz）、莫迪利安尼（Modigliani）、西蒙（Simon）等在内的很多计量经济学家，从事计量经济学的规范性研究。他们所创建的经典计量经济学的规范研究方法，称为经典假设下的 CC 方法论。

（2）苏联的综合平衡统计思想及平衡表的使用，为经济核算提供了基本思路和方法。同时，1936 年里昂惕夫的投入产出模型，为宏观经济均衡的核算与管理提供了有效的工具，也为国民经济核算提供了系统的核心内容。1939 年斯通和米德的国民收入账户，为国民经济核算体系的产生奠定了坚实的基础。

（3）计量经济学在 20 世纪 40～60 年代进入了壮大发展时期。由维纳（Wiener）和柯尔莫戈洛夫（Kolmogorov）提出了在传统方法基础上进行时间序列分析的基础理论，成为经典计量经济研究方法论的重要补充。

（4）20 世纪 50～70 年代，科普曼斯（Koopmans）提出的动态经济统计推断以及他和胡德（Hood）的努力，使得该学科进入了联立方程模型的新时代。

（5）20 世纪 70 年代石油危机等大型关键性预测的失误，对计量经济学提出了挑战，并促进了现代非经典计量经济学的产生。即由博克斯（Box）和詹金斯（Jenkins）提出的以自回归移动平均（auto regressive moving average，ARMA）模型为主要内容的 BJ 方法论体系基本形成。在 CC 方法与 BJ 方法的反思和融合的过程中，1974 年格兰杰（Granger）提出伪回归问题；80 年代西姆斯（Sims）将单时间序列发展到多时间序列的向量自回归（vector auto-regressive，VAR）模型理论。

计量经济学发展到今天，早已经成为经济学研究的方法论主流[①]，形成了包括单方程回归、联立方程模型、时间序列分析等多种分支系统，都具有比较严密的理论基础和方法论体系，并适合不同研究对象，产生了大量的计量经济模型。同时也形成了庞大的、

① 克莱因：计量经济学已经在经济学科中居于最重要的地位，在大多数大学和学院中，计量经济学的讲授已经成为经济学课程表中最权威的一部分。塞缪尔森（Samuelson）：第二次世界大战后的经济学是计量经济学的时代。

以经济学研究方法论为主流的学科群。

3. 计量经济学与诺贝尔奖

截止到 2020 年，荣获纪念诺贝尔经济学奖的学者共有 86 位，其中早期的奖励多是针对计量经济学的直接贡献；且多数都担任过世界计量经济学会的院士；绝大多数学者的获奖成果都是使用了计量经济学的工具。本学科的创建者就是第一位获奖者，这也表明了计量经济学的作用，即使经济学走进了真正的科学殿堂。本书的主要学习内容，就来自诺贝尔奖获得者的贡献。这些大师的智慧火花，为我们开启了科学研究的指路明灯，使我们认知世界的路程缩短了很多，更为我们探索新的未知领域打下了良好的基础。

1.1.3 学习计量经济学的意义

经济理论是经济学家在个人所掌握的传统知识和工作经验的基础上，对经济现实所进行的系统性描述。这种描述往往是学者进行思想性试验的结果，是否符合现实还需要做进一步的实证性检验。因此，在极易产生错误认识的社会科学研究中，计量经济学的学习就是必要的，其意义主要表现如下。

1. 避免以偏概全的错误

由于经济理论或思想都是在一定的时空范围内的经验总结，而在其他时空范围却未必有效。例如，依据美国的经济观察而得到的认识，拿到中国来就未必是规律了；改革开放之前的经验总结，应用到改革开放之后，就未必继续发挥作用了。所以不同时空的经济理论，都需要在不同的时空范围内进行验证，绝不能照搬照抄。而要验证其适应性，就要求我们熟知经济实证分析的方法，也就形成了对计量经济学的最低需求，即查找更多空间和更长时期的样本观察数据，来证实不同时空的经济现象。而在这种观察基础上所得到的规律性认识，主要依靠计量经济学的方法来实现。

2. 避免静止孤立地看问题

人们习惯于静态的分析，而忽略动态的系统分析。这种孤立静止观察事物的做法，是形而上学的表现，然而很多静态中的囚徒困境问题，在动态的不断学习中是可以得到修正或解决的。这样经济理论的静态分析结果，在动态的实证中可能就不成立，而我们主观上进行的经济分析，常会产生以静态观察来代替动态分析的偏差，为此，使用计量经济方法进行实证是很有必要的。

3. 避免不同分析框架下的理论局限性

在经济学的各流派之间，主要差异多表现为分析框架的差距，这些差异产生的根本原因是人们在观察社会经济现象时，常常是戴着有色眼镜进行的，即每个人都会因其所处的环境及个人经历，从自己的视角来理解经济和管理问题。而这一视角是否片面，凭直觉是不准确的。需要从理性上，利用计量经济学的方法，对我们的所见进行逻辑合理的实证分析。因此，在经济分析中，人们的意识形态往往扮演着分析的参照系统角色，使得人们的理论也带有阶级的色彩，从而也就形成了不同的学术流派。这样使用规范的经济分析方法所得到的不同结论，就是思想性的框架不同造成的，这就难免产生大量的争议性问题。计量经济学的实证就是消除这些争议的重要手段，是判别分析框架科学性的主要途径。

4. 经济分析的绝大部分内容都属于实证分析

许多学者将现代经济分析过程概括为四个主要环节：一是环境的界定，即明确研究的主体及其基本单位，分清研究对象的层次结构，熟悉相关的规则和资源的禀赋等情况；二是主体单位的行为假设，即对不可观察的事物或行为规律做初步的假定，以得到可能的规律性认识，这类假设是否正确需要我们进行实证性的检验；三是经济均衡分析与测算，即各行为主体的经济行为，在环境和行为假设的约束下，最终会达到什么样结局的分析；四是规范性的判断，即均衡分析的结局是否为我们所期望的结果，以及行为、规则等内容是否合理的判断。在这四个环节中，人们认为前三个环节都属于实证分析的过程，而第四个环节属于规范经济分析的过程。其实这些环节只是逻辑上的划分，某个环节和整个分析过程都需要实证与规范的交替，且实证过程是最重要的环节，尤其是主体单位的行为假设、经济均衡分析及政策调整等环节。这就好比每篇独立的论文，都是一个完整的模型，都需要使用计量经济学，而文章中的子模型会有很多，更需要对计量经济方法的灵活应用，绝不像有些同学所认为的，在论文的某个地方为了形式上的需要而放个“模型”。

总之，科学研究是对未知领域规律性的系统性研究，如果由于所见、所闻、猜想的偏差而影响我们的判断，结果是不可想象的。只有经得起实证检验的学说，才是我们可以放心使用的工具。

1.2　计量经济研究的核心内容

计量经济学的研究对象就是如何更好地实证经济理论，而经济思想和理论在传统的并不精准的语言表达中，经常产生概念的模糊、关系的不确定，进而出现理解上的分歧和争议。因此现代经济学需要借助系统的数理模型来完成实证过程。所以我们要对经济建模做出概括性的描绘，并在逻辑上将其划分为以下四个环节。

1.2.1　模型的设计（设模）

计量经济模型是以变量来表述研究对象及其影响因素的观察结果，以方程式或方程组表述这些研究对象及其影响因素之间的关系，一个模型一般是由以下四个基本要素构成的。

1. 变量

反映我们研究对象及其影响因素的观察数据，构成了模型的变量要素，它基本上可以分为两大类，即被解释变量和解释变量。

其中，被解释变量是我们研究的核心内容，常用符号 Y 来表示。我们的研究依赖于对其观察所得到的现实数据，但是其被动的地位是确定的，即它是系统中被影响的结果。且受各因素和随机性的干扰的影响而表现出随机性的特点，因此我们寻求的总体回归方程将是一种被解释变量 Y 的平均意义上的条件期望方程。

解释变量代表着系统中影响研究对象的各种因素，一般情况下只观察一个因素影响的回归分析称为一元回归分析，而对两个及以上的因素进行的回归分析称为多元回归分析。在分析中要观察解释变量的不同控制下，相应的被解释变量的反应，因此解释变量是确定性的变量。但在经济现象观察中，很难对各解释变量进行控制，这也是在现实中遇到的一大难题。

2. 回归方程及其形式

回归方程是反映研究对象各变量实质性关系的模型主体部分，由于现实事物的普遍联系性，常常隐含着未知的因果关系。任何一个系统，在影响系统的各因素作用下，都能保持一种稳定的状态，而对这一稳定状态的形成机制的寻找过程，已成为现代回归分析的核心内容。因此，在回归分析中，人们常将系统的稳定关系，以方程式的形式来表示。且以研究对象和各影响因素为解释变量，建立起解释变量决定被解释变量的回归方程。该方程的形式是多样的，常分为线性和非线性两类。

在计量经济学中，线性关系的回归方程是最常见的，因为它是基础，且简单容易理解，所以是我们首先要学习的内容。然而现实中经济现象的复杂性，却常表现为非线性的特点，要准确描绘这些复杂形式，需要我们研究和开发更多视角的分析方法，如解释变量的一元与多元，被解释变量的线性与非线性、确定与随机、二元选择与多元选择等。这些变量之间的组合方式，就构成了方程的形式，需要我们不断地调算或检验才能确定。

3. 经济参数

经济参数是在各类模型中变量之间的关系系数，它反映着我们要探求的经济规律，即因果关系的最终结果。这是我们必须求解才能得到的内容，如模型中各回归系数等。该要素实质上是计量经济分析的最终成果，但它关系到经济分析的恰当有效性。

4. 模型的误差项

计量经济模型所探究的是如何使用回归方程来反映解释变量与被解释变量之间的内在联系。然而模型的错误设定、不科学的估算以及对现实观察的偏差等随机因素的干扰，都会使系统产生一定的偏离，这种偏离称为模型的残差。残差的大小及稳定程度表明了模型的质量和有效程度。

由上述四大要素构成的，能真实反映总体经济关系的理想方程，称为总体经济模型，它往往是未知的，是需要我们探究和寻找的模型。而在探索过程中，要通过经济理论或经验来设定总体模型的可能形式，再用样本数据来实证设定的模型是否正确。可见模型的设定是建立模型的基础和灵魂，也是计量经济分析的关键和基础环节。

1.2.2 模型参数的估计（算模）

由方程式或方程组构成的各类经济模型，目的是通过方程等数学语言和工具，清晰表达现象的系统结构和各因素之间的关联方式。其中的关联程度和内含的规律特征，主要体现在各方程的关联系数上。而这些系数的获得，需要通过模型的求解过程才能实现，即通过数理的逻辑运算和统计的规律性总结，来测算模型的各类参数。

经济参数作为方程中各要素之间的规律关系载体，是我们建模所追求的目标。由于我们利用样本观察到的各类数据，来观察社会现象，而在各种现象构成的多因素交织作用下，使得本来并不明确的数量关系变得更加模糊了，因此我们需要一系列的统计方法，将这种模糊的关系查找到，并能够做到尽可能地准确表达，就是模型参数的估计。

对经济模型进行参数估计的方法也很多，其中较为常用的方法主要有最小二乘法、极大似然估计法、矩估计法和贝叶斯估计法等。现代经济分析所使用的模型估算方法更多，主要依靠计算机程序进行机器学习的方式来完成，所以伴随社会对计算机的应用和普及，我们学习和掌握的软件知识与工具也需不断改变，需要更新的知识也在不断增加。

1.2.3　模型的检验（验模）

设计和估算的模型是否科学合理，以及如何改进模型使其达到更加科学的结果，需要我们做大量的检验和监测工作。所以对模型进行各类检验的学习，将占据计量经济学课程的绝大多数时间，并成为我们学习的主体内容。具体的检验内容包含如下四部分。

（1）统计显著性检验。当我们根据样本数据对模型的参数进行估算时，该样本的特征是否能够代表总体特征的相关检验就是统计显著性检验。由于模型参数的估算是根据样本数据进行的，那么某个参数是否显著，以及参数整体上或模型整体上是否显著等都需要进行统计检验，而这类检验实质上就是对样本数据之间的关系是否显著所进行的检验。这类检验还可以看作构成模型的各解释变量是否显著影响被解释变量的检验问题，以及模型的整体的显著性问题。

（2）经济意义检验。经济意义的检验主要是对模型的经济含义，以及模型中各要素自身和要素之间的意义是否合理，或是否符合某些理论等含义性检验。具体的内容是当估算出模型的各参数时，对其数值的大小、符号的方向、参数间的相互关系等内容，是否符合经济理论或经验的要求，以及根据理论或经验的认知，能否得到样本资料的支持等方面的检验。

（3）模型要素的计量检验。经济模型是以方程式或方程组的形式存在的，而每一个具体的方程，基本上都是由变量、参数、误差及方程的形式等四个基本要素构成的。我们对各方程中的基本要素及方程之间的各要素关系等内容，是否符合我们建立的标准和规范的检验就是要素的计量检验。

（4）模型的实践性检验。根据样本观察所建立的经济模型，如果能够通过上述三类检验，基本上就是很优秀的模型了。然而为了模型在现实应用中能够达到更优秀的理想要求，有必要在实践环节做进一步的检验和改进。而进行这类实践应用性的检验，主要是通过预测的准确性和模型的实用性等使用环节进行的，它是我们检验体系的最后一关，也是最重要的一环。所以真正地通过了检验的模型，是指通过了上述四个方面的检验，才是合格的可以使用的模型。

1.2.4　模型的使用（用模）

经济模型是进行各类经济分析的最有效的工具，除了处理检验模型的质量外，还可以满足如下几方面对模型的需求。

（1）经济结构分析。任何经济模型都是对一个经济系统的模拟，其各构成要素与系统整体的数量关系，都可以体现为数量结构和作用程度的关系。这是经济结构分析（如边际分析、弹性分析、比较静态分析等）最为理想的实现条件，是其他经济分析方法无法做到的。因此计量经济分析最主要的功能，就是使经济结构分析成为可能。

（2）经济预测分析。经济预测与其他预测一样，是人类对未知领域探求的重要手段。而在众多的预测方法中，计量经济模型的预测是最为有效的，它不仅可以做出精确的数值预测，还能够对其预测结果的把握程度做出分析。经济预测多是对未来或未知领域的推测和估算，有时对精度的要求不高，所以对精度较高的计量经济模型来说，预测是其最为简单的应用。

（3）经济政策的评价与决策参考。在现实的经济决策中，往往存在着多种选择。而各种选择会产生什么样的后果，则可以通过计量经济模型进行模拟和测算。因此在经济政策制定、评价和模拟测算中，计量经济模型都是最为理想的工具之一。

（4）经济理论的检验与发展。任何经济理论或学说，都可以看作一系列的假设，而这些假设是否成立，需要以实验的方式或方法进行一系列的检验。计量经济学的检验和测算过程就是针对这些假设进行的，其检验的结果可以证实或证伪这些理论或学说。所以计量经济学的方法，就是经济理论是否科学的检验方法。

1.3 计量经济建模的工具介绍

工欲善其事，必先利其器。计量经济学能够在20世纪产生，并在21世纪得到普及，其根本原因就是计算机技术的发展和统计软件的开发。计量经济学的各种估计和检验的方法，都需要进行大量的数据处理，而进行数据处理就必然使用计算软件。因此，学习计量经济学，就必须熟练掌握某种数据处理软件的使用。现实中流行的软件很多，如SAS、SPSS、STAT、MATLAB、EViews、R 等，其中最适合初学者使用的就是经济分析系统EViews，它是专为计量经济建模而设计的、基础性的、检验程序较全面的软件。EViews的缺点是编程扩展不方便，且价格较昂贵，有些使用属于盗版使用。而本书综合考虑各种因素，选择了R软件作为学习建模的主要工具。R语言是贝尔实验室开发的善于进行统计分析、数据可视化、网络爬虫、人工智能软件开发的计算机语言平台，可以随心所欲地使用，满足需求，达到惟妙惟肖的效果，是大数据时代的必备工具。R语言由R核心开发小组（R Development Core Team）维护，是将全球优秀的统计应用程序打包服务于大众的公益性的软件。R 软件具有以下特点：①是完全免费的；②版本多样化，支持目前主流的操作系统MAC、Linux和Windows系列；③嵌入了一个非常实用的帮助系统；④具有很强的作图、内嵌函数和编程能力。

1.3.1 R语言的操作简介

从世界很多地方的服务器上都可以下载得到R软件，通过互联网下载安装R，启动后就可以看到运行平台R GUI（graphic user interface，图形用户界面）的主窗口，在该窗口的“>|”的光标处，键入行命令来实现各类科学计算。注意R不同于Windows的

地方是其严格区分键盘字符的大小写，键入字符时必须准确，没有容错设计，单击“×”或键入 q( )命令就可以退出 R 系统环境。

1. R 语言的基本操作命令

R 是以行命令的方式运行 R 函数内的指令的，R 函数由函数名和随后的括号及括号内的参数组成，基本操作要点如下。

1）R 语言的基本词汇

R 的命令函数是 R 中最基本的语言单位，一般形式为

命令函数名(参数列表)　　(1-1)

命令函数名要以英文字母开头，中间可以加入“.”或“_”；参数列表是命令中使用的主要限定内容，多项时各参数间要以逗号分隔。

2）R 工作的基本空间

根据需要可以在 Windows 等操作系统中创建一个工作子目录，使用 setwd（“路径字符”）命令或单击“文件”菜单中的“更改当前工作目录”来指定工作地点。在该工作地点存放工作内容，存放时要以扩展名为.RData 的形式保存，一般可以通过“文件”菜单中的“保存工作空间”来实现。

工作空间中基本对象可以是表格、图形、模型、文本等，统称为 R 对象。要查看工作空间中拥有哪些对象，可以使用 ls( )命令来实现；而使用 rm(对象列表)就可以删除列表中的对象。在这两个命令中的括号内参数是 list = ls(pat = “字符”)、list = ls(pat = “^字符”)、rm(list = ls( ))，则可以有选择地显示或删除工作空间中含有“字符”、首个“字符”、所有的 R 对象。

3）R 语言的运行方式

R 语言的工作平台就像一台强大的计算器，可以进行任何计算工作。R 语言的工作方式可以分为以下三种情况：①简单的计算可直接在平台上进行，输入方式就像在纸上直接书写算式一样，以单击回车键来实现算式的运算；②较为复杂的常规运算则需要使用内存中的 R 函数来实现；③更为复杂的内存中没有运算函数的工作，则需要我们自编函数程序来完成。

R 运算的结果在平台上直接显示，但是并不保留。如果要保留运算的结果，可以复制粘贴或将结果保存为 R 对象，则需要使用赋值语句来完成，其他需要保留在空间中的以备后续使用的内容，都需要采用赋值命令来实现。赋值的语句可使用“ = ”或“减号加大于号”或“小于号加减号”组成的箭头来表达，具体方式如下：

X<–对象函数；或：对象函数–>X；或：对象函数 = X　　(1-2)

各类对象名的命名规则与函数名的命名规则相同。

2. R 的数据类型

R 能够处理各类数据，这些数据的类型大致上可以分为四类：逻辑型（logical）、数值型（numeric）、复数型（complex）、字符型（character）。各类型数据的作用不同，经常需要制定、判断或转换数据的类型，基本方法如下。

1）数据类型的判断

可以使用 is.numeric(x)、is.logical(x)、is.complex(x)、is.character(x)来判断已有的对象

x 属于哪一种类型。

2）数据类型的转换

如果可以转化，则可以使用 as.numeric(x)、as.logical(x)、as.complex(x)、as.character(x)将已有的对象 x 转化为相应的类型。

3. R 中的运算符

使用计算机语言进行各类运算，需要使用各种运算符号来完成，R 中的主要运算符简介如下。

1）逻辑运算符

逻辑运算是常用的运算内容，其结果也使用逻辑字符来表达，常用的逻辑运算符如表 1-1 所示。

表 1-1　常用的逻辑运算符

数值比较运算		逻辑关系运算	
＞	大于	!	非
＜	小于	&	与（全部）
＞=	大于等于	&&	与（首项）
＜=	小于等于	|	或（全部）
= =	等于	||	或（首项）
！ =	不等于	xor(x, y)	异或

逻辑运算的结果，主要以如下字符来表达：

TRUE 表示结果为真，常简记为 T；

FALSE 表示结果为伪，常简记为 F；

NULL 表明该对象为空集，即里面什么都没有；

NA 表示欠损值或称不定值，即待确定的数据；

NaN 表示无法用数字表示的内容；

Fin、Inf、–Inf 分别表示有限、无限大、负无穷等。

2）数值运算

R 是进行各类数学运算的有效工具，常数、变量、矩阵、复数等各个方面的运算都可以很方便地进行。计算中常用的运算符与数学的常规符号相同，但是由于计算机上的键盘符号有限，还需要部分组合符来完成特殊的计算工作。具体如 + 、–、*、/、^分别表示加、减、乘、除、乘方常见符号；再有%%、%/%、%*%、%o%分别表示模（余数）、整除、矩阵的内积和外积。例如，9/2 等于 4.5；9%%2 等于 1；9%/%2 等于 4；内积是指前面矩阵的各行与后面矩阵的各列的对应元素的乘积和组成的矩阵，而外积指后面矩阵的各元素分别乘以前面的矩阵所形成的一系列矩阵构成的数组。更为特殊的运算，都采用函数命令进行，常用的命令简介如下。

abs( )为数据各元素取绝对值的函数。

sqrt( )为求数据对象各元素的平方根函数。

log( )为以 e 为底的对数，logN( )为以 N 为底的对数；其反函数 exp( )为 e 的指数幂函数。

t( )为矩阵的转置运算函数；det( )为方阵的行列式计算函数；solve( )为方阵的求逆函数；eigen( )为求方阵的特征值与特征向量的函数；qr( )$rank 为矩阵求秩的函数。

使用上述函数时，只需将数据对象的名称写入括号内，按回车键即可获得要求计算的结果。

3）统计运算

在杂乱无章的某变量或某些变量的大量数据值中，选出特殊值的做法如下。

（1）直接读取函数如下。

max( )为取最大值函数。

min( )为取最小值函数。

range( )为同时选取最小值和最大值的函数。

unique( )为读取所有的或符合逻辑条件的元素，即剔除逻辑为假的和重复的元素。

embed(X，k)为生成 0 到 k–1 阶滞后的 k 个变量构成的变量组。

（2）计算读取函数如下。

round(x，k)为对 x 四舍五入，取 k 位小数。

trunc( )为取整函数。

floor( )为向下取整（舍弃小数）函数。

ceiling( )为向上取整（小数进位）函数。

sign( )为判断数据对象各元素符号的函数，其中以–1、0、1 分别表示负数、0、正数。

（3）总计函数，即将某变量或数组的所有数据加总或连续乘积的函数如下。

sum( )为求数组总合计的函数。

prod( )为求数组连续乘积的函数。

length( )为求数组长度，即元素个数的函数。

nrow( )为读取数组行数的命令函数。

ncol( )为读取数组列数的命令函数。

（4）逐项计算函数，即累计统计计算的常用函数如下。

cumsum( )为逐项给出累计求和值的函数。

cumprod( )为逐项给出累计求积值的函数。

cummax( )为逐项增大向量，并给出各向量中的最大元素的序列。

cummin( )为逐项减小向量，并给出各向量中的最小元素的序列。

diff( )为差分计算函数，即后项减去前一项的计算过程所形成的序列函数。

（5）综合特征运算，常用的命令如下。

mean(x)为平均数的计算函数。

median(x)为中位数的计算函数。

cov($x, y = N$)为协方差的计算函数。

cor($x, y = N$)为相关系数的计算函数。

var(x)和 sd(x)分别为方差和标准差的计算函数。

（6）统计分布的相关函数命令有如下规则。

函数名是以 d、p、q、r 等字符开头，再加上各种分布名称构成的。函数名开头的 4 个首位字符的含义介绍如下：d 为求密度的命令；p 为求较小值或较大值累积概率分布的命令；q 为测算左侧或右侧概率的临界值命令；r 为生成随机向量的模拟命令。例如，pnorm( )是正态分布的累积概率分布的计算函数，而 dnorm( )则是生成正态分布随机数据的命令。

1.3.2 R 中数据对象的创建

R 中常见的数据对象很多，其创建的方法也各有不同，分别介绍如下。

1. 数组的创建

数组是具有严谨格式的各种数据，主要从维度上划分如下。

1）一维数组的创建

一维数组也称向量 vector quantity，是最简单的变量。构建的方法主要介绍如下。

（1）联合函数 combine：在 R 语言 RGui 的控制台中生成向量的最基本方法，就是以枚举的方法，将若干元素联合到一个向量之中，其命令函数如下：

c(元素列表)　　（1-3）

该命令的参数是顺序枚举出各元素或子集构成一个向量，各元素间以半角的逗号分隔，且各元素可以是数据、向量、矩阵、字符等 R 中的有效数据对象。

【例 1.1】 北京市 2004～2015 年的各年空气质量达标天数，分别是 229、234、241、246、274、274、286、286、281、167、168、186；请以向量 x1.1 来表达该数据变量，则在 R 空间中输入命令如下：

```
x1.1<-c(229,234,241,246,274,274,286,286,281,167,168,186)
```

就会得到向量 x1.1，键入 x1.1 后按回车键就可以显示如下结果：

```
[1] 229 234 241 246 274 274 286 286 281 167 168 186
```

该结果表明 x1.1 是个列向量，第一行是 229。由于行向显示，只在首项标注行号。

（2）时序数列（time series）的创建：按照时间的顺序排列而成的数组，其创建命令如下：

```
ts(data=NA,start=1,end=numeric(0),fre=1,del=1,
   ts.eps=getOption("ts.eps"),class=,names=)
```
（1-4）

该命令是以某数据源（默认为空）为基础序列，标记上时间特征后形成的新序列，各参数说明如下：

data = 数据源，可以是 R 的数据集等任何数据序列对象；

start = 开始时间，要求是年 1979 或年月整数 c(1979，3)向量；

end = 结束时间，格式也是年或年月；

fre = 时间频数，即 1 到 12 的时间周期，1 为年，2 为半年，4 为季度，12 为月；

del = 时间间隔，与 fre 只能选择其一，是 fre 的倒数；

ts.eps = 时间序列之间的偏限值；

class = 时序的类型；

names = 多元时各子序列的命名字符串列表。

【例 1.2】 以北京市 2004～2015 年的空气质量达标天数为数据源，建立一个时间序列格式向量 x1.2 有：

```
ts(x1.1,start=2004, end=2015)->x1.2
```

结果如下：

```
>x1.2
Time Series:
Start=2004
End=2015
Frequency=1
[1] 229 234 241 246 274 274 286 286 281 167 168 186
```

这也是 R 报告单的基本形式。

（3）规律数列的构建：较为特殊的有规律的数组，都有专有的命令，主要内容介绍如下。

seq（起，止，步长）可以创建一个从起数到止数的等差向量，例如，t1<-q（1, 9, 2），就是创建一个 10 以内的奇数构成的向量 t1；再如，t2<-seq（8, 2, −2）z，则创建了一个 10 以内递减排列的偶数向量 t2。当等差为 1 时，可以直接使用“起：止”来替代该命令。例如，t = 1:12，就是创建一个以自然数 1～12 构成的向量 t。

rep（基本向量，循环次数）可以生成一个将基本向量按照指定次数循环的向量。例如，要创建一个由 5 个 1 构成的单位列向量，可使用 rep(1，5)来实现。

sequence(c(*a*, *b*, *c*))可以生成到枚举各数为止的自然序列，连接构成的总序列。例如，要创建（1, 1, 2, 3, 1, 2, 3, 4, 5）向量，可以使用 sequence(c(1, 3, 5))来实现。

2）二维数组（矩阵 matrix）的创建

矩阵的创建方法很多，主要方法如下。

（1）直接由数据分配创建：这是最基本的创建方法，其命令如下：

```
matrix(data=数据源,nrow=行数,ncol=列数,byrow=F)        (1-5)
```

该命令的前三项参数必备，byrow 是决定数据源的数据是否按行排列，如果选 T 则是按行排列。数据源可以为空“NA”，也可以不等于矩阵的数据项数，即大于时顺序取前面的数据，少于时则顺序循环补足。

【例 1.3】 将自然数 1～12 按矩阵格式排列操作如下：

```
matrix(1:12,3,v4) >x1.3
x1.3 结果:
     [,1]  [,2]  [,3]  [,4]
[1,]  1     4     7    10
[2,]  2     5     8    11
[3,]  3     6     9    12
```

```
matrix(1:12,3,4,T) >y1.3
y1.3 结果:
     [,1]  [,2]  [,3]  [,4]
[1,]  1     2     3     4
[2,]  5     6     7     8
[3,]  9    10    11    12
```

量名，系统自动生成一系列的变量名。

sep：指明字段分隔符。默认值是“空格”和“回车”。

quote：指明所要选择的数据列。

dec：引用数据时保留小数后的位数设定。

numerals：双精度数据的显示方式。

row.names：指定行名的向量。可以是给出实际行名的向量，或者给出包含行名的表及列的位置数字或名称字符串。

col.names：指定列名。

as.is：读取时将字符变量（未转换为逻辑、数字或复数）转换为因子。由 CulkOrk = “字符”指定哪些列不应该转换为因子。除非指定了 colClasses，否则所有列都读取为字符列，然后使用 type.convert 适当地转换为逻辑、整数、数字、复数或（取决于 as.is）因子。引用（默认情况下）在所有字段中都是解释的，所以像“42”这样的值列将导致一个整数列。

na.strings：指定空白处是否为默认值。

skip：在读取数据之前要跳过的数据文件的行数。

通过上述参数的节选，所读取的数据将是简洁明了的 R 数据对象。

（2）将 Excel 电子表格中的数据读入 R。

这是最为常用的数据读取方法，读取前需要先将 Excel 或 WPS 等电子表格文件另存为.csv 格式，再使用 read.csv( )命令读取，格式如下：

```
read.csv('路径及文件名.csv',...)
```
（1-11）

参数同 read.table( )。在使用完相关的软件后，注意要用 close（文件）函数来关闭已打开的 Excel 等文件，以减少内存占用。

3. 列单（list）对象的创建

列单是 R 中更宽泛的数据表达方式，它可以将工作空间中的多个 R 对象排列成列向表示的 R 对象，其命令格式为

```
List(元素列表)
```
（1-12）

元素列表中的元素只要是 R 中的有效对象即可，元素列表的形式可以带对象名，如“元素名 1” = 对象 1，“元素名 2” = 对象 2，…，这时以对象名标记各对象；若不带对象名，则以[[1]]、[[2]]…、的顺序标记。

【例 1.7】 创建一个名为 LD 的 R 对象，该对象的内容包含向量 t1、矩阵 jz1 和字符“天津”，具体操作如下：

```
list(t1,jz1,'天津')->LD; LD
```

结果如下：

```
[[1]]
[1] 1 3 5 7 9
[[2]]
    [,1] [,2] [,3] [,4]
z1    1    2    3    4
```

```
z2    2      4      6     8
z3    3      3      3     3
[[3]]
[1] "天津"
```

可见，列单可以将不同类型的 R 数据合并在一起，形成相对独立的 R 对象来使用。

1.3.3　数据对象的编辑管理与应用

读入平台工作空间的数据对象，可以通过编辑修改，以达到使用要求。

1. 数据修改编辑的方法

使用平台中的“编辑”菜单中的“数据编辑器”或键入 fix( )函数命令，可以修改和编辑已有数据对象。编辑中可以为某些元素重新赋值或改变数据结构。使用如下命令：

dim(数组名)<-c(各维长度列表)可以在不改变数据顺序情况下改变数组维度；

dimnames(数组名)<-c(各维名字列表)可以为数组中各维度命名。

若想在保留原数据框的基础上，将修改后的数据框另存为新的对象名，则可以使用类似的函数 edit( )来实现，即 edit(数据框名)->新数据框名。

2. R 对象的定位管理

R 中的对象可以进行管理，具体的定位命令如下。

1）直接定位标注法

具体定位时使用对象名加方括号，即以方括号表示的下角标来定位的方法，如以对象 a 的元素定位说明如下。

a[i]表明向量 a 中的第 i 个元素。

a[i, j]表明矩阵 a 中的第 i 行第 j 列的元素。

a[i,]表明矩阵 a 中的第 i 行的所有元素。

a[, j]表明矩阵 a 中的第 j 列的所有元素。

a[, , 1]表明三维数组中的第三维的第一个矩阵。

a[-1, ,]表明三维数组中的第一维的第一个矩阵之外的各矩阵数据。

注意：对象名[[i]]、对象名$元素名 i、对象名[[“元素名 i”]]等三者是完全等价的表述方式。利用各定位方法，结合赋值命令，就可以实现对各位置的子集数据进行赋值和修改等工作。例如，a[2]<-5，就是将 5 赋给 a 向量的第 2 个元素，这也就实现了对该元素的修改。

2）间接定位标注法

间接定位标注法是根据某变量的排序来观察或定位管理的方法，常见的方法如下。

match(x, y)函数会以一个和 x 的长度相同的向量来表示，并在向量中列出 x 中的该元素在 y 中的位置，y 中没有对应的元素时，返回 NA。

【例 1.8】　命令 match(c(2, 3, 4, 5)，c(3, 2, 5, 6))运行的结果为“2　1 NA　3”，表明 y 中各个元素与 x 中各个元素相同的位置，在与 x 的元素不同的位置标明 NA。

pmatch(x, y)函数与完全匹配函数 match 类似，只是包含部分匹配的内容。例如，pmatch(3.14,3.1415)的结果是 1，而 match(3.14,3.1415)的结果就是 NA。

which(逻辑表达式)函数是查找逻辑表达式为真的位置。

which.min(*x*)和 which.max(*x*)两个函数用来读取 *x* 中的最小元素和最大元素的位置。

3）索引相对定位法

根据索引变量的对应位置来定位管理其他变量的方法，常见于数据框中使用。例如，DSSST[DSSST$nf= =2004，]的定位结果就是在名为 DSSST 矩阵或数据框对象中，子项为 nf 的元素等于 2004 的各行，所对应的所有列各个元素。

3. 基本取舍管理

按照一定的条件对数据进行取舍时，经常需要操作的内容的主要函数命令如下。

1）排序管理函数

sort( )为从小到大的顺序排列数组中各元素的函数。

rev( )为逆序排列的函数。

2）集合运算

union(*x*, *y*)为求两个向量的并集的函数。

intersect(*x*, *y*)为求两个向量的交集的函数。

setdiff(*x*, *y*)为求向量 *x* 中不同于 *y* 中各元素的元素。

4. R 中数据对象的保存

在 R 中如果需要对某些数据对象进行存储，具体方法如下。

1）文本格式存在对象的基本命令

```
write.table(对象名,file='路径及文件',row.names=F,quote=F)
```

（1-13）

该命令是将数据对象存为文本文件。row 参数决定是否将行名写入文件，quote 参数决定变量名是否加引号表示。注意其相近命令函数为 write.csv( )，只是在所存文件中各数据间的分隔符为逗号。

2）R 格式保存对象的命令

以 R 空间文件的格式保存各类对象，可以在操作系统中直接单击打开该类对象，函数命令的格式为

```
save(对象名,file='路径\\文件名.RData')
```

（1-14）

该函数中的路径参数往往很长，书写起来也比较麻烦。因此最好先更改工作目录，进入预存空间地点，再使用 getwd( )函数读取空间路径，并复制该路径，粘贴到该命令中。

1.3.4 R 的绘图方法

最常用的基本图形是二维平面图，绘制该类图形的基本命令格式为

```
plot(横轴变量名,纵轴变量名,参数列表)
```

（1-15）

执行函数会弹出一个基础绘图窗口，可以通过命令和参数的修改来改变图形的效果。

1. 参数的使用说明

各参数使用方法介绍如下。

1）坐标轴的选择说明

坐标轴是前两个必备的要素，它决定着图形系统基础和基调，其选择的基本要求如下。

（1）一般情况下横轴写在前，纵轴写在后，两个变量的长度必须相等。

（2）当坐标轴变量是时间序列或被默认为时序时，写入一个变量也能绘图，这时程序会将向量视为纵轴数据，并以自然顺序作为横轴处理。

（3）当坐标轴变量在三个以上时，程序会自动生成两两组合的多幅图形，这在相关变量的选择时，是很方便的工具。

【例 1.9】　将附表一中东北三省恩格尔系数计算平均值，并按照时间顺序赋值给 y，据此使用 plot(x, y)来绘制基础图，程序命令如下。

```
y<-c(0.3873,0.367,0.3583,0.360,0.3667,0.3667,0.3463,0.3543,0.3593,
    0.3287,0.277,0.2753)
x<-2004:2015;plot(x,y)。
```

执行程序的效果如图 1-1 所示。

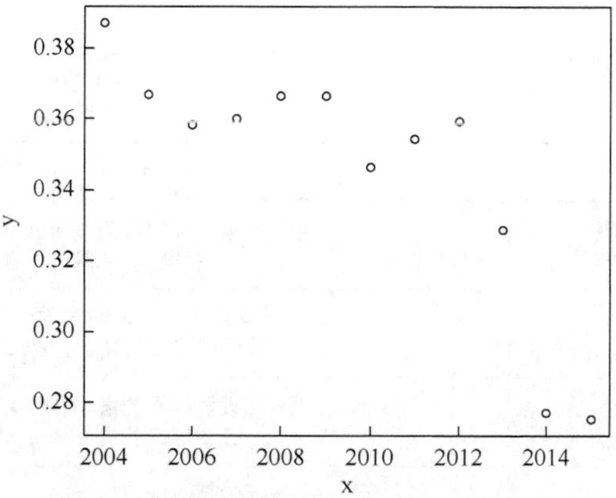

图 1-1　基础图样

在此图形的基础上，可以添加各种参数或程序命令，以实现我们所需要的各种效果。

2）可选参数的使用

从图 1-1 可知，没有参数时的图形就是一个简单的散点图。只有加入各种可选参数，图形才产生一系列的效果改变。

这些可选参数是根据需要而加入的附属要素，参数加入的基本形式是

$$参数名 = '设置符' \tag{1-16}$$

例如，在基础图的 plot( )命令中，加入参数 type 的不同取值，就会改变基础图形的基本形态，如图 1-2 就是在上述恩格尔系数走势图的命令中，分别选择加入 type = 'l'、 type = 'h'和 type = 'b'三种效果。

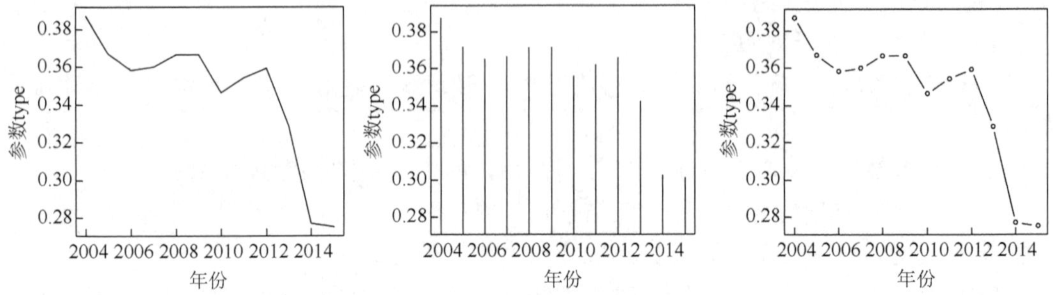

图 1-2　参数 type 选择效果图

可供选择的参数还有很多，各参数的有关信息如表 1-2 所示。

表 1-2　绘图参数说明表

参数名	设置符	功能解释
type	'p' 'l' 'b' 'c' 'h' 'o' 's' 'n'	默认的散点图 线型图 点线图 非点处的点间线图 竖线图 点线合一图 梯度线图 不描绘图形
axes	T 或 F	是否有坐标轴
main sub	主标题内容 副标题内容	主标题在图像的上方居中 副标题在图像的下方居中
xlab ylab	横轴标题 纵轴标题	在横轴下方标记的 X 轴所表示的内容 在纵轴左侧标记的 Y 轴所表示的内容
xlim ylim	c(最小值，最大值) c(最小值，最大值)	设置横轴的最小和最大刻度值 设置纵轴的最小和最大刻度值
pch	0：25	设置数据点标记显示的符号样式如下： □ ○ △ + × ◇ ▽ ⊠ ✳ ⊕ ⊕ ✡ ⊞ ⊠ ⊠ ■ ● ▲ ◆ ● • ○ □ ◇ △ ▽
lwd	取整数	1 是默认的线宽，2 是两倍的线宽
lty	取整数	1 是实线，2 是虚线，3 以上是其他线型
col	1 至 17	1 黑 2 红 3 绿 4 蓝 5 浅蓝 6 水粉 7 黄 8 灰等
add	T 或 F	是否叠加在前图上
log	"x" "y" "xy"	对哪个坐标轴取对数

在表 1-2 中选择所需要的参数，加入 plot( )函数的命令之中，就会进一步改进图形的效果，且参数的个数不限，各参数之间要以逗号分隔。

在各参数的使用中还要注意以下几点。

（1）参数中有数字和逻辑运算符，都可以直接使用；字符要使用引号注明，没有注明是使用中最常见的错误。

（2）本书各表内，放在第一位的参数，往往是程序默认的选项，在使用中可以不写。而非默认的选项，在需要时必须注明。

2. 图像的修改和编辑

R 中绘制的基础图形，只是最简单的图形骨架，而统计图的绘制目的是可视化尽量多的信息，所以在基础图上还需要添加许多的其他内容，同时还经常需要将图像在程序或软件中自动生成和布局，为此进一步介绍图形的修改和编辑。

1）图形的修改

可在基础图形读入内存之后，添加如下命令来实现。

points(横轴变量，纵轴变量，参数列表)#在已有图上加点及其连线。

lines(横轴变量，纵轴变量，参数列表)#在已有的图上添加线。

abline(截距，斜率)或(a = x 或 b = y 或回归对象)#在已有图上加线。

title(“字符”)#在图上添加总标题。

legend(横坐标，纵坐标，c(说明字符列表)，lty = c(线型顺序)，…)#在图上加图示说明。

text(横标，纵标)#以坐标点为中心添加字符。

axis(标记，side = 1 或 2 或 3 或 4)#在轴上添加标记，1 下，2 左，3 右，4 上。

【例 1.10】　将图 1-1 的命令添加部分参数和命令的效果图示如图 1-3 所示。

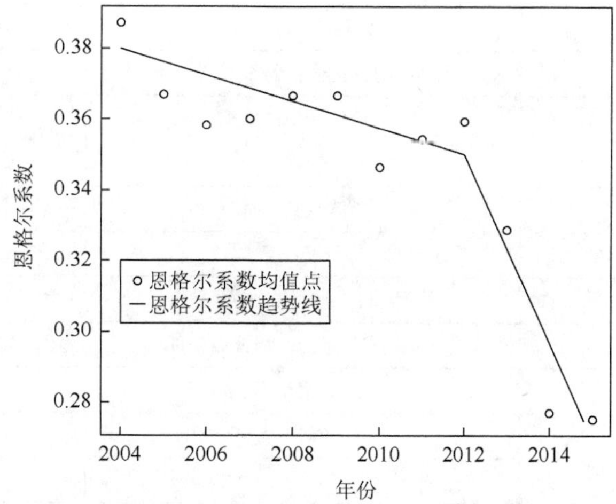

图 1-3　参数和命令添加示范图（东北三省恩格尔系数均值走势图）

图 1-3 的主要程序如下：

```
plot(x,y,main='东北三省恩格尔系数均值走势图')                    #绘制基础图并加总标题;
points(c(2004,2012,2014.8),c(0.38,0.35,0.275),type='l')  #添加趋势线;
```

legend(2004,0.32,c('o恩格尔系数均值点','—恩格尔系数趋势线')) #添加图示说明。

2）多图阵形布置

如果需要输出多个图形的结果，则需要在指定的地方并列安排多个图形，可以使用如下命令。

par(mfrow = c(行数,列数))#建立一个无边框的表格，在该命令之后对应数目的绘图命令就会自动分配按行逐一添加各图到相应的位置上。

layout(matrix(1:图数,行数,列数))#建立一个矩阵，依顺序为矩阵的各单元赋予非负的整数值，代表后续所绘制图形的安放位置。

如果受图像大小的限制，某些图像可以占据多个单元，这时所占单元应赋予相同的图号；不放置图形的位置应该赋予0值。

3. 其他各类图形的绘制函数简介

R可以完成很多图形的绘制，还有各种绘图程序包在不断地产生，所以想绘制什么样的图像，R都可以找到相应的程序。常见的R主要绘图函数列表如表1-3所示。

表1-3 常见的R主要绘图函数列表

命令名	参数	解释说明
plot(x，y = NA，…)	横轴变量，纵轴变量，其他参数	绘制曲线或散点分布图
hist(x，…)	绘图变量，组距	绘制直方图
qqnorm(x，…)；qqline(x，…)	数据，数据	QQ图；为QQ图加线
stem(x，…)	数据，scale = K	绘制10*K组分布的茎叶图
boxplot(x，…)	数据，分组因子，是否有奇异点	箱线图
pie(table(x)，…)	分组统计后的数据	饼形图
barplot(x，…)	数据	柱形图
pairs(x，…)	矩阵或数据框	两两变量多组散点图
stars(x，full = T，dra = T)	多元数据	雷达星象图
plot(ecdf(C1)，verticals = T，do.p = F)	是否：ver画竖线，do.p带点	经验分布图
coplot(y～x|a)	a变量或因子的区域分布条件	给定a的前提下，xy的散点图
dotchart(矩阵)	矩阵的各列数据	顺序散点图
contour(矩阵)	cbind(x，y，z)	三维等值线图
image(矩阵)	同上	三维映象图
Persp(矩阵)	同上	三维透视图

统计图的绘制需要熟练运用这些函数和参数的使用技巧，所以要在掌握基本方法后，多加练习，最好是将生活中需要绘图的工作，都采用R来实现，做到熟能生巧。

1.3.5 R的编程方法

任何软件都是人们根据团队自身的专业理解编制的，其功能十分有限，经常不能满足现实的新情况和新需求。所以人们时常需要将复杂的操作过程以批处理方式编制成为计算机可执行的函数，这一过程就是编程过程。在 R 语言中编程是较易实现的，它与 Python 语言构成了当今世界最为流行的高级语言，就是因为它们具有同等的简洁高效的编程能力。

1. 编程原理

R 程序最好不要在 Rconsole 窗口编写，可以编写在任何的文本对象中，多数可以使用“文件”菜单中的“新建脚本文件”打开一个文本编辑器，并在其中编写 R 程序。编程规则如下。

1）定义函数的命令

要建立一个 R 可执行的函数是很简单的，其基本命令如下：

```
函数命名<-function(参数列表){函数命令列表}
```
（1-17）

函数命令列表的内容就是我们需要一步步执行的行命令，每个命令都以分号“；”结尾。例如，要编制一个计算平均数的程序 pjs( )，则可以在文本或写字板中编写如下程序：

```
pjs=function(x){sum(x)->hj;hj/length(x)}
```

该自编函数的名称为 pjs；x 为自编函数的参数，指明计算平均数的数组对象；花括号内就是行命令构成命令列表，每条命令之间以半角的分号分隔；如 sum(x)–>hj 是求和命令，hj/length(x)是平均的计算。该程序的编写中使用了 R 内存中的两个基本函数 sum( )和 length( )，其中 sum 是求和函数，length 是求数组的元素数量的函数。

2）自编函数的执行

使用自编函数与 R 原有函数一样，只是需要将该函数加载到 R 内存中，具体方法如下。

（1）单击“文件”菜单中的“运行脚本文件”或使用 source(“路径及文件名”)命令，就可以实现自编程序加载到内存。加载后就会在工作空间形成一个同名的 R 对象名。

（2）在加载自编函数后，才能使用自编程序中的“函数命名”的同名函数，即通过键入“函数名(参数列表)”来实现自编程序的运行。

2. R 程序常用的结构命令

在 R 编程中如果需要使用结构性设计，如下几个命令能基本满足需要。

1）判断执行命令

如果在某种环境下，就应该进行某种操作，可以使用如下命令：

```
while(逻辑){语句}
```
（1-18）

该命令首先进行逻辑运算和判断，如果逻辑为真，则执行语句给出的命令。例如：

```
n=1;s=0;while(n<4){s=s+n;n<-n+1};s
```

则运行的结果为 6。

2）有限循环命令

如果将某项工作进行有限的 n 次，则可以使用如下基本命令：

```
for(变量 in 序列){语句}
```
（1-19）

该命令以变量在序列中的循环取值来控制语句的执行次数。例如：

```
sum=0;for(i in 4:1){sum=sum+i};sum
```

运行结果为10。

3）备选式命令

在需要进行判断并选择时使用的基本命令，格式如下：

```
if(逻辑运算){语句 1}else{语句 2}
```
（1-20）

该命令首先进行逻辑运算和判断，如果逻辑为真，则执行语句1的命令；如果逻辑为假，则执行语句2的命令。例如：

```
n=8;s=1;if(s<10&n==4|sum>20){z=30}else{z=-20};z
```

运行结果为–20。

4）多项分支选择命令

当需要在某些条件形成后，再自列单对象之间选择其一时，可使用分支选择命令如下：

```
switch(表达式,列单)
```
（1-21）

该程序将按表达式的值 k，选择列单中第 k 项内容。当 k 超出列单范围时给出NULL。例如：

```
X<-2;switch(X,'A','B','C')
```

运行的结果将是“B”。

3. 程序设计原则

编程是一项将大量重复工作规范化成批处理的过程，为了提高效率，就应该遵循一定的编写原则。

1）简单原则

（1）如使用一次性可以生成100个随机数据构成的向量的函数，要比每次生成一个随机数据，并循环100次的命令要简单得多。

（2）使用结构化的设计思路，要比简单的平铺直叙的方式优秀得多。

2）规范性原则

要注意程序的可读性和易理解性，并要注意养成如下良好的习惯。

（1）为了程序的可读性，要在各条命令间以空格的方式实现语句间的对齐。在某些程序编辑器中是可以主动形成的，所以建议使用这类编辑系统进行编辑。

（2）要善于使用注解，即在各语句的后面以“#”号表明后续的内容为解释的文本。借助这种表达方式，本书后续的程序命令的说明，也采取这种方式。

（3）文件名要具有普识性，要符合R规范的要求。既要以字母开头，不与关键词重名；又要以普遍接受习惯用词或字母来表述等。

3）注意事项

（1）避免死循环。使用循环操作的命令，能巧妙地构建一个循环变量，并能借助该变量实现程序的循环。但是一定要注意不能让程序无限地循环下去，一般在循环命令之后要加上两个函数：

break( )#函数可以终止执行当前的循环等程序；

next( )　#函数要求继续执行后续程序。

（2）最大限度地利用内存函数，这就需要充分理解各内存函数的内容，一般使用“？函数名”就可以上网查看该函数的帮助说明。

（3）在操作平台上直接键入函数名，按回车键就可以看到该函数的程序内码，可以借鉴、截取、修改使用该函数。

4. 软件包的使用

使用 R 内存中没有，而软件库中拥有的程序，需要到 R 的专有服务器中下载安装，然后再加载后才能实现。具体的操作内容如下。

1）选择服务器

在操作控制平台上选择“程序包”菜单，在下拉的选项菜单中选择“设定 CRAN 镜像”选项，在弹出的窗口中选择一个地点的服务器。

2）选择要下载的程序包

选定服务器后，使用“程序包”菜单的下拉选项“选择软件库”中的一个或多个库，程序包都在这些库内保存。

3）安装软件包

选定库后会按照字母顺序显示出程序包列表，选择所需“软件包”下载，并使用下拉菜单中的“安装软件包”选项，并在弹出的已下载程序列表中按字母顺序列示软件包列表，单击就会自动安装。

4）程序的加载

当使用外部程序包中的程序时，需要在控制平台上加载该软件包，加载的方法如下。

（1）单击“程序包”下拉菜单，并选择首项“加载程序包”。

（2）在弹出的窗口程序包列表中选择要加载的程序包，并单击确定。

加载后的程序就如内存中的程序一样使用了。另外要注意 R 程序会经常优化和更新，可在程序包的下拉菜单中选择镜像，再选择“更新程序包”。

综合实训案例

读取电子表格的数据

【例 1.11】　使用 R 进行数据分析，必须首先将分析的数据读入 R 平台的内存中，常用的方式就是将数据表以数据框的方式读入 R 内存。例如，自《中国统计年鉴》《中国生态环境年鉴》等报告中，搜集了东北三省在 2004～2015 年的有关生态观测的数据（见附表一）。这些原始数据多属于 Excel 电子表格的格式，因此需要将其保存为“.csv”格式才能读入 R 中使用。具体做法如下。

（1）将所收集的数据电子表格存放在 D 盘的“资料”文件夹中，并取名为“stsj.csv”。

（2）使用 read.csv(‘D：/资料/stsj.csv’)->DSSST 命令，将其读入 R 工作空间的内存中，即在执行该命令后，工作空间就会形成名为 DSSST 的面板数据框。

（3）使用 DSSST 就可以观察到其中的所有数据。如果数据太多，会多屏显示，为了观察数据的基本结构，可以使用 DSSST[1,]命令来查看第 1 行所有列的信息如下：

bh	dq	nf	egr	zfb	jyb	gcs	jys	gls	kds	rzs	wds	gdb	szs
1	LN	2004	0.415	0.108	0.122	2.390	0.068	7.10	323	2378.7	10.875	0.282	19.304

可以选择各列的数据变量或有条件地选取部分数据，进行进一步的分析使用。

阅读与思考

大数据与数量经济时代（笔者自述）

20 世纪 80 年代初，我还在读大学时，我们学校是个很小的财经类高校，小到没有高等数学的老师，学校聘请了师范大学的老师为我们教授高等数学。当时好多同学都不理解，学习财经专业为什么要开设高等数学类相关的课程。因为社会普遍的认识是财经类专业属于“文科”，用不到高等数学等相关知识，这种认识影响至深，至今还存在于许多人的意识中，其中还包括财经专业的高校教师。还记得刚得知诺贝尔经济学奖时，我找遍了图书馆的所有图书卡片，没有一本是有关介绍计量经济学知识的书籍。后来，我终于费尽周折借到了一本波兰学者奥斯卡·兰格的《经济计量学导论》，还有很多内容看不懂。

学校最初开设这门课程是在 20 世纪末，遇到了很多的阻力，直到进入 21 世纪大量的出国访问学者学成归来，才主导性地提出了财经类的八门核心课程，将计量经济学纳入之中，并获得了普通财经类院校对该课程的普遍认同。也就是从那时起，我深刻地感受到了经济学研究的差距和不足，并选择了从事当代经济学研究方法的科普教育，努力培养掌握现代经济学研究方法的理论研究人才。时间飞逝，20 年来我们收获了很多很多。现在你打开任何一本经济学类的期刊，都会感受到我们的研究方法已经不再普遍落后于国际的主流期刊了。这种飞速的成长，虽然还存在各种各样的遗憾和不足，但是只用 20 年的时间就赶超了 80 年的路程，也是我们这一代科普人的欣慰和自豪。

经济学从古典的语言逻辑分析，到数理逻辑分析，再到基于数据信息的实证分析，实现了一次次质的飞跃。而互联网和大数据时代的到来，又为实证经济学提供了良好的环境，从而将更加有力地促进经济学自身的发展。作为社会科学的基础性学科，经济学的这种发展又会带动其他科学的方法论的革新与完善，从而促进整个社会科学领域的进步与繁荣。

本章小结

本章主要介绍了计量经济学发展的来龙去脉及其主要的研究内容。作为研究的核心，就是通过构建计量经济模型来实证经济理论。为此，观察现实情况、构建模型的方式方法、模型的组成要素及各种假设等内容，就是我们学习的重点。而在实证建模过程中需要处理大量的数据，并进行各类统计计算和检验，都要求我们具备计算机的程序操作能力，为此我们选择了 R 语言工具。从数据的读取、筛选、特征计算和可视化的函数命令的使用，到特殊函数命令程序编制方法等内容的学习和掌握都是学好后续课程的基础。

✍作业与练习

1. 思考计量经济学的性质，这类知识对你的作用，以及你的需求。

2. 你的工作理想是什么？要达到理想的状态需要哪些技能？

3. 你认为创新与批判性思维的关系是怎样的？如何以有说服力的方式，将创新的内容推介给社会？

4. 下载安装 R 软件后，练习 R 软件的基本操作：

（1）在提示符>后，键入：x1 = 5、3 + 4、3^3、log(8)等若干命令，以回车键结束。

（2）在提示符>后，键入：objects( )命令，按回车键后观察你所建立的对象的名称列表。

（3）在提示符>后，键入：rm(x1，x2)等命令，按回车键后，再进行步骤（2）的操作，观察对象的改变。

（4）在提示符>后，键入：getwd( )命令，观察当前的工作目录；并以 setwd(路径)来修改指定工作目录，路径的表达方式为："盘符:/根目录名/子目录名"。

（5）选择工具条中的保存等按钮，熟悉工作空间文件的保存和读入等操作。

（6）在提示符>后，键入：rm(list = ls(all = T)命令，按回车键后，再进行步骤（2）的操作以观察对象的改变情况。

（7）单击按钮或在提示符>后，键入：q( )命令，按回车键退出 R 系统。

第2章

计量经济模型的设计

计量经济建模是经济研究的实证手段，其构建的成功以及使用效率的提高，很大程度上取决于其设计的系统性以及规划、准备等工作的科学合理性。如同人类社会的任何事务都是有目的的一样，经济学的科研工作更是如此。不但需要做好事前策划，还要根据实施中出现的问题，不断地调整计划，这一过程可以称为方案或模型的设计。尤其是复杂的系统性较强的社会经济工作，更需要这些相关的准备工作。

对于经济建模工作来说，首先要对模型的基本内容和构成形式有较为系统的了解，然后再从研究的目的出发，设计出模型各构成要素，以及各要素之间的关系和组成方式。按照研究的需要，安排好模型的数理方程的可能形式和符合经济分析需要的结构体系。

2.1 计量经济模型的基本形式

计量经济学中最为基础的模型是单方程线性回归模型，它反映了一个相对独立的由单一方程构成的线性系统关系，是学习计量经济学的最基础内容。只有系统地了解单方程的知识，才能扩展到对多方程等复杂关系的研究。作为基础性研究对象，学习单方程模型的构成和特征是后续学习的必需，所以本节的学习内容将是后续的学习能否顺利进行的关键。

2.1.1 总体单方程模型

为了帮助初学者理解经济模型及各构成要素的意义，可以以如下最简单的一元线性回归模型为案例来观察和学习。

【例 2.1】 设某社区由 1000 户家庭组成，要研究该社区的各家庭人均月消费支出 Y 与人均月可支配收入 X 之间的关系，可以建立 Y 与 X 的回归模型。根据凯恩斯所采用的绝对收入假说下的消费方程的研究，以人均月收入水平为解释变量，以人均月消费水平为被解释变量，来构建宏观消费模型。为此对千户社区收入与消费原始数据进行整理，如表 2-1 所示。

表 2-1　千户社区收入与消费原始数据简表　　（单位：元）

人均收入水平/元	800	1 200	2 000	2 800	3 500	4 300	5 100	6 000	7 300	8 500
消费水平/元	561 594 627 638	638 748 ⋮ 968	1 000 1 300 ⋮ 1 900	1 800 1 900 ⋮ 2 500	2 000 2 004 ⋮ 3 200	2 800 3 106 ⋮ 3 985	4 004 4 036 ⋮ 5 002	3 900 4 065 ⋮ 5 362	4 004 4 135 ⋮ 6 743	4 257 5 299 ⋮ 7 745
各组户数/户	4	32	105	130	260	180	150	100	33	6
人均消费/元	605	960	1 500	2 240	2 800	3 500	4 800	4 800	5 840	6 800

注：表中数据是假定的总体数据

如果表 2-1 的 1000 户家庭的收入和消费数据已知，就能够反映出总体的经济关系，就可以利用回归的方法准确地描绘出人均消费水平与收入水平之间的真实关系，这是计量经济分析所追求的关系式，设其基本形式为

$$Y = f(X) + \varepsilon = \beta_0 + \beta_1 X + \varepsilon \tag{2-1}$$

如果该关系是正确的，就可以采用统计回归分析的方法，将表 2-1 中每一对收入水平和平均消费的对应数据资料分别代入该回归方程中，就会得到 1000 个消费方程构成的方程组，求解该方程组就会得到模型的各参数值和回归方程的确定形式，以及各回归预测值和误差等计算数据。然而由于总体往往是未知的或无法进行全面调查的，所以我们要对该方程进行进一步分析，找到其推断和估算的有效途径。从形式上看式（2-1）所包含的基本构成要素主要有如下四项内容。

（1）变量：其中 Y 为人均消费，是该模型的被解释变量，其具体数据应该是表 2-1 的最后一行；而 X 为人均收入水平，是该模型的解释变量，其数据应该是表 2-1 的第一行。这些数据的总体信息，往往是不可能进行全面调查的，所以只能得到观察的少量样本资料。

（2）参数：模型中的 β_0 和 β_1 是我们要估算的规律性结果。其中，β_0 为不随人均收入变化的人均消费的一般水平；β_1 为人均收入每发生单位的改变将对人均消费影响的程度系数。探究这些规律是计量经济建模的主要目的，而在没有总体数据的情况下，这些参数就只能通过样本数据来测算了，所以总体参数是计量推算的目标和主要研究对象。

（3）误差：在模型关系正确的情况下，ε 为随机干扰等因素造成的误差项。在模型关系不正确的情况下，该项内容就不只是随机干扰了。

（4）方程式：是指将上述各要素组合到一起的方程形式，如在该方程中以“＝”和“＋”连接而成的线性关系，或以其他运算符连接而成的其他关系等形式。

将上述基本要素重新组合可以构成如下两项主要内容。

1. 总体回归方程

总体回归方程 $f(X)$ 在本例中表现为截斜式的一元线性方程，其中的截距为 β_0，斜率为 β_1，该方程表明在给定解释变量 X 的条件下，被解释变量 Y 的期望轨迹，常称为总体回归线或总体回归曲线、总体回归的非随机表达式、总体回归函数（population regression function，PRF）等。如果将该方程推广到多个解释变量的一般情况，并以代数的形式表述为

$$E(Y_i \mid X_{ki}) = \beta_0 + \beta_1 X_{1i} + \cdots + \beta_K X_{Ki} \tag{2-2}$$

对于$1 \leqslant i \leqslant N$，表示第 i 组观察值，则该一般式中的 Y_i 是被解释变量；$1 \leqslant k \leqslant K$，$X_k$ 为第 k 个解释变量；β_0 为截距项，β_k 为第 k 个偏回归系数；K 为解释变量的个数；N 为观察值的总量。为了后续分析的需要，就方程中各重要因素的经济含义进一步分析如下。

1）被解释变量的条件期望

方程中的被解释变量是该方程所反映的因果关系中的结果，它在分析中是被动的，取决于解释变量作用的地位。在该方程中 $E(Y|X)$是在解释变量 X 确定的条件下，依条件概率测算的被解释变量 Y 条件的期望值（conditional expectation）。例如，在 800 元收入组中就有

$$E(Y \mid X = 800) = (561 + 594 + 627 + 638) / 4 = 605$$

说明在收入为 800 元的条件下，消费的期望是 605 元，即解释变量 X 值确定时被解释变量 Y 的平均响应。

2）解释变量与偏回归系数

方程中的解释变量是方程所反映的因果关系中的原因，而现实中起决定作用的因素往往不止一个，所以回归方程中的各个回归系数，都反映在控制其他所选因素不作用的前提下的测算结果。所以在回归分析中常称各系数 β_k 为偏回归系数，表示在其他解释变量都保持不变的情况下，X_k 每变化 1 个单位时 Y 的均值 $E(Y)$的变化情况，即 X_k 对 Y 的净影响值。

方程中的 β_0 为反映模型中所不包含的所有影响因素共同作用的结果，这一结果可正可负，而当其正负恰好相抵时 $\beta_0 = 0$。因此可以将常数项（截距项 β_0）看成是一个虚拟解释变量的回归系数，则该虚拟变量的取值就应该是 0 或 1，当其取 0 时没有 β_0，而当其取 1 时就有 β_0。这样在有 K 个实质性解释变量的模型中，没有截距项时解释变量的数目就是 K 个，而在有截距项时其解释变量的个数就被看作 $K+1$ 个。所以在使用软件做回归分析时，往往都默认模型包含截距项，特殊情况下需要指定模型是否包含截距项。

2. 总体回归方程与现实的差距

总体回归函数说明在给定解释变量 X_i 下，被解释变量的平均水平。但是这一平均水平与各个具体实际值之间的偏差，为各回归元之外的各种随机因素综合作用的结果。对误差的描绘一般表示为

$$\varepsilon_i = Y_i - E(Y_i \mid X_{ki}) \tag{2-3}$$

该式所反映的内容是实际观察值与总体回归值的离差，因其主要反映了总体回归模型系统所受到的随机干扰的作用结果，所以常称为随机误差项或随机干扰项，并在模型中以 ε_i 表示。

2.1.2 样本回归模型

因为现实中不可能获得社会经济现象总体的全部数据，即使是大数据时代的到来，

也只是通过计算机和互联网获得其记载所形成的大量相关数据，其代表所要探究的系统性的未知现象都具有一定的代表性和局限性。例如，对千户社区调查时，由于某种原因某些住户的数据根本无法获得，所以在现实的统计观察中，人们往往只能自总体中抽样获得样本统计资料，并以此来估算回归模型。这一推算的模型与总体的真实模型有所不同，称为样本回归模型。要理解样本回归模型，并对比其与总体回归模型的差异，就要明确如下几个方面的内容。

1. 样本回归方程

样本是自总体中获得的代表总体的数据集合，如自例 2.1 中的 1000 户总体单位中抽取其中的 10 户，便组成了一个可能的样本，如表 2-2 所示。

表 2-2　千户社区居民消费抽样调查的十户样本数据

收入水平/元	800	1200	2000	2800	3500	4300	5100	6000	7300	8500
消费水平/元	594	883	1426	2300	2800	3500	4060	4900	5700	6500

将表中的样本数据以图形表示，如图 2-1 的散点图所示。

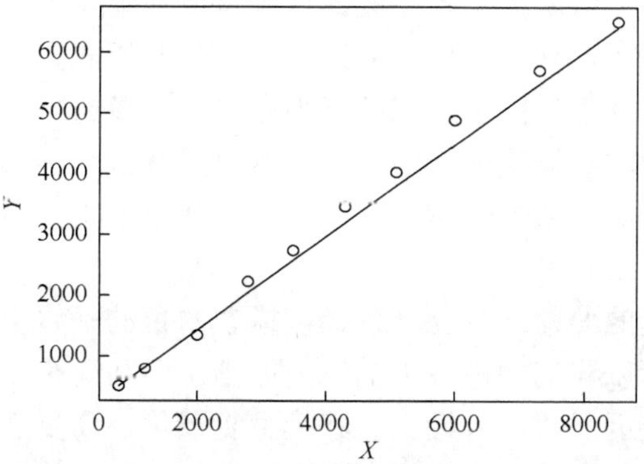

图 2-1　样本回归直线与样本数据的散点分布图

在上述数据绘制的散点图中，找出一条尽可能好地拟合各散点的直线，就是该样本数据回归方程的几何含义，简称为样本回归方程或样本回归函数（sample regression function，SRF）。由于样本来自总体，所以样本的回归线会与总体回归线很接近，可以作为总体回归线的估计依据。当决定被解释变量的解释变量不止一个时，将无法以图示表达，所以使用方程式表达。即一般的多元样本回归方程的形式为

$$\hat{Y}_i = b_0 + b_1 X_{1i} + \cdots + b_K X_{Ki} \tag{2-4}$$

式中，$\hat{Y}_i$ 为样本回归方程的回归值，为第 i 个样本单位实际值 Y_i 的估计值或理论值，$i=1,2,\cdots,n$ 为样本单位的标号；b_K 为样本的各偏回归系数，也是总体 β_k 的估计量，$k=0,1,2,\cdots,K$；而 X_{ki} 则为各解释变量 X_k 的第 i 个样本单位的观察值。

2. 样本的残差

样本的回归值表明在样本的各解释变量 X 的作用下，被解释变量 Y 的平均水平。而

这一平均水平与各个具体实际值之间的偏差，一般表示为

$$e_i = Y_i - \hat{Y}_i \tag{2-5}$$

该式所反映的内容是现实观察值与样本回归值的偏离，其具体内容是样本解释变量之外的所有因素共同作用的结果，即解释变量之外的剩余项，所以也常称为剩余变差。

1）残差的主要内容

样本模型中的残差与总体回归模型中的误差不同，不仅包含着随机的干扰因素，还包含着如下主要内容。

（1）在解释变量中被忽略因素的影响作用程度。

（2）各类变量数据的观测、记录、计算等产生的各类偏差和误差值。

（3）样本模型关系的设定错误等造成的偏差。

因此样本模型的偏差称为残差。表明扣除现有影响因素 X 的作用后所剩余的偏差，而不能像在总体模型中那样称为随机干扰误差。

2）样本残差的客观性

样本残差项是客观存在的，其产生的根源可以从如下几个方面来理解。

（1）理论的含糊性。建模的目的就是验证理论猜想的正确性。而这些经济理论的不确定，必然会产生与真实情况的偏差，因此这类偏差都会集中到模型的残差项之中。

（2）数据的欠缺。在建立计量模型的过程中，我们所遇到的最大困难就是对研究对象及其影响因素的准确计量。由于我们的能力有限，很多情况下不能对总体进行相应的系统观察，所以使用样本数据就很普遍，而样本数据就必然存在代表性偏差，以及在没有数据的情况下，还会产生缺失影响因素的偏差，甚至使用滞后或超前的数据还会产生时移性偏差等。

（3）模型精简程度的偏差。建立计量经济模型的目的是将复杂的现实，以模型的方式简练地表达出来，所以我们的模型以简练为原则。但是简练本身就必然要在一定程度上脱离现实，而为了接近现实，人们又会将模型复杂化，而复杂的模型又失去了建模的意义。因此这种简练与复杂的矛盾是客观存在的，也必然会引起样本模型的偏差，并在残差中得到体现。

3. 样本回归模型的一般表述

将样本回归线看成总体回归线的近似替代，则可以在样本回归值 $\hat{Y}_i$ 的基础上，加上残差 e_i，则样本回归模型可表示为如下形式：

$$Y_i = \hat{Y}_i + e_i = b_0 + b_1 X_{1i} + \cdots + b_K X_{Ki} + e_i \tag{2-6}$$

该式以样本资料的估算获得，e_i 称为样本残差或剩余项，代表了所选解释变量之外的影响因素和随机干扰等作用的集合，也可以看成是总体随机干扰项 ε_i 的估计量。习惯上将引入随机误差项的样本回归方程，称为随机式回归方程。

1）样本模型的矩阵表示

样本回归模型的矩阵表达形式为

$$\boldsymbol{Y} = XB + e \tag{2-7}$$

该矩阵方程的各要素具体内容可表示如下：

$$
\boldsymbol{Y}=\begin{pmatrix} Y_1 \\ Y_2 \\ \vdots \\ Y_n \end{pmatrix};\quad \boldsymbol{X}=\begin{pmatrix} 1 & X_{11} & \cdots & X_{K1} \\ 1 & X_{12} & \cdots & X_{K2} \\ \vdots & \vdots & & \vdots \\ 1 & X_{1n} & \cdots & X_{Kn} \end{pmatrix};\quad \boldsymbol{B}=\begin{pmatrix} b_0 \\ b_1 \\ \vdots \\ b_K \end{pmatrix};\quad \boldsymbol{e}=\begin{pmatrix} e_1 \\ e_2 \\ \vdots \\ e_n \end{pmatrix}
$$

上述向量和矩阵表明模型的四个基本要素，即变量为 $\boldsymbol{X}$（解释变量）和 $\boldsymbol{Y}$（被解释变量），$\boldsymbol{B}$ 为参数列向量，$\boldsymbol{e}$ 为残差，XB 为模型的形式，即线性关系。

注意：在使用该模型时涉及是否包含截距项的问题，默认的情况下都是包含常数项在内的。如果模型中不含常数项，则在 $\boldsymbol{X}$ 矩阵中要剔除第一列的单位列向量，同时在 B 中也要剔除第一项 b_0。

2）样本回归模型与总体回归模型的关系

在例 2.1 中可以根据样本回归方程（SRF）来估计总体回归方程（PRF），若使用样本的一元线性回归方程 $(\hat{Y}_i = b_0 + b_1X_i)$ 来估计总体的回归方程 $[E(Y_i \mid X_i) = \beta_0 + \beta_1 X_i]$，则需要设计一种方法来构建样本回归方程，以使样本回归方程尽可能地接近总体回归方程（该总体回归方程永远未知）；同时也是使样本回归系数逐渐趋向总体回归系数的过程，即对于 $k=(0,1)$，使 $b_k \to \beta_k$ 的过程就是计量经济的建模过程。为此，我们有必要了解一下样本回归方程与总体回归方程的关系，具体如图 2-2 所示。

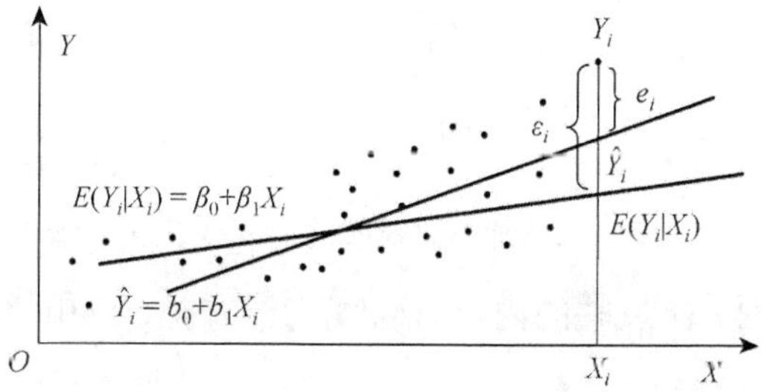

图 2-2　样本与总体回归方程相对于实际观察值间的关系图

由于样本的随机性，样本回归方程的可能形式有很多，而我们所寻找的方法是以样本回归方程接近总体回归方程的可能性最大为好，且以总体回归方程为最终的极限。

2.1.3　计量经济模型的质量标准与基本假设

在现实中，总体真实情况往往是未知的，所以在探求总体真实模型的过程中，就需要对其构成的基本要素及其特征和关系作出较为合理的假设。这些假设一方面需要通过实证来证实或证伪，另一方面也是计量研究的判别标准或分析准则。具体内容如下。

1. 总体误差项的假设

在总体模型中误差项是由随机因素构成的，属于独立同分布的正态平稳性变量，即

$$\varepsilon_i \sim \text{i.i.d.}N(0, \sigma^2),\quad i = 1, 2, \cdots, N \tag{2-8}$$

该假设的具体内容包含零均值、同方差和无自相关等多个基本假设，具体说明如下。

1）零均值假设

零均值是指误差项的期望值为零，即有

$$E(\varepsilon_i)=0，\ i=1, 2, \cdots, N \tag{2-9}$$

这是误差项最根本的性质，是指随机性干扰对模型没有正的或负的确定性影响。

2）同方差假设

同方差是指模型误差的变动程度保持在一定水平上不变，即始终围绕其零均值水平上下波动，且其波动的幅度也是基本相同的。常用符号表示为

$$\mathrm{Var}(\varepsilon_i)=\sigma^2，\ i=1, 2, \cdots, N \tag{2-10}$$

该式表明误差的变化幅度有界，并非无穷。

3）无自相关假设

该假设是指模型中的各项误差之间是相互独立的，即

$$\mathrm{Cov}(\varepsilon_i, \varepsilon_j)=0，\ i\neq j \text{ 且 } i, j=1, 2, \cdots, N \tag{2-11}$$

该假设说明误差的干扰是暂时的或局部的，对不同的时间和空间的研究对象都没有长期的影响。

例如，在例 2.1 中，这三个假设的直观图示如图 2-3 所示。

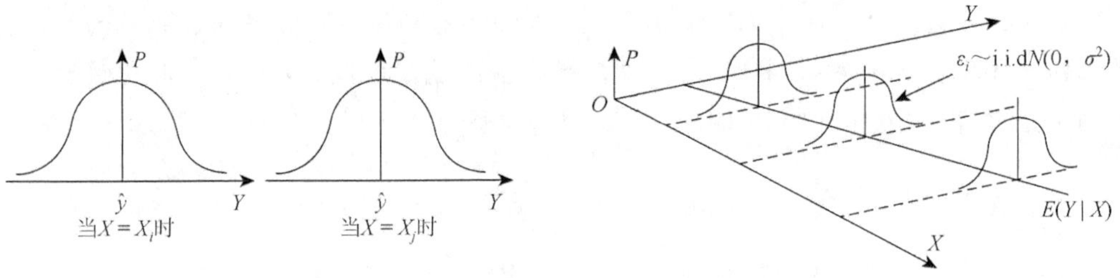

(a) 两项误差的分布相同的对照图　　(b) 假设中的各要素关系图

图 2-3　服从基本假设时的一元线性回归图

当基本假设不成立时，所反映的内容就表现为异方差、自相关等情况，如图 2-4 所示。

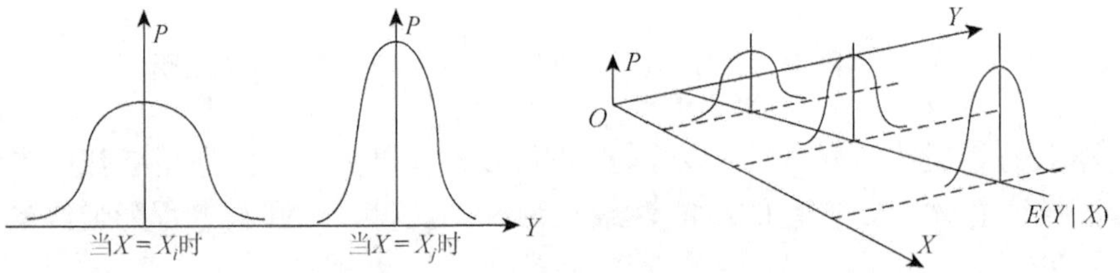

(a) 两项误差的方差不同的对照图　　(b) 方差随X的变化而改变的表现图

图 2-4　违背基本假设时的各要素的可能关系图

对照图 2-3 和图 2-4 的差距，有利于认识误差项基本假设的性质。如果再换一个视角，以矩阵的形式表述这些基本假设，具体内容如下：

$$\boldsymbol{E}(\varepsilon\varepsilon')=\boldsymbol{E}\left(\begin{pmatrix}\varepsilon_1\\ \varepsilon_2\\ \vdots\\ \varepsilon_N\end{pmatrix}(\varepsilon_1\quad \varepsilon_2\quad \cdots\quad \varepsilon_N)\right)=\boldsymbol{E}\begin{pmatrix}\varepsilon_1\varepsilon_1 & \varepsilon_1\varepsilon_2 & \cdots & \varepsilon_1\varepsilon_N\\ \varepsilon_2\varepsilon_1 & \varepsilon_2\varepsilon_2 & \cdots & \varepsilon_2\varepsilon_N\\ \vdots & \vdots & & \vdots\\ \varepsilon_N\varepsilon_1 & \varepsilon_N\varepsilon_2 & \cdots & \varepsilon_N\varepsilon_N\end{pmatrix}$$

$$= \begin{pmatrix} E(\varepsilon_1\varepsilon_1) & E(\varepsilon_1\varepsilon_2) & \cdots & E(\varepsilon_1\varepsilon_N) \\ E(\varepsilon_2\varepsilon_1) & E(\varepsilon_2\varepsilon_2) & \cdots & E(\varepsilon_2\varepsilon_N) \\ \vdots & \vdots & & \vdots \\ E(\varepsilon_N\varepsilon_1) & E(\varepsilon_N\varepsilon_2) & \cdots & E(\varepsilon_N\varepsilon_N) \end{pmatrix}$$

根据同方差假设，其主对角线上各元素都应该为 σ^2；根据零均值和无自相关两个假设，其非主对角线上各元素都应该为 0；结合三个假设，则误差项的方差-协方差矩阵应为 $\sigma^2 I_N$，即有

$$\begin{pmatrix} \sigma^2 & 0 & 0 & \cdots & 0 \\ 0 & \sigma^2 & 0 & \cdots & 0 \\ 0 & 0 & \sigma^2 & \cdots & 0 \\ \vdots & \vdots & \vdots & & \vdots \\ 0 & 0 & 0 & \cdots & \sigma^2 \end{pmatrix} = \sigma^2 I_N \tag{2-12}$$

这种以 $\sigma^2 I_N$ 表述误差项基本假设的方式，是误差假设的最简单形式。而我们所建模型是否符合这些假设的相关检验，将在残差项的检验中再做介绍。

2. 关于变量的假设

对于模型中各变量的假设主要有如下几个方面。

1）被解释变量的内生性假设

回归方程所表达的是被解释变量由解释变量决定的因果关系，说明被解释变量主要是由模型内部的各因素（解释变量）决定的，即它具有内生性的特点。同时，被解释变量还受进入系统的随机性干扰因素的影响，所以它又具有随机性的特点。且因被解释变量与随机误差项的线性关系，它也是服从正态分布的，即被解释变量是服从正态分布的随机性内生变量。

2）解释变量的外生性假设

解释变量外生性假设是指解释变量属于确定性的，由模型外的因素决定的特征。即在计量经济研究中，人们的注意力都集中在被解释变量的解释上，而解释变量的决定问题不在该模型的研究范围内，其数值的大小是由模型外的确定性因素决定的。

例如，例 2.1 中的各数据所表达的具体含义是：在给定人均收入水平 X 下，消费 Y 有很多种可能的随机表现。解释变量的外生性假设从严格意义上讲，可以表述为解释变量是与随机项不相关的特征。即表达式为

$$E(X\varepsilon) = 0 \text{ 或 } \mathrm{Cov}(X, \varepsilon) = 0 \tag{2-13}$$

以条件期望的形式可表述为

$$E(\varepsilon|X) = 0 \text{ 或 } E(\varepsilon_i|X_1, X_2, \cdots, X_n) = 0 \tag{2-14}$$

该外生性假设不仅要求本项（期）X 与 ε 相互独立，而且要求其他各项（期）的 X 与本项（期）的 ε 独立，其现实意义在于回归方程反映了 Y 与 X 的全部关系信息，误差项中已经不存在对模型起作用的重要影响因素。

3）无共线性假设

无共线性是指各解释变量 X_k 之间不能是线性的关系。对模型中各解释变量间的线性

关系，可以这样表述：如果存在不全为零的 c_i，使得

$$c_0 + c_1X_{1i} + c_2X_{2i} + \cdots + c_kX_{ki} = 0, \quad i = 1, 2, \cdots, n \tag{2-15}$$

成立，则称为解释变量间存在完全共线性。如果将该式中的“＝”改为“≈”或加上一个纯随机项，则称为近似的共线性或交互相关性。

该假设的要求在现实中并不常见，因为完全的共线性和完全的独立是现象关系的两个很难出现的极端情况，而处于两个极端之间的情况却是很常见的。为此，我们需要判断解释变量之间的密切程度，并在密切程度较高的一组变量中，选择具有代表性的变量，作为解释变量纳入模型之中，剔除其他相关的变量以避免多重共线性，使模型符合估算所需要的条件。

3. 对模型中参数的假设

在回归方程中对参数的假设有很多，主要是根据经济分析的需要来设定的。如假设参数是固定不变的、假定某解释变量的参数在某取值范围之内、假定某几个变量的参数之和为定值等。对这些假设的分析往往是经济分析中较规范的技术，如对参数稳定性和可预测性的分析与检验，都将在参数的检验中学习。

4. 对模型形式的假设

回归分析中对模型的形式也常存在很多假设，如我们目前只接触了一元和多元的线性回归模型，这里就存在一个线性稳定系统的假设。即我们所建立的经济模型，不仅要客观描绘经济现实，还要符合经济活动分析的需要。所以我们的模型既要能反映出我们所能控制的变量的影响和作用程度，还要能反映出研究对象的相对稳定状态，以及模型各要素之间的稳定关系等。对各种模型形式的假设及其有关的检验，也是计量经济学的主要研究内容，将分章再具体介绍。

2.2 经济建模的中心思想

经济建模的灵魂就是其中心思想，这与论文写作是一致的。任何论文的写作，不论你是否注意表达你所信奉的思想核心，都会在文章中体现出来。而中心思想的正确与否，又决定了论文写作的作用方向和研究意义。

2.2.1 正确思想的含义

科学研究在形式上是探索研究对象的发展演变规律，实质上是人类需要利用这些规律来改善自身的生存环境。然而生存环境是一项宇宙间相互关联的系统，不是局部的人力干扰所能决定的。所以总结人类几千年的文明经验，在顺应自然规律前提下的努力才是有效的，而违背自然规律的做法，多数都没有成功。因此在认识自然规律和利用自然规律的社会活动中，一定要保证你所努力的方向是对的，是符合自然规律的做法。

1. 科学性的含义

任何科学研究都以追求科学性为目的，但是科学性体现在哪里却存在着较大的差异。从中国的传统文化出发，可以将科学研究的方向理解为遵循自然，即事物自

然规律的探究才是科学研究的核心。自然一词的传统含义是指万事万物的规律、准则、本性和必然的趋势，包含着物质的、心理的、宇宙天地及人类社会自身发展和前进的规律等内容。并非某些人将人类社会之外的东西称为自然界的自然，自然界在逻辑上包含着人类社会，所以将“自然”与“社会”简单理解为独立的两部分是不科学的。

在现代社会的习惯用语中，传统的自然一词几乎被科学一词所替代了，这也是科学一词的泛化过程。而自然一词本身却似乎具体到了“自然界”的非社会含义了，但是许多被称为“科学”的内容，却是违背自然规律的。这种将“科学”一词的泛化，同时又将“自然”一词的具体化的倾向，会严重影响科研工作中判别是非的能力。具体到人类社会领域，就会体现在研究报告或学术论文的中心思想之中，即中心思想要体现在社会经济发展的自然而然的目标上。而具体的目标是什么，在不同的群体中还存在着较大的差异。

2. 人类的目标与信仰

从事科学研究必然带有不同的意识形态的倾向，这种倾向主要体现在科学研究的中心思想上。从这一视角观察现有的科研论文，你会发现其所站的立场和出发点，进而也就可以判断出基本信仰了。

在科学知识有限的条件下，人们将自己所不能认知的力量归结为神力，于是产生了宗教。从能量守恒的视角来看，是人类改变了周边系统的能量形式，从而导致的系统结构性改变，总能量并没有改变。因此追求无极限的经济增长等目标本身就是不现实的，同时对资产保值和增值的一味追逐，也是一种很可怕的现象。而将全社会的资源有效地分配到所需的各个领域，并促使系统达到较为理想的状态，则是符合科学规律的追求。

党的十八大以来，在人类命运共同体的理念下，让市场在资源配置中起决定作用，更好地发挥政府的作用，推行去虚向实的一系列主张和做法，无不体现了让人类共同走向美好未来的理想信念。因此，社会科学研究的基本思想，就是要符合上述基本理念，创造出人类社会共同富裕文明的大环境。

2.2.2　科研参照系统的构建

在中心思想的引领下，我们所研究的具体问题，也要有一种理想状态的表述，这一状态称为文章的思想参照系。也可以看作我们要实证的经济理论的中心思想表达，决定了所建模型的科学性。同样要确定好理想的参照系，就需要做好如下主要工作。

1. 领会中心思想在所研究问题中的体现

在所研究领域或要解决的问题中，都会涉及中心思想的科学性问题。

（1）我们的选题就反映了我们要解决的问题，该问题的产生和解决的思路都会在文章中论述，都涉及我们所表达的思想。而该思想的正确与否，需要我们论证和说明，并构成论文的重要内容。

（2）论文或模型的科学性，也会表现出是否符合中心思想的要求。并主要表现在模型所表达的思想与论文所表达的思想一致性上，而一致的思想还存在是否科学合理等问题。在这方面人们经常犯的错误是为维护某些政策而进行的相关研究，而这类政策本身就是不科学的。

2. 研究领域的规范性理论

在比较传统的学科领域，其学科的核心理论，往往就是人们研究的参照系。如果理论正确则研究将有意义，且随着研究的深入，人们的认识就越接近真相。如果理论不对，则研究必将走向歧途，其实证的结果也必然会经常出现偏误，而远离真相。因此在选择作为参照系的理论时，有必要对理论的正确性或符合中心思想的恰当性做出论证。

检验传统理论正确与否的基本方法，就是不断地利用新情况和新的观察来检验已有的理论。对于正确的理论和研究方向会在经受不断出现的新的考验的时候，不断有所创新，并又不断得到新的验证。同样，对于错误的理论或研究方向，往往是经不起任何的新情况的考验的。因此规范的传统理论，之所以能够传承下来，往往是理论自身的科学性，是经得起检验的理论。

3. 争取将理想状态以较少的指标描绘出来

社会经济现象的复杂性，决定了参照系统的复杂性。而复杂系统的描述往往是单一指标所不能完成的，因此需要一系列的指标体系来完成较为复杂的系统的描绘。但是因为总体上的综合管理的需要，人们往往追求单一目标的管理方式，这就需要将各个不同的指标综合为高度概括的指标进行考核及评价。所以，如果是数量化的指标，能够量化的尽可能要以量化的形式进行。同时当状态指标很多时，可以采用多元统计的方法进行降维处理，并以指数、系数等目标值进行度量。

2.2.3 社会科学论文中常犯的思想性错误

不论研究论文中是否提到其分析的中心思想或研究的参照系，其基本观点都会体现出思想或参照标准的倾向。而具体到某些现实的问题分析和对策建议时，其中心思想的偏离就很容易产生了，这也是常见的现象，主要表现如下。

1. 以偏概全的错误

这是论文写作中最为常见的错误，即以单一的极限追求为目标，如一味追求经济增长等单一目标的文章还是很普遍的。任何的经济均衡都不是单一目标的追求所能实现的，所以在论文写作中一定要确定好系统目标方向，以避免片面地以某种单一指标为核心进行研究。不过在系统的各个子系统中，才可以是单一目标的管理和控制。

2. 平均主义的错误

以平均主义代替公平合理的思想。十九大报告中将现阶段的社会基本矛盾表述为：人民日益增长的美好生活需要和不平衡不充分的发展之间的矛盾。这里的不平衡是指区域不平衡、领域不平衡和群体不平衡，并非提倡平均主义。而在部分文章中，又开始产生了形式上的绝对平均主义的追求倾向。

3. 外国的月亮是圆的

在研究过程中经常看到以国外某个经济较发达的地区为参照系统，以不同于国外的价值理念或不同于其发达地区的表现为缺点，并建议生搬硬套的改进做法。这类文章多数不能因地制宜地客观分析现实问题，并存在不负责任的瞎指挥等情况。

上述现象虽然是不同程度地潜藏于文章之中的，但是方向性的偏离是最大的错误。不论我们做哪类研究，都应避免这些问题的产生。

2.3 建模的理论基础与模型表述

在确定参照系统或研究选题的初期，往往需要查找相关的文献资料，并且在文献综述中必定会发现，人们对所要研究的事项的理解存在着很大的差异。因此在进行科研的过程中，必须首先明确相关的基本概念和涉及的核心范畴。

2.3.1 研究对象基本概念的界定

学术的争论往往是由于对基本概念的理解差异产生的，因此在很多学科产生初期都会出现大辩论的局面。在基本概念明确的前提下，才可能产生系统性的理论和学科体系。同样，在各级子系统的研究中也存在类似的情况，需要讨论明确基本概念，并在普遍认同的前提下展开各子系统的研究。

1. 界定基本概念要从本质特征出发

我们在文献梳理中会发现，对概念的不同理解，主要产生于对其基本特征的差异化偏见，而这些偏见多出现在以偏概全的情况。这就是老子在《道德经》中所提到的“道可道，非常道”的道理，即人们在从自我视角理解事物规律时，往往是从以偏概全开始的，并且在不断纠正认知的过程中，提升本质的认识，达到认识大道的目的。

从本质特征出发为事物进行定义的前提，就是要知道其本质特征，而通过文献的汇集与整理，较易发现最初认识演变到最新理念的规律特征，进而从本质趋势上给出基本定义。当然，不同的文献从不同的视角出发，难免产生各类偏差，所以在文章的写作过程中一定要有对文献内容的评价，以阐明对事物本质的认识。

2. 明确概念外延的逻辑分类

某些网络流行语所演化的概念会很快泛化并在一定范围内被广泛认同，但是其生命力却不一定长久。而在概念的定义中，人们常犯的错误就是将概念所涉及的外延作为定义的依据，并使得概念不断地泛化。因此在确定概念内涵的前提下，还要将其外延的分类作为理解概念的辅助信息在论文中表明。

对概念外延的分类是理解概念特征的重要环节，这也是文献综述时最常见到的。但很多文献的分类都存在着各类之间界限不清、各类总和不等于全集的现象，且分类不符合分析的需要，不能反映事物的运作机理等问题。

2.3.2 建模的理论框架及研究的核心三要素

任何理论思想的表述都是在基本概念及相关范畴明确的前提下，通过一定的语言和模型表达出来，即通过语言来解释模型的框架结构和相关内容，通过数理经济模型来表述现象的规律和关系。而理论的科学与否是需要计量经济检验的，模型的建立与检验又是可以细化到较小的专题来分解进行的。一般论文的写作都是在一定理论指引下的专题分解，其写作中也都要突出其核心的内容三要素，即要解决的问题、问题产生的根源和解决方案。而在设计阶段这三个核心要素往往是未确定的，需要我们凭借理论、经验或初步探索性分析来猜想或设定。

1. 问题的可能范围

问题往往是不理想的各类表现，所谓不理想是指现实与理想之间的差距。在参照系确定后，通过对现实的具体观察，就可以发现或度量出问题存在的领域及其表现的程度。而之所以要研究某具体问题，常因该问题显现突出，是目前比较紧迫的急需解决的问题。因此问题的查找并不困难，它往往是我们需要解决的核心工作，在模型中常以量化的形式作为被解释变量存在。

2. 问题产生的可能根源

计量经济建模的目的就是要寻找事物变动的决定因素，而在具体测定之前是未知的，但是在设计模型时，需要知道一个大致的范围。这种情况下也只能在可能的范围内来查找真正的原因。因此模型的设计工作，要求设计者必须是内行，是具备相关知识的专业人员，对所研究的事项有着较为系统的认知，而这种认知就是对该理论系统有着初步的理解或可能的因果关系的思想表达。

3. 可能的解决方案

在可能的根源分析基础上，在进行解释变量安排时，要注重如下两点。

（1）要尽可能地将根源挖掘到制度上，即以反映人为制定的可调整规则为解释变量。以便保证对策建议的可行性，有的放矢地提出改进规制设计的解决方案。

（2）要尽量将定性的规制现象进行变量化处理，以量化的变量做解释变量才能精准地测算出该现象的作用程度，最低也要以虚拟变量来表达规制性现象解释变量。

2.3.3 调研内容的规划

科研的目的是认识客观规律，依规律改进人类的生存质量。而在这一进程中，首先需要了解现实的人类存在状况，以发现问题及其产生的根源，然后再依据客观的规律来修正和完善现实的生活行为。在这一进程中，调查研究及其所涉及的相关内容需要做好如下准备工作。

1. 调查内容的确定

任何科学研究都是为了解决实际问题，要解决现实问题就必须了解实际情况。然而需要了解的情况，又包含哪些内容呢？这是调查研究工作中必须系统考虑的问题，主要包含如下几方面的内容。

（1）从理想状态的参照系统入手，即反映参照系的指标体系中所包含的指标，是我们需要调查的第一类指标。通过这类指标，可以了解到现实较理想存在的差距，以及差距产生的领域，还可能通过这些指标核算出现实或参照系的状态。

（2）从根源剖析的目的出发，将可能的原因类情况调查清楚。即可能的根源及其逻辑分类等系统详细的信息，都需要进行系统的调查。

（3）制度安排是否有效，往往需要进行实证性分析才能证实，因此可能的根源与可操作性的制度安排之间的运行机理，也是需要靠实证来得到的。而要证实这一机理，还是先要获取相关的观察数据。

从上述三个方面获取系统数据，才能满足实证分析的需要，所以在研究开始的调查准备阶段需要做详细的策划安排，保证上述各方面的数据都能调查获得。

2. 调查范围与调查方法的选定

在统计年鉴能够获得系统资料的前提下，没有必要再进行其他的调查研究。而我们的研究往往不存在能够满足实证的系统资料，还需要进一步调查获取。因此在进行模型设计阶段，就要考虑调查工作的可行性，并安排好调查等相关工作。是采取从网上获取数据，还是采用抽样调查等方式来获取资料，都要视具体情况而定。

调查的范围取决于研究的目标和解决问题的范围，如果是全国性的问题，就需要获取全国的数据来论证，所以调查的范围自然就是全国的数据了。这时如果只能获取一个省的数据而缩小调查范围，数据的代表性就存在问题，同时也没有任何说服力。

在大数据时代，获取数据的方式方法很多，经常需要采取数据挖掘的方法来加工获取。因此在论文写作中经常会看到一系列的数据处理等相关的内容。以至于在某论文的引领下，会出现一系列的以模仿或改进的方式产生的论文。所以我们会总结出一段时间流行风险价值模型，一段时间流行空间面板，一段时间又开始追逐协整分析等。

科学研究是认真探索未知的过程，绝不是赶时髦的过程，我们不断创新科学的研究方法的主要目的是探索真实的客观世界。如果在科学方法的使用中，我们只是重复了前人走过的路，则工作的意义就不大了。

2.4　研究对象的构成方式

经济思想是人们对现实经济活动规律的一种初步认识，而经济理论则是对经济思想的系统性表述。而系统性表述的核心就是经济规律的作用，以及在规律作用下相关事务的运行机理的一种概括性的学说体系。由于我们对经济生活观察的视角不同，认识上的差距和错误等问题必然存在，因此经济思想或理论的科学性就需要得到实践的验证。只有经过检验得到证实的理论，才能称为定律，才是真正的经济理论。计量经济建模的核心就是对已有的或不成熟的经济理论、思想、假设、假说等思想性进行实证性的检验过程。而这些不成熟的待验理论或思想，不仅是经济研究的对象，更是经济建模工作的灵魂，是建模工作的第一要素，这也说明经济理论类课程必然是本课程的基础。

对经济理论的实证过程就是计量经济的建模过程，也是我们学习计量经济学的根本目的。然而这一实证的过程并非一成不变的，大致上存在如下几种相对稳定的形式。

2.4.1　主要因素的筛选过程

建模过程虽然可以简单地划分为设、算、验、用等四个环节，但是现实的操作却是四者交织在一起的复杂过程。在明确了研究对象之后，各个影响因素的查找，就会涉及四个环节的综合运用，并逐渐形成了如下两类建模的逻辑过程。

1. 从理论到实践的建模过程

顾名思义，这一过程要求我们对研究对象及各影响因素的关系要有较为明确的理论认识，只是其作用的程度未知时才能够使用。人们的习惯思维方式是从事务的本质出发来构建模型，所以本质上的决定因素，就是建模首先需要考虑的因素。从这一因素出发，将模型逐渐复杂化，并达到充分解释现实的目的。这样的过程必将涉及如下几方面的问题。

1）理论的正确性

从理论出发，并对其进行验证，是科学研究最为便捷的方式。但是这必然要求我们的检验是在理论正确的前提下进行的，验证的结果也将会有两种情况：一是理论被证实；二是理论被证伪。

当然证实是我们所希望的结局，而当我们得到证实的结果时，往往就是理论和方法的正确所能达到的效果。这种情况是存在的，但是在一次性探索中，能够轻松得到这种结果的概率是很小的。

当我们的实证出现证伪的结果时，就需要修正原有的理论来重新验证了。这一过程可能会重复很多次，且不能保证一定能够得到理想的结果。这种情况更是广泛存在的，而且出现的概率又很大，所以现实中的类似实验是科研工作的常态。

2）方法的科学性

适应这一建模过程的常用的方法，称为逐步回归法，其中回归的方法是很多科学研究领域都普遍使用的统计估计方法，将在后续的内容中进一步阐释。

逐步回归法是将理论中所涉及的诸多影响因素进行归纳，逐一判断其对被解释变量的影响程度，并以影响力最大的因素为基础构建一元回归方程，作为分析的最为基本的模型。然后再将排列第二的影响因素纳入基础模型中，使其变为二元回归方程，同时还要检验新的影响因素的加入，是否改进了基础模型的解释能力。如果解释能力提高，则该新加入的因素有效，并保留在基础模型之中，否则新变量就不应该加入模型之中。以此类推，将各影响因素逐一加入模型之中，直到模型的解释能力提升到令人满意的程度。一般当加入的解释变量达到能够解释研究对象的绝大多数（80%）的变动时，就停止这一过程。并尽量做到以较少数几个影响因素，来构成解释程度较大的理想模型。

逐步回归法是我们常用的传统方法，但是它存在一个严重的问题，即初始的基础方程在拉掉重要的解释变量时，估计是有偏的，而在有偏基础上建立的分析方程是不可用的。可见正确的理论往往对应着无偏的估计，而错误的理论往往对应着有偏的估计。因此，这种建模的过程一定要在理论正确的前提下才有把握。

2. 从一般到具体的建模过程

这一过程是我们对研究对象的各影响因素了解甚少时，普遍采用的建模方法。该方法首先要将系统中反映各影响因素的各类经济观察，都纳入模型之中，构成一个庞大的普通模型；其次再对模型进行各种检验，以剔除那些没有显著影响的因素，达到精简模型的目的。这一过程涉及如下主要问题。

1）理论的作用

该类建模方法属于探索性的建模过程，似乎并不依赖经济理论的约束，但是相关变量和观察系统的选择还是需要人为确定的。这些相关内容的确定，绝不是凭空而来的，是需要我们拥有一定的相关知识才能完成的。所以，理论是建模的灵魂并不为过，只不过是理论的成熟程度或思想的系统程度不同而已。即在具有较为系统的理论时，我们可以使用逐步回归的办法来完成建模实证过程；而在一般情况下，我们还是使用从一般到具体的模型验证方法为好。

2）方法的科学性

后续的学习中会证明，从一般到具体的简化建模过程，是较为有效的建模方法。因为该过程是在保障各入选变量对被解释变量作用无偏的前提下进行的实证，这能够在无偏估算的前提下，将作用不显著的因素逐渐剔除，这种做法较逐步回归更为有效，是在不太有把握的条件下进行建模的首要选择。

在上述两种建模思路中，经济理论决定着各类影响因素的选择，进而也决定着建模的质量和意义。有关经济理论的知识不是本课程学习的主要内容，为了体验这部分的学习，我们设置了本章综合实训案例，可供学习参考。

2.4.2　主要变量的设计原则

模型的主体就是各类变量，如前所述在单一方程的模型中，将变量划分为解释变量和被解释变量。而在多方程模型中，常将变量划分为内生变量和外生变量。各类变量在模型中的作用和属性要求是不同的。这里简单介绍如下。

1. 解释变量与被解释变量的安排

事务之间广泛联系的普遍性，决定了因果关系的广泛存在性，因此寻找因果关系的研究就成了我们进行经济建模的重要依据。一般情况下将研究对象的可能的结果，设计为被解释变量，即被解释变量是处于模型方程式的等号左侧，表明因果关系中的结果变量。而模型中等号右侧的各变量，则是因果关系中的各种可能的原因，并称为解释变量。一般在模型设计中将每一种原因都设置为一个解释变量，所以因果关系中的原因多少就决定了模型中解释变量的多少。按照数学上的习惯，将研究的核心问题以被解释变量的形式放在方程式的左侧，突出显示我们要解决的核心问题。而在解决核心问题的过程中，决定其变化的各方面影响因素，都以解释变量的形式出现在方程的右侧。这些解释变量的多少，以及其作用的大小，都需要做出初步的安排。然后再依据实际观察和回归分析，来检验确定具体的关系。解释变量作为因果关系中的原因，往往是进行根源分析的主要内容，所以在模型假设中以确定性变量来表达。

2. 核心变量与控制变量的区分

在模型的构建和使用中，我们还需要进一步将所有解释变量划分为核心变量和控制变量。其中的核心变量是我们研究的核心内容，往往是我们能够调控的规制性作用变量；而控制变量往往是环境性影响因素，不是我们研究的核心，所以在模型的估算和检验使用中，往往需要控制其固定不变的因素。即重点研究规则安排性的变量，称为核心变量；而不能控制的影响因素，往往是一些自然资源等非人为因素，它们决定着被解释变量，但是我们无法控制它们，所以也就不能成为研究的核心。然而在实证分析中，只有将所有的主要解释变量都体现在模型中，才能保证获得无偏估计。为此人们常将非核心变量在模型中作为固定不变量处理，以反映出核心变量的真实作用，这种固定不变的量称为控制变量。可见所谓的控制变量是我们建模中需要控制其作用不变的环境变量，并非我们真正能控制其改变的变量。在文章写作和建模中，我们将制度性的核心变量作为调整的重点，并在实证中证实其作用的机理和程度，是建模的核心工作。

3. 内生与外生变量的转化

复杂系统使用单一方程是不能表达的，由联立方程组来表达是人们经常使用的方法。而联立方程组相对于单一方程的变量还存在着特殊的属性，主要介绍如下。

1）内生变量与外生变量的含义

内生变量是指系统内部各因素所能决定的各变量，一般就是指被解释变量。在单方程模型中，被解释变量是由解释变量决定的，所以是内生变量。而解释变量却是由模型之外的因素决定的，所以称为外生变量。

内生变量是研究的核心内容，其变量的属性是不确定的随机变量，也正因为其具有随机性，才具有研究的必要性和现实意义。而作为研究对象的决定因素本身，则是我们所能把控的确定性因素，所有解释变量都是外生给定的，不需要我们研究的基本因素。

2）前定变量及其确定性质

在后续的模型估算等相关内容的学习中，我们会遇到模型的求解问题，即要得到较为准确的无偏估计量，上述各类变量的属性是必备的条件。因此在较为复杂的系统环境中，经常会出现内生变量作为解释变量的情况，其联立方程模型将是较为普遍的现象。这一现象的出现将易导致模型估计的偏差，使模型的估算和主要的检验失效。为此人们将这类模型进行动态化处理，将内生变量在时间上做出界定，即将研究期的内生变量称为内生变量，而将研究期之前的各期观察视为已经确定的观察值，并取名为前期内生变量。这样，外生变量和前期内生变量都是确定性变量，称为前定变量。所以只要模型中的解释变量是确定性的，就能保证其估计的无偏性质。

3）经济研究的内生化演进过程

任何一个研究领域最初的研究都比较粗浅，随着研究的深入和扩展，我们会发现系统认识的复杂性和综合性越来越明显。而这一研究过程在方法上，就体现为研究的深入和扩展，主要体现在不断地将传统的外生对象内生化的过程。如在生产函数研究较早的模型中，储蓄是外生给定的决定产出水平的基本因素；而之后的研究则是将储蓄作为研究对象，即让储蓄变为内生的被解释变量，研究金融工具等外生因素对储蓄的影响；之后将金融工具作为内生的被解释变量进行研究，而以产业寿命等因素作为外生的解释变量进行更为深入的研究。即随着逐步的内生化，人们对某领域的研究将越来越系统、细致、深刻，这就是科学研究的不断创新和前进的过程。

2.4.3 关键方程的设计与安排

以方程式表达现象之间的精准关系是主流研究的重要手段，所以在论文写作中，对问题、根源及对策研究的三个核心环节中，都可能使用方程式来表达，并且恰当地使用方程式还将得到高品质的结果。具体原则说明如下。

1. 问题查找环节的方程设计

科学研究的目的就是要改变现实的不理想问题，而问题的查找就是研究初期的核心任务。要发现问题所在，就必须对现实的状况和理想的状态有清晰的理解，即现实与理想的差距就是问题。所以在对现实或理想状态进行描述时，就往往需要使用方程等工具来完成。而对现实状况或理想状态进行描绘过程中，较精准的方式就是以一个量化的指标来表达，该指标往往是没有核算出的未知变量。为此，该环节所使用的计量研究，会涉及如下主要内容。

（1）对研究事物的现实状况进行量化处理，涉及指标或指标体系的核算，而这些核算可以简单到直接观察记录，也可能复杂到由多个方程来共同反映。无论是单一指标的核算，还是多指标的综合评价，往往都需要使用计量经济的建模方式方法来完成。

（2）对研究对象理想状态的描绘，往往需要具体到量化或标准化的方法来解决。所以理想的标准，也常常需要使用计量经济的建模方式方法来完成。

2. 根源剖析环节的方程设计

科学研究中最为关键的环节，就是剖析问题产生的根源，而在这一过程中人们经常采用回归或因子分析等方法进行具体的测算和检验。即以某一方程或方程组来反映现象之间的因果关系，而这些方程的估算与检验方法，都是计量经济学的主要研究内容。所以在该环节往往是以反映问题的变量为被解释变量，以决定被解释变量的各类影响因素为解释变量，来构建因果关系的方程式或方程组。

3. 对策建议环节的方程设计

在对策建议的写作中，人们最常见的错误就是空喊口号，而那些口号又是很难实现的，不具操作性的内容。为此我们主张要针对规章制度进行修正的各类建议，因为人类改变自然界的能量局限是不可能的，只能改变我们自己的行为。所以在对策制定环节，使用方程计量和测算等方法，涉及如下主要内容。

（1）对某些政策的单独作用程度和综合作用程度的测算，是建议政策制定范围的依据。

（2）要更好地测定政策的作用，就必须拥有测算的工具性模型，该模型可以是根源分析中建立的已有模型，也可以是根据需要将核心变量与被作用的问题变量或中间作用变量的作用模型进行重新构建，并在进一步的分析中，更好地服务于对策建议的研究。

■ 综合实训案例

生产函数的构建

【例 2.2】　生产函数是反映生产成果与生产要素之间因果关系的方程，由于从不同的生产理论出发，必然会引出不同的生产函数。而要论证生产函数的科学性，只凭传统的辩论性研究是不够的，需要做出一系列的实证性检验。而检验的对象则需要从不同的理论视角出发，来构建不同的检验模型。这里只就数理模型的设计说明如下。

1. 生产函数构建的理论基础

任何模型的构建都需要思想和理论的引领，在经济学的早期，由于社会生产活动的范围较窄，主要是从自然界获取基本生活资料（农牧产品）的活动过程，这类活动主要依赖人类的劳动及占有的土地。所以 17 世纪中期的威廉·配第就有了“劳动是财富之父，土地是财富之母”的说法。因此古典经济分析的主流理论，就是相关的劳动价值论和生产要素理论。

1）劳动价值论

劳动价值论从威廉·配第那里萌芽，到大卫·李嘉图那里系统形成，在卡尔·马克思那里得到了辩证的考证，且已经认识到了创造剩余价值的劳动都是资本主义生产劳动的结论[①]。这种理解不但包含物质产品的生产，还包含非物质产品的生产。这一点是至关重要的，他从另一个侧面证明了劳动价值论的客观性和广泛性，即单纯的劳动是能够创造价值的。而之后的很多学者却无视《资本论》中关于演员为资本家演出创造剩余价值的实例，认为马克思的生产劳动理论就是物质生产劳动。这不但忽视了马克思关于非物质生产劳动也创造价值的重大发现，还为资本投入也创造价值的认识做形式上的辩解。

2）生产要素理论

西方主流经济学从亚当·斯密开始，注重市场交换的研究，并将在市场上交换的商品作为考察对象进行经济研究。随着社会分工的细化，产业种类不断增加，生产劳动领域也在不断扩大，亚当·斯密的物质产品生产劳动理论被扩展为萨伊等学者提倡的三要素学说，即劳动创造工资、土地创造地租金及资本创造利润等形式主义的理论[②]。

在柯布和道格拉斯创建其生产函数时，将土地资本化。而这种对市场理论的理解存在较大的漏洞，即劳动者的知识积累与融合促进了劳动力质量的不断提升，而建模中所采用的数据只是数量上的观察，所估算的结果也就必然出现矛盾的状况。而为了解决这些矛盾，人们又在其基本模型的基础上，修改或添加一些要素，不断地提出了很多的生产函数形式。其添加的外生影响因素也存在许多的形式和内容。

斯通等根据凯恩斯理论创建的国民经济核算体系中，将所有“社会化的生产活动”都视为生产劳动的同时，也就将全社会三次产业的生产劳动都纳入了核算体系之内，即第三次产业的劳动也是创造社会财富的生产活动。由于第三产业所提供的服务，是直接作用于服务对象的，只包含唯一的劳动要素，这说明劳动价值论本质上成了社会最终公认的生产要素的理论事实。

3）生产劳动与非生产劳动的划分

在对劳动创造价值普遍认同的前提下，主流经济学中还存在着生产劳动和非生产劳动的划分，且认为非生产劳动并不创造价值。甚至在大量的管理研究中，有着抛弃劳动价值论的倾向，即以资本化和市场化的要素理论来替代或否定劳动价值论的倾向。如不具市场交易性的家庭内部劳动不能创造价值的理念是很普遍的认识。其实随着市场化范围的不断扩大，主流经济学生产性劳动已经涵盖了居民家庭劳动的绝大部分，这也是传统理论的矛盾所在。

---

① 马克思，恩格斯. 马克思恩格斯全集：第 26 卷 [M]. 北京：人民出版社，1972：42.

② 亚当·斯密. 国民财富的性质和原因的研究：上卷[M]. 北京：商务印书馆，1981：303.

2. 传统生产函数的不足

生产函数是反映生产活动产出成果与其决定因素之间因果关系的函数，由于理论的差异反映在生产函数上，就存在多种不同的形式。主流经济学的生产函数是在要素价值论的基础上形成的，多以柯布和道格拉斯（C-D）提出的生产函数为基础，它是总产出 Y 与劳动 L 和资本 K 两个决定因素的非线性形式，即 $Y = AL^{\alpha}K^{\beta}$，之后索洛发现其中的系数 A 是个递增的变参数，并解释为技术进步的作用。由此引起了很多学者对其进行的一系列修正研究，其核心思想就是如何恰当地反映科技进步等因素的作用。其中，索洛的做法是在扣除劳动和资本的作用后，将剩余的部分看作科技进步作用的结果，所以称为索洛余值；阿罗的做法是在劳动和资本的规模报酬固定的前提下，增加一个反映人类知识积累的科技因素，并以社会资本总存量来反映知识的积累结果；卢卡斯借助舒尔茨和贝克尔的人力资本说法，将劳动的一般技能水平称为人力资本，认为人力资本的边际收益大于零，同时以休闲时间用于学习的效率与社会平均资本水平来刻画人力资本要素，并以单独的因素形式加入 C-D 生产函数之中；罗默在加入人力资本要素的同时，将资本品的总量纳入生产函数之中，反映出随着社会分工的加细，资本品总量的增加也能使社会总产出增加。还有一些学者在努力将知识经济等因素加入生产函数之中，但是这些探索都是基于生产要素理论，并将各类要素同等看待，做到形式上的完美，而忽略了要素之间的本质作用及其因果关系。主流生产函数从两要素到三要素、四要素等不断细化的过程，这一过程是在要素共同创造价值的理论背景下形成的。不过各要素之间的关系和形式的不确定性，使得人们将之假定为同等同方式的作用，而要素的作用形式没有反映出经济理论的差距，因此所得结果并不令人满意。目前还有许多人使用剔除劳动和资本作用之后的“全要素生产率”进行经济分析，本身就是矛盾的，不能科学反映技术进步，更不能反映全要素的生产效率。

3 生产要素的作用方式及其生产函数的构建

以生产要素的作用方式来构建生产函数，设 X 为总产出，C 为转移资本，Y 为新创造的价值，L 为劳动投入量，A 为生产技术水平，α 为劳动投入的产出弹性系数，则从自身对各种要素的作用上来构思生产函数如下。

（1）劳动创造是普遍认同的理念，即劳动者采用一定的生产技术作用于劳动对象的过程就是创造价值的过程。所以将 $Y = AL^{\alpha}$ 作为劳动价值论的核心生产函数是常见的做法。如果从静态出发，该函数中的 A 和 α 都是不变的常数系数，但是从动态上看，这两个因素都不可能是常数了，需要在模型中做进一步的内生化处理。

（2）按照马克思的分析产品的价值 $X = C + Y$，进一步分为 $Y = V + M$，不过这种分析只能算作一种静态的分析方法，如果考虑到动态，则资本本身也是由劳动创造的，且劳动技术的进步也体现在资本品的作用效率上，同时也是现有主流生产函数所未能体现的。

基于上述思想，结合传统模型，对生产函数设定如下：

$$X(t) = A(t)C(t-1)L(t)\hat{}\alpha \tag{2-16}$$

$$Y(t) = (A(t)L(t)\hat{}\alpha-1)C(t-1) \tag{2-17}$$

其中，X 为总产出；C 为生产资料总投入；Y 为新创造的增加值；L 为劳动投入量；t 为时间标注，模型的各参数说明如下。

（1）模型中所列入的技术水平要素 $A(t)$体现在劳动者所拥有的技术知识上，生产效率的时间增函数；由于技术属于劳动者所拥有，不可能独立于劳动者存在，所以 $A(t)$与劳动函数 $L(t)$是相乘的关系。

（2）劳动者的熟练程度是影响生产效率的微观结论，所以模型中以 a 来表示，具体到每位劳动者个人，则是其专业化程度的表现，即如杨小凯所研究的一样，以劳动时间的投入比例为专业化的度量，则 a 就是专业化的产出弹性系数。

（3）简单再生产，$C(t-1) = C(t)$；扩大再生产，$C(t-1) < C(t)$。

该函数的恰当与否还需要在后续学习中进行一系列的检验来证明。

阅读与思考

从托勒密到哥白尼

古希腊天文学家认为宇宙是一个透明的球壳，地球是宇宙的中心，所有的天体在球壳上，围绕地球做圆周运动。托勒密构建的地心说，预测了较长时间内的行星位置、日食和月食的发生时间，解释了许多天文现象。由于符合人们坐地观天的习惯，以及地球不动、宇宙中心的观念，该学说一直传到 15 世纪，历经千余年。

出生在波兰的哥白尼借助最新发明的望远镜从事天文观测研究，并创立了日心说理论，并写入了巨著《天体运行论》(于 1543 年 5 月 24 日出版)。该理论对当时的科学研究影响很大，产生了长期的地心说与日心说的争论。虽然日心说更科学，且有数据支持，但是支持者甚少。罗马教皇甚至以强压的手段，于 1600 年 2 月 17 日凌晨，将支持日心说的布鲁诺烧死在罗马广场的火刑柱上，并且直到近 400 年后的 1992 年，布鲁诺才正式得到罗马教皇的平反。

公元 1571 年出生的开普勒，在得到其老师第谷对 750 多颗行星的观测记录的基础上，运用数学方法，对哥白尼的匀速圆周运动模型进行实证分析，发现了 0.133 度的微小差别，并据此把行星的运动轨道设想成椭圆，太阳就处在椭圆的一个焦点处，计算结果与观测结果几乎完全相同。并在此基础上提出了行星运动三大定律，从而引导牛顿发现了万有引力定律，到此人类才算比较系统科学地描述了太阳系的结构及运动规律。同时，相对于目前流行的宇宙大爆炸学说，日心说已经相当古老了，但是探索者为此而付出的艰辛和抗争是科学研究的精神体现。正如布鲁诺在牺牲前的最后遗言："黑暗即将过去，黎明即将来临，真理终将战胜邪恶！火，不能征服我，未来的世界会了解我，会知道我的价值。"

计量经济模型的构建，也是不断创新和革命的过程，学习和使用的过程中，不但要有批判性思维方式，系统合理的构想，还要具有精准估算的能力和工具。为此，学习先贤的精神，掌握先进的工具，了解学科前沿，是我们科研工作者的基本素养。

本章小结

模型的设计是建模的灵魂所在，关系到建模工作的效率和模型的质量，它需要对模型的各个组成部分有着通盘的考虑。为此本章对模型的组成、基本假设、模型与现实的关系、理论的科学性、思想的体现方式和方法等相关内容进行了系统的说明。在理解这些内容的基础上来构建模型，才能减少后续工作的矛盾，提高建模的整体效率。

✍作业与练习

1. GDP（国内生产总值，gross domestic product）是 20 世纪的伟大发明，同时由于人们对其的片面追求，也给我们的生态和生活质量带来了一系列新的问题，请你从人类未来的目标及其评价的视角，建立一个综合评价模型，并思考其计量、观察、评价、使用的方法。

2. 结合你的专业或未来的工作目标，构建一个专业核心问题的结构模型，并搜集与其相关的各类统计数据。以便在后续学习中，作为实践性研究的主要对象。

第3章 计量经济模型的估计

在设计出模型的基本形式后，只要我们掌握了对模型系统的观察数据，就可以对其各参数进行估算了。要实现对模型参数的估计，需要理解常规的估计方法，并通过软件来完成。这是计量经济学实践操作的关键环节，也是后续学习的基础，需要熟练掌握。

3.1 回归方程参数估计的基本方法

回归方程是我们表达各类关系的基本形式，而对其参数的估算方法却有数百种。其中最为常用的就是普通最小二乘法、极大似然估计法、矩估计法等。

3.1.1 普通最小二乘法

普通最小二乘法（ordinary least squares，OLS）参数估计的基本思想是给定一组样本观测值$(X_i, Y_i)(i = 1, 2, \cdots, n)$，如图 2-1 的各散点所示，要使样本回归函数$\hat{Y}_i = f(B, X_i)$尽可能好地拟合这组观测值（如图 2-1 的直线所示），则以各散点到拟合曲线的（离差平方和）距离达到最小为目标的求解方法。该方法的一般表达式为

$$\sum(Y_i - \hat{Y}_i)^2 = \sum[Y_i - f(B, X_i)]^2 = \sum e_i^2 \to \min \tag{3-1}$$

由于离差e_i的正负抵消作用，$\sum e_i = 0$必然满足，同时使$\sum e_i^2$达到最小才是普通最小二乘法所具备的唯一特性。要求得出B中各元素b_k的合适值，则要对于每个参数b_k求其关于$\sum e_i^2$的偏导数，并令其为零来实现。然而因回归方程的形式不同，求解的过程也不会相同。

由于线性回归方程$Y = XB$是我们学习的基础，所以就线性方程XB的参数B的求解过程，以矩阵的形式表述如下：

$$\frac{\partial\sum e_i^2}{\partial B}=\frac{\partial e'e}{\partial B}=\frac{\partial(Y-XB)'Y-XB(Y-XB)}{\partial B}$$
$$=\frac{\partial[Y'Y-Y'(XB)-(XB)Y+(XB)'(XB)]}{\partial B}$$
$$=\frac{\partial[Y'Y-2(XB)'Y+(XB)'(XB)]}{\partial B}=\frac{\partial(Y'Y-2B'X'Y-B'X'XB)}{\partial B}$$
$$=-2X'Y+2X'XB$$

则在导数为零时有

$$X'XB=X'Y$$

即参数列向量求解的矩阵公式为

$$B=(X'X)^{-1}X'Y \tag{3-2}$$

其中，B 为参数列向量；X 为解释变量数据阵；Y 为被解释变量的数据列向量；X'为 X 矩阵的转置矩阵；$(X'X)^{-1}$为解释变量数据间乘方的逆阵。

【例 3.1】　使用例 2.1 中的十户样本数据，求解回归方程的参数 R 的操作过程如下：

```
Y<-c(594,883,1426,2300,2800,3500,4060,4900,5700,6500)
x<-c(800,1200,2000,2800,3500,4300,5100,6000,7300,8500)
X<-cbind(rep(1,10),x)
```

其中 Y 和 x 是一维向量，X 是 2×10 的矩阵，用式（3-2）来估算回归方程参数列向量的 R 过程是：

```
B<-solve(t(X)%*%X)%*%t(X)%*%Y
```

则计算的最终结果是$\begin{pmatrix}8.3338\\0.7851\end{pmatrix}$；即普通最小二乘估算的回归方程为

$$\hat{Y}=8.3338+0.7851x$$

该方程为样本回归方程，可以在给定 X 的条件下得到回归的预测值 $\hat{Y}$；可以用于经济结构分析，其中 8.3338 是没有收入时的人均消费 Y 的平均水平；0.7851 表明人均收入 X 每增加一个单位，人均消费 Y 所能改变的程度；应用在现实的管理中，可以控制 X 的规模来实现对 Y 的间接管理。

3.1.2　极大似然估计法

普通最小二乘法是以估计的误差最小为依据进行的，而极大似然估计法则是以样本出现的可能性最大为依据进行的。

1. 极大似然估计法的基本原理

极大似然估计法也是依靠样本的信息对总体的参数进行估计的常规方法，只是它适合总体分布的类型已知，但分布的具体参数未知时使用。它是以我们得到的样本在现实中出现的概率达到最大为依据进行的参数估计，即样本各单位同时出现的概率似然函数达到最大时的参数估计结果。

1）极大似然估计法与普通最小二乘法的差异

（1）分析的条件差异：普通最小二乘法进行点估计时可以不知道其分布，但是在进行区间估计和假设检验时，需要使用总体的正态分布假设，因此普通最小二乘法对分布依赖不强；极大似然估计法在本质上很依赖总体的分布函数。

（2）分析的出发点的差异：普通最小二乘法是以样本估计的误差最小为依据进行计算的，而极大似然估计法是以样本被抽到的概率最大为依据进行估算的。

2）极大似然估计法介绍

设自总体中获得的样本 Y 是在对总体的一次性随机观察中得到的结果，这说明在所有可能的样本中 Y 出现的概率最大。再设样本各单位在观察值 $Y_i \in Y$ 被抽取的概率 $P(Y_i)=f(Y_i,\alpha)$，其中 f 为概率密度，α 为概率密度函数的分布特征参数，在独立随机抽样时，有联合概率密度函数为

$$L(Y,\alpha)=\prod_{i=1}^{n} f(Y,\alpha) \tag{3-3}$$

该联合密度函数实质上是样本各单位同时出现的可能性的一种度量，极大似然估计就是寻找使这一样本出现的概率达到最大的参数 α 的估计值。为此，我们常将该联合密度函数称为似然函数。

由于同类型的概率分布，会因其参数的不同而表现出差距，所以在各随机性的样本中，被抽到的样本往往是出现的可能性最大者。为此以样本统计量为依据构建似然估计函数就是极大似然估计。具体步骤如下。

（1）由总体分布导出样本的联合概率函数，得到似然函数。

（2）将似然函数中的自变量看作常量，而将参数看作自变量，先对其求导数，并令该导数为零，求得使似然函数最大的参数估计量。

（3）将样本数据代入极大似然估计法估计量的计算式中，得到极大似然估计值。

2. 条件极大似然估计

当样本由两类子样本构成时，其联合密度函数为

$$f(Y,X,\beta)=f(Y\mid X,\beta)f(X,\beta)$$

其中，$f(Y\mid X,\beta)$ 为条件概率密度函数；$f(X,\beta)$ 为边缘密度函数。则在样本给定条件下 Y 的似然函数为

$$L(Y\mid X,\beta)=\prod f(Y\mid X,\beta) \tag{3-4}$$

对似然函数两端取对数可以得到对数形式的似然函数如下：

$$\ln L(Y\mid X,\beta)=\sum \ln f(Y\mid X,\beta) \tag{3-5}$$

而求得 $L(Y\mid X,\beta)$ 的最大值与求得 $\ln L(Y\mid X,\beta)$ 的最大值是等价的，且依据其概率分布的不同而存在一定的差异。例如，在正态分布情况下，有

$$L(Y\mid X,\beta,\sigma^2)=(2\pi\sigma^2)^{-\frac{n}{2}}\exp\left(-\frac{(Y-X\beta)'(Y-X\beta)}{2\sigma^2}\right) \tag{3-6}$$

其对数形式为

$$\ln L(Y\mid X,\beta,\sigma^2)=-\frac{n}{2}\ln(2\pi\sigma^2)-\frac{(Y-X\beta)'(Y-X\beta)}{2\sigma^2}$$

设使上式达到最大时的参数 β 和 σ 的估计值为 B 和 s，则有如下关于两类参数的偏导数为零的关系式，即有

$$\begin{cases}\dfrac{\partial \ln L(Y,X\mid B,s^2)}{\partial B}=-\dfrac{X'Y+X'XB}{s^2}=0\\ \dfrac{\partial \ln L(Y,X\mid B,s^2)}{\partial s^2}=-\dfrac{n}{2s^2}+\dfrac{(Y-XB)'(Y-XB)}{2s^4}=0\end{cases}$$

$$\begin{cases}X'Y-X'XB=0\\ -ns^2+(Y-XB)'(Y-XB)=0\end{cases}$$

$$\begin{cases}B=(X'X)^{-1}X'Y\\ s^2=\dfrac{e'e}{n}\end{cases}\tag{3-7}$$

其回归系数估计的结果与普通最小二乘法求得的回归系数估计式（3-2）完全相同。所以在正态分布的条件下，对于回归模型的普通最小二乘法与极大似然估计法是基本等价的，即两者估计的结果一致。

3.1.3　矩估计法

普通最小二乘法和极大似然估计法都要依赖样本统计量的概率分布来进行估计。而在现实中我们很少知道研究对象的分布情况，这就需要寻找一种不借助分布就能进行估算参数的方法，即矩估计法。

1. 矩函数

矩函数是统计特征函数的一般称谓，即均值属于原点矩，方差属于中心矩，偏态属于3阶矩函数，峰度属于4阶矩函数等。同时总体的矩函数与样本的矩函数是对应的，即样本矩是总体矩的一致性估计，矩函数的主要计算方法如下。

1）k阶原点矩

以变量值与原点的距离为对象进行乘方的均值计算，所得到的统计特征值称为原点矩。而依据乘方的次数称为阶数，则对于变量X的总体（容量为N）和样本（容量为n）的k阶原点矩计算公式分别为

$$U_X^k=\frac{\sum X^k}{N},\quad u_X^k=\frac{\sum X^k}{n}\tag{3-8}$$

2）k阶中心矩

对于X变量的总体和样本的k阶中心矩计算公式分别为

$$S_X^k=\frac{\sum(X-\bar{X})^k}{N},\quad s_X^k=\frac{\sum(X-\bar{X}s)^k}{n-1}\tag{3-9}$$

当均值为零时，中心矩就是原点矩；当$k=1$时，原点矩就是均值；当$k=2$时，中心矩就是方差；而以各阶矩为基础所形成的各种类型的函数或表达式，常称为矩函数。矩函数就是统计学中的特征值的概括表达，也是总体和样本都具有的稳定的特征指标。

2. 经典矩估计

由于样本矩必然携带着总体矩的信息，且可以证明其具有一致性和渐近正态性的特点。所以经典的对总体参数进行矩估计的步骤如下。

（1）明确总体矩与分布参数的关系。如正态分布下，总体的均值就是其分布的数学

期望，而总体的方差就是其分布的方差。即当 $X \sim N(\mu,\sigma^2)$ 时，有

$$U_X{}^1 = \sum X / N = \mu\text{，}\ S_X{}^2 = \sum (X-\mu)^2 / N = U^2{}_X - \mu^2 = \sigma^2$$

（2）根据大数定律，各阶样本矩依概率收敛于各阶总体矩，即

$$(\sum X)/n = u_X^1 \to \mu\text{；}\ \sum (X-u_X^1)^2/(n-1) = s_X^2 \to \sigma^2$$

（3）以样本矩代替总体矩，作为参数的矩估计统计量，即有

$$\hat{\mu} = u_X^1 = \frac{\sum X}{n}\text{；}\ \hat{\sigma}^2 = s_X^2 = \frac{\sum (X-\bar{X})^2}{n-1} \tag{3-10}$$

可见以样本矩来替代总体矩的参数估计过程，就是统计学上最为常见的估计方法，通俗来说就是使用样本指标来估计总体指标的过程。

3. 回归方程的广义矩估计

回归方程的估计是为了使残差达到最小的估计过程，所以借助矩估计的思想，对各回归系数的估算考虑如下。

（1）关于回归方程误差的矩函数可以表述如下：

$$\varepsilon = Y - X\beta$$

该误差列向量实质上是在 X 给定的条件下，各组观察值偏离回归值的程度，即以总体回归方程为中心的实际偏离。而该离差的期望值就是在 X 给定条件下的一阶中心矩，而随着 X 的条件不同，以该距离为核心的函数表达式就是一阶中心矩函数。

（2）以样本的参数估计量代替总体参数，并形成样本的矩函数如下：

$$\sum e_i = i'e = i'(Y - XB) = 0 \tag{3-11}$$

根据该方程组可以求解出各参数 B 的估计值，但是该方程组存在着能否识别的问题。在方程的个数等于未知参数的个数时，有可能求解，或称为恰好识别。但是矩估计是依据大数定律进行的，它要求对总体观察的样本数量要尽可能大。而在大样本时，即样本容量为 n 组观察值，则可以建立 n 个方程。即当 $n >> K+1$ 时，方程组常是过度识别的。解决这种过度识别的方法就是将各组数据都参与各参数的估算，只是估算的结果以 X 为权重进行加权平均。该过程就是将式（3-11）中的单位向量 i，换为矩阵 X 的简单过程。具体如下：

$$X'e = X'Y - X'XB = 0 \tag{3-12}$$

$$X'Y = X'XB$$

由于 X 为确定的变量观察值，$X'X$ 为非负定的方阵，只要各解释变量间无共线性，则该方阵就是可逆的，这时就会得到与普通最小二乘法一样的估计量计算公式：

$$B = (X'X)^{-1} X'Y$$

我们将这种过度识别的，并采取加权方式进行估计的过程称为广义矩估计。通过公式可知，广义矩估计法所得到的结果与正态分布下的普通最小二乘法和极大似然估计法所得到的结果是一致的，即三种方法是等价的。

3.2 线性估计量的性质与区间估计

采用不同的方法对方程求解所估算的结果常有不同，因此需要一定的标准来评价各

种方法的科学性，一般认为具有线性、无偏性、有效性的估算方法是最佳的。

3.2.1 普通最小二乘估计量的性质

估计量的质量是人们估计时普遍关心的事情，而评价的标准主要有线性、无偏性、有效性和一致性等，一致性是大样本时的要求，其他是小样本时的要求，最好的估计量称为最佳线性无偏估计量（best linear unbiased estimator，BLUE）。

1. 小样本条件下的性质

高斯和马尔科夫证明了，在给定线性回归的经典假定下，普通最小二乘估计量是满足上述性质的最佳线性无偏估计量。具体证明如下。

1）线性

线性是指两个变量间的对应比例关系，估计量 B 与研究对象 Y 的线性关系证明如下：

$$B=(X'X)^{-1}X'Y=AY \tag{3-13}$$

其中，$A=(X'X)^{-1}X'$ 为一个仅与确定性的 X 有关的系数矩阵，表明 B 与 Y 之间的线性比例关系。虽然该比例与 X 有关，但 X 是确定的，该比例系数矩阵 A 也就是确定的。

2）无偏性

无偏性是指变量的均值或期望值是否等于总体的真实值。对于参数的估计量有

$$E(B)=\beta \tag{3-14}$$

因为 $B=(X'X)^{-1}X'Y=(X'X)^{-1}X'(X\beta+\varepsilon)=\beta+(X'X)^{-1}X'\varepsilon=\beta+A\varepsilon$；又因为 A 是由 X 决定的，而 X 与 ε 是独立的，且 $E(\varepsilon)=0$；所以有 $E(B)=E(\beta+A\varepsilon)=\beta+AE(\varepsilon)=\beta$。

3）有效性

有效性是指在所有的无偏估计中，方差最小者为有效，即对于任意的无偏估计量 G 与最小平方估计量 B 的关系为

$$\mathrm{Var}(G)\geqslant\mathrm{Var}(B) \tag{3-15}$$

仿照 $B=AY$，设另一无偏估计量 $G=CY=C(X\beta+\varepsilon)$；即有

$$E(G)=E(CX\beta+C\varepsilon)=CX\beta+CE(\varepsilon)=CX\beta=\beta$$

可见线性关系：$AX=I$ 和 $CX=I$，都是无偏估计量的性质；则有

$$\begin{aligned}\mathrm{Var}(G)&=E[(G-\beta)'(G-\beta)]=E[(CX\beta+C\varepsilon-\beta)'(CX\beta+C\varepsilon-\beta)]\\&=E[(C\varepsilon)'(C\varepsilon)]=E(C\varepsilon'\varepsilon C')=\sigma^2CC'\end{aligned}$$

设 $D=C-A$，即 $C=A+D$；则将方差式的 C 换为 $A+D$ 有

$$\mathrm{Var}(G)=\sigma^2(A+D)(A+D)'=\sigma^2(AA'+DD'+DA'+AD')$$

其中，因 $DA'=DX(X')^{-1}X=DX=CX-AX=I-I=0$，则有方差式为

$$\mathrm{Var}(G)=\sigma^2(AA'+DD')=\sigma^2(X'X)^{-1}+\sigma^2DD'=\mathrm{Var}(B)+\sigma^2DD'$$

对于 $\forall V\neq0$，则有 $V'DD'V=(V'D)(D'V)=H'H=\sum H^2\geqslant0$；可见 DD' 是半正定（非负）的。所以必有 $\mathrm{Var}(G)\geqslant\mathrm{Var}(B)$，即 B 较任意的 G 更具有效性。

2. 大样本下的一致性

一致性是指样本容量趋于无穷大时，样本统计量是否依较大的概率收敛于总体统计量的真值。由于最小二乘估计量拥有一个“好”的估计量所应具备的小样本特性，它自

然也拥有这种收敛于真值的大样本特性。同理，在极大似然估计和矩估计中，由于回归系数的估计在正态下与最小二乘估计等价，所以其性质也是满足线性、无偏性、有效性和一致性要求的。但是极大似然估计中的误差方差估计量s^2，却是一个有偏的估计量。为此，对于某些不能满足小样本下评价标准的统计量，可以放宽要求采取大样本观察，这时要满足如下两个要求。

1）渐近无偏性

当样本容量趋于无穷大时，样本统计量如果能趋于总体统计指标，则称为具有渐近无偏性的统计估计量。

2）渐近有效性

当样本容量趋于无穷大时，样本估计量如果是所有的一致估计量中方差趋于最小者，则称为渐近有效的估计。

前面所学习过的三类估计方法所得到的估计量，都能满足这两种渐近性质的要求。

3.2.2 回归参数的区间估计

上述优良的参数估计，只是一种点估计的结果，而要得到一定把握程度的估计，还需要做如下努力。

1. 参数估计量的概率分布

参数的区间估计需要知道其概率分布的特征，所以我们要从其分布特征入手，来学习其参数的区间估计。

1）正态分布

由线性的性质可知，$B=AY$说明B与Y是线性关系，即B的概率分布与Y的概率分布也是相同的。又因为回归模型中关于误差与变量的假设均为服从正态分布的随机性变量，与Y也是线性关系，则在X给定时（X决定了A的确定性），参数B将随着Y的属性而服从正态分布。

2）分布的参数

由无偏性可知，参数B的期望值为总体回归系数β，而其方差则由基本假设可以推导为$\text{Var}(B\mid X)=\sigma_\varepsilon^2(X'X)^{-1}$中的主对角线上的各元素，其推导过程如下。

由无偏性证明可知：$B=\beta+A\varepsilon$，则B在X给定条件下的方差-协方差阵$V(\ )$为

$$V(B\mid X)=E[(B-\beta)(B-\beta)']=E[(A\varepsilon)(A\varepsilon)']=E(A\varepsilon\varepsilon'A')$$

以二次型表示为

$$V(B\mid X)=A[E(\varepsilon\varepsilon')]A'$$

由上式及线性证明中$A=(X'X)^{-1}X'$可知：

$$V(B\mid X)=(X'X)^{-1}X'[E(\varepsilon\varepsilon')]X(X'X)^{-1}$$

由同方差和无自相关假设可知：

$$V(B\mid X)=(X'X)^{-1}X'(\sigma_\varepsilon^2 I)X(X'X)^{-1}=\sigma_\varepsilon^2(X'X)^{-1}X'X(X'X)^{-1}=\sigma_\varepsilon^2(X'X)^{-1} \quad (3\text{-}16)$$

可见，在X给定的条件下，参数b_k的方差是由误差的方差${\sigma_\varepsilon}^2$与$X'X$方阵逆阵对角线上对应元素c_{kk}的乘积构成的，即

$$\mathrm{Var}(b_k \mid X) = \sigma^2{}_{\varepsilon} c_{kk} \tag{3-17}$$

则参数 B 的各元素 b_k 的概率分布，可具体表述为

$$\sim N(\beta, \sigma^2{}_{\varepsilon}(X'X)^{-1}) \text{ 或 } b_k \sim N(\beta_k,\ \sigma^2{}_{\varepsilon} c_{kk}) \tag{3-18}$$

这是进行参数检验和分析的主要依据。

【例 3.2】　利用例 3.1 中的数据，计算残差和两个参数的估计标准差如下。

（1）有关残差 e 的计算：$e < -Y - X\%*\%B$；残差平方和：RSS<–sum(e^2) = 123 281.1；残差的方差：SEF<–RSS/8 = 15 410.13；残差的均方差：Se = sqrt(SEF) = 124.1376。

（2）有关逆阵 $(X'X)^{-1}$ 的计算。乘积的方阵：$X2 < -t(X)\%*\%X$；方阵的逆阵：$N2 < -\mathrm{solve}(X2)$；逆阵主对角线的各元素开平方：c<–sqrt(diag(N2))，其中，c[1] = 0.622 184 414；c[2] = 0.000 129 115 6。

2. 参数分布的标准化及其分布规律

参数分布的标准化是利用概率分布进行区间估计的简化过程，也可以使估计规范化。

1）参数方差的估算

在上述参数 B 的方差证明中，B 的方差中包含着总体误差项的方差 $\sigma_{\varepsilon}{}^2$，而在对参数进行区间估计时，因总体的误差及其方差是未知的，需要以其无偏的估计进行测算，公式为

$$\hat{\sigma}_{\varepsilon}^2 = s_e^2 = \frac{e'e}{n-K-1} \tag{3-19}$$

证明如下：

$$e = Y - XB = (X\beta + \varepsilon) - X[(X'X)^{-1}X'Y] = (X\beta + \varepsilon) - X[(X'X)^{-1}X'(X\beta + \varepsilon)]$$
$$= X\beta + \varepsilon - X\beta - X(X'X)^{-1}X'\varepsilon = [I - X(X'X)^{-1}X']\varepsilon = M\varepsilon$$

其中，M 为对称幂等矩阵，即 $M = M'$，$M'M = M$；并设 t_r 为矩阵的迹，所以

$$E(e'e) = \varepsilon' M\varepsilon = E(\varepsilon'\varepsilon)\cdot t_r M = \sigma_{\varepsilon}^2[t_r I_n - t_r X(X'X)^{-1}X'] = \sigma_{\varepsilon}^2[n - (K+1)]$$

可见，$\sigma_{\varepsilon}^2 = E[e'e/(n-K-1)] = E(s_e^2)$；即式（3-19）得证。

该式说明以自由度计算的残差的方差 s^2 的期望值就是误差的方差 σ_{ε}^2。而相比在似然估计中以 n 计算得到的估计量，则是有偏的估计了。

2）参数估计量的 t 分布

由式（3-18）可知：

$$U = \frac{b_k - \beta_k}{\sigma_{\varepsilon}\sqrt{c_{kk}}} \sim N(0,1) \tag{3-20}$$

当 σ_{ε} 未知时，只能以样本残差的标准差估计量 s_e 来替代，则该统计量将服从 t 分布，即有

$$T = \frac{b_k - \beta_k}{s_e\sqrt{c_{kk}}} \sim t(n-K-1) \tag{3-21}$$

3）参数的区间估计

根据 t 分布的关系式（3-21），可得到如下概率关系式：

$$P(|T|\leqslant t_{\alpha/2})=P\left(-t_{\alpha/2}\leqslant\frac{b_k-\beta_k}{s_e\sqrt{c_{kk}}}\leqslant t_{\alpha/2}\right)=1-\alpha \quad (3\text{-}22)$$

可见，参数β_k的显著水平α（即把握程度为$1-\alpha$）下的区间估计如下：

$$\left(b_k-t_{\alpha/2}s_e\sqrt{c_{kk}}\leqslant\beta_k\leqslant b_k+t_{\alpha/2}s_e\sqrt{c_{kk}}\right)\text{；或}(b_k\pm t_{\alpha/2}s_k) \quad (3\text{-}23)$$

可以利用 R 软件很容易得到b_k、$t_{\alpha/2}$、s_k来构成该区间估计。

【例 3.3】 使用例 3.1 和例 3.2 的计算结果，进行两个参数的区间估计如下。

在自由度为8时，显著水平0.05的t分布临界值可通过R计算有：qt(0.025, 8) = −2.306 004

则 b_0 的估计区间为：（−169.7738，186.4414）；其中下限 x 和上限 s 的计算如下：

b_{0x}<−8.3338−2.306 004*124.1376*0.622 184 414

b_{0s}<−8.3338 + 2.306 004*124.1376*0.622 184 414

b_1 的估计区间为：（0.748 091 2，0.822 013）；其中

b_{1x}<−0.785−2.306 004*124.1376*0.000 129 115 6

b_{1s}<−0.785 + 2.306 004*124.1376*0.000 129 115 6

从该区间的具体内容上看，要提高估计区间的精确度，就要注意从如下几方面着手。

（1）增大样本容量 n，因为样本容量 n 越大，t 分布表中的临界值越小，同时，增大样本容量，还可使样本参数估计量的标准差减小。

（2）提高模型的拟合优度，因为样本参数估计量的标准差与残差平方和成正比，模型优度越高，残差平方和越小。

（3）提高样本观测值的分散度，$(X'X)^{-1}$的分母$|X'X|$的值越大，估计区间越小。

3.3 线性回归方程估计的 R 操作

从上述三种方法的学习中，我们可以相信对回归方程各参数估计的科学性，但是要实现其可操作的估计，使用矩阵等工具也是不大方便的，为此 R 语言中提供了方便使用的函数。

3.3.1 线性回归方程估计的 R 命令

使用 R 语言求解线性回归方程是非常方便的，求解中还可以对模型的参数进行点估计和区间估计。

1. 参数的点估计

使用 R 进行线性回归方程估计的具体命令格式如下：

lm(模型公式, 数据, ……)　　（3-24）

该函数的各参数说明如下。

模型公式形式：

被解释变量～解释变量 1 + 解释变量 2 + …… + 解释变量 K

注：公式中加入“0”项时为无截距的方程。

数据：为内存中的向量或数据框中的数据。如果是内存中的数据对象，则该项可以省略。如果是数据框中的数据，则要在该项中指明数据框。

【例 3.4】 利用例 3.1 中的数据，计算说明 R 中 lm 命令的使用及结果如下：

```
>lm(y~x)->HG;HG
Call:
lm(formula=y~x)
Coefficients:
(Intercept) x
      8.3338      0.7851
```

可见，计算结果与使用矩阵的结果完全一致。

2. 参数的区间估计

如果要进行区间估计，则需要在回归估算完成，并将其存入回归对象后，可以使用如下命令做区间估计：

confint(object, parm, level = 0.95, …)　　(3-25)

各参数意义如下。

object：指回归估算的结果对象名。

parm：指定区间估计的参数列表，默认时为全部参数。

level：估计的把握程度，默认时为 95%。

【例 3.5】 利用例 3.4 中的结果进行区间估计有：

```
>confint(HG,level=0.95)
                  2.5 %       97.5 %
(Intercept)   -169.7738    186.4414
X               0.7480912   0.822013
```

可见，与例 3.3 中计算的结果完全一致。

3.3.2 回归对象可以读取的其他信息

上述所使用的估算和显示的回归结果是粗略的报告，其中还包含残差和回归值等若干信息的读取。具体方法说明如下。

1. 残差项数据

使用“回归对象$resid”就可以获得回归对象中的残差信息，或者使用 residuals(回归对象)读取残差；使用 rstandard(回归对象)函数计算获得标准残差；使用 rstudent(回归对象)函数来计算获得学生化的标准残差。

【例 3.6】 以例 3.4 中的回归对象 HG 所包含的因子对象为例，获取残差数据如下：

```
>HG$resid
     1           2            3           4           5
 -42.37548   -67.39632   -152.43799   93.52033    43.98386
     6           7            8           9          10
 115.94219   47.90051    181.35362   -39.21410   -181.27662
```

这十个样本点的残差数据，是在零的上下分布，其总和应该等于零。

2. 预测值数据

对样本数据进行回归的估计值也可以观察到，即使用“回归对象$fitted.values”，或使用 predict(回归对象)函数进行回归预测。

【例 3.7】 以例 3.4 中的回归对象 HG 所包含的因子对象为例，获取回归预测值如下：

```
>HG$f
        1          2          3          4          5
 636.3755   950.3963  1578.4380  2206.4797  2756.0161
        6          7          8          9         10
3384.0578  4012.0995  4718.6464  5739.2141  6681.2766
```

该预测值是递增分布的，在回归直线上的取值是人均收入决定人均消费的理论模拟值。

3. 回归对象中的其他常用信息

对回归对象可以使用如下命令获得一些回归分析的有用信息。

（1）回归对象$df　　#获得回归的自由度；

（2）回归对象$coef 或 coef(回归对象)　　#获得回归系数估计值；

（3）logLik(回归对象)　　#获得回归的自然对数似然统计量；

（4）vcov(回归对象)　　#获得回归系数的方差-协方差矩阵。

利用这些信息可以测算更多的统计特征，并进一步作出评价与挖掘分析。

3.3.3 使用 R 命令的注意事项

1. 工作目录与数据框

现实的计量分析中，经常会使用电子表格等载体上的数据，而多数带有各类格式的数据是 R 软件不能识别的，为此需要将这些数据另存为文本格式的文件，然后再自文本文件中读取数据。要注意，有的数据是三位一个空格或分位符，这在整理数据时要予以清除。

确定文本文件存放在工作目录中，并将文件中的数据调入内存，赋值给某变量或数据框，之后才能使用上述 lm 命令进行估算。

2. 估计方程时要注意样本的大小

（1）在估计方程时为了使方程可解，最小样本容量是$n \geqslant K+1$，即从最小二乘或极大似然原理出发，欲得到参数估计量，不管其质量如何，所要求得样本容量的下限。这是在无共线性的情况下，达到$X'X$满秩的要求。

（2）从统计检验的要求出发，大样本为佳。经验上$n \geqslant 30$时，U 检验才能应用；$n-k \geqslant 8$时，t 分布才能达到较为稳定的接近正态的状态，所以一般要求$n \geqslant 3(K+1)$。

（3）从社会经济现象的不稳定性出发，根据经验，样本容量最好要在 50 以上，且越多越好。

3.4 非线性回归的估计方法

线性回归是所有回归分析的基础，而现实中的社会经济现象多是非线性的，作为进一步学习的需要，本节的内容是为扩展知识而准备的。

3.4.1　非线性研究的意义

对线性与非线性的理解，在不同的场合是不一样的。为了更好地学习有关知识，首先要认清两者的关系，然后才能针对不同的场合采取相应的方法来处理非线性问题。

1. 线性与非线性的关系

线性与非线性模型是人们对模型中的各要素之间的关系的描述，即两种现象之间呈现较为稳定的比例关系时，常称为线性关系。这是因为两者的关系图示表现为直线，即一个现象发生一个单位量的改变，另一个现象将跟随发生固定量的改变。而非线性关系则较线性关系复杂得多，一个现象的数量可随另一个现象而改变，但是改变的量是非固定的常数，其图形也常表现为曲线分布。由线性关系构成的模型就是线性模型，由非线性关系构成的模型就是非线性模型。

1）对线性与非线性模型的理解偏差

由于在一个模型中存在关系的要素包含变量和参数，则它们之间的关系就体现在变量之间、参数之间、变量与参数之间的各类形式。这样对线性与非线性模型的理解，在不同人之间就产生了一定的差异，使人们对两者的划分就产生了广义和狭义的概念。主要产生的分歧如下。

（1）从被解释变量与解释变量的关系上定义线性与非线性模型。这种做法是在参数固定不变的假设下进行的，它没有考虑变参数，也没有考虑参数与变量之间的关系问题。我们将这种只考虑变量之间关系的定义，称为变量的线性定义。

（2）从被解释变量与参数的关系上定义线性与非线性模型。这是考虑上面定义的欠缺而给出的定义，这种定义主要是从模型求解的角度给出的，是目前较合理的定义。我们将这种考虑参数与变量之间关系的定义，称为参数的线性定义。

从目前的分析研究领域来看，没有必要从参数之间给出关系定义，所以我们主要从上述两个方面来理解线性与非线性的关系问题。实质上同时满足变量定义和参数定义的线性模型，就是前面学习过的经典线性模型，它属于线性的狭义定义；而满足参数定义的非线性模型就是狭义的非线性定义。

2）对广义非线性模型的再分类

传统经典的模型求解方法，只是针对狭义的线性模型进行的。所以在学习非线性模型的求解知识中，就应该考虑到狭义线性模型的补集，即广义的非线性模型。而从参数求解的角度来对所有的非线性模型进行再分类，有如下两种情况。

（1）可线性化的非线性模型。由于解释变量是确定性地给定数据，所以解释变量之间的非线性关系对模型的参数求解影响不大。往往可以通过变量的置换或取对数等数据变换的处理，实现其线性化的形式，并可以采用线性的求解方法进行参数的求解。例如：

$$Y_t = bX^2{}_t + \varepsilon_t$$

其中，X 与 Y 是非线性关系，但是由于 X 是确定的变量，将其观察值的平方值作为变量值来看待，并不影响参数 b 的求解。所以该模型是可以使用线性方法求解的模型，称为可线性化的模型，即令 $X^2 = Z$，则原模型就变为 $Y = bZ + \varepsilon$ 的线性形式。

（2）不可线性化的非线性模型。在模型中待估计的参数与被解释变量之间存在非线性关系时，例如：

$$Y_t = a_0 + a_1 X^{\beta} + \varepsilon_t \text{或} Y_t = a_0 E^{\beta X} + \varepsilon_t$$

其中，参数 β 与被解释变量 Y 之间是非线性的，且无法通过置换、取对数等办法将其线性化处理，所以它们属于不可线性化的非线性模型。这类模型不能使用线性的方法求解，需要探寻新的求解方法。

2. 非线性模型的经济含义

在线性模型基本假设中，各解释变量对被解释变量的作用程度都是固定的，其作用的合力就是各变量作用分力的简单加总。且误差项中不包含任何解释变量间的交互作用等有关内容，使得各解释变量与误差项之间都是独立的。而在非线性模型中，上述的特征就不存在了。但是，由于社会经济现象是由人类自身的行为与自然力的结合形成的，在这一结合过程中存在着个人私欲与集体利益，以及小集体与全球利益间的矛盾冲突，然而为减少这些矛盾冲突而建立的法规制度和社会公德标准等事物多表现为非线性的关系，所以非线性关系普遍存在于社会经济现象之中，并主要体现在如下几个方面。

（1）个人对待某事物的行为不可能永远是线性的。

（2）不同的人对待同一事物的行为是不一致的。

（3）个人的利益与集体的利益多是矛盾的。

（4）在不同时间和不同空间的人们的行为也是多变的。

（5）在有些条件下某人随众是有利的，而在某些情况下某人与众不同才能有利，这些现象都不是用线性就能表达的。

要解决这些现实的非线性问题，需要进一步学习非线性处理技术。

3.4.2 可线性化模型的处理方法

对于可线性化的模型，主要采取如下两种处理方法。

1. 变量的直接置换法

对于广义的非线性模型，采取变量置换的方式，就可以线性化。

1）变量高次方的置换

在可线性化的模型中，由于参数与被解释变量仍然是线性关系，只是解释变量与被解释变量间是非线性的，这时只要通过变量的置换就可以将其变为线性模型。例如，描述税收与税率关系的拉弗尔曲线是一个抛物线方程，其形式为

$$s = b_0 + b_1 r + b_2 r^2 \tag{3-26}$$

式中，b_0、b_1、b_2 为待估计参数，$b_2 < 0$；s 为税收；r 为税率。变量的置换过程如下。

设 $X_1 = r$，$X_2 = r^2$，则原方程变换为

$$s = b_0 + b_1 X_1 + b_2 X_2 \tag{3-27}$$

这样利用变量的置换，完全可以使用线性最小二乘法求解参数，且这种方法可以应用于更高次或多元高次等情况。在实际建模时我们往往要先对统计数据资料进行散点分布的观察，然后根据散点分布服从的大致类型来选择相关的曲线方程，具体如下述各图所示。

（1）当散点分布如图 3-1 所示时，要选择一个抛物线方程（如式（3-26）），并进行上述的变量置换（如式（3-27））。

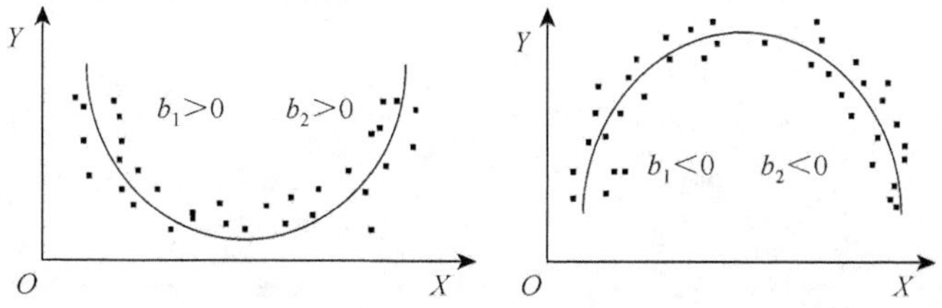

图 3-1　二次方程模型图示

（2）当散点分布如图 3-2 所示时，要选择一个累计曲线方程（如式（3-28）），再进行如式（3-29）的变量置换。

$$Y_t = b_0 + b_1 X_t + b_2 X_t^2 + b_3 X_t^3 + \varepsilon_t \tag{3-28}$$

令 $X_{1t} = X_t$，$X_{2t} = X_t^2$，$X_{3t} = X_t^3$，则上式置换为

$$Y_t = b_0 + b_1 X_{1t} + b_2 X_{2t} + b_3 X_{3t} + \varepsilon_t \tag{3-29}$$

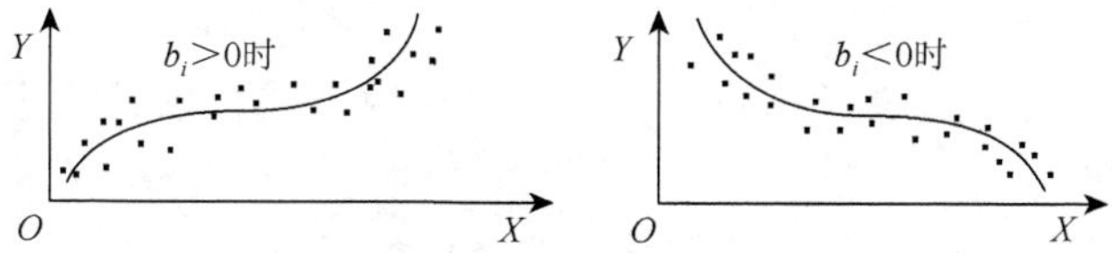

图 3-2　三次方程模型图示

2）倒数变量的置换

当散点分布如图 3-3 所示时，要配合一条倒数方程，并进行置换求解。

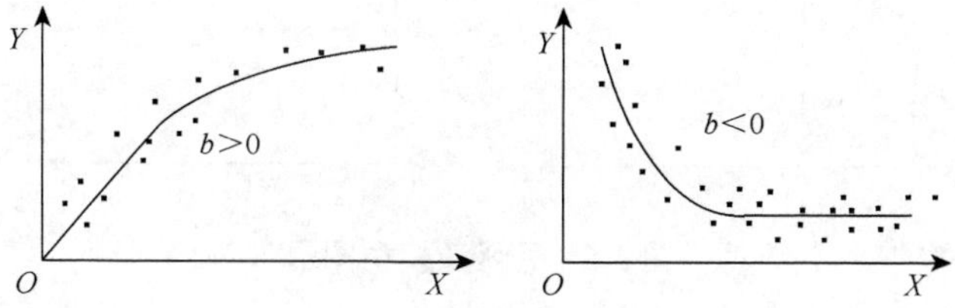

图 3-3　倒数模型图示

（1）双倒数变量模型：

$$1/Y_t = b_0 + b_1/X_t + \varepsilon_t \tag{3-30}$$

令 $G_t = 1/Y_t$，$H_t = 1/X_t$，则置换为

$$G_t = b_0 + b_1 H_t + \varepsilon_t \tag{3-31}$$

（2）单倒数变量模型：

$$Y_t = b_0 + b_1/X_t + \varepsilon_t \tag{3-32}$$

令 $H_t = 1/X_t$，得

$$Y_t = b_0 + b_1 H_t + \varepsilon_t \tag{3-33}$$

3）对数变量置换

当散点分布如图 3-4 所示时，要配合一条对数方程，并进行置换求解。

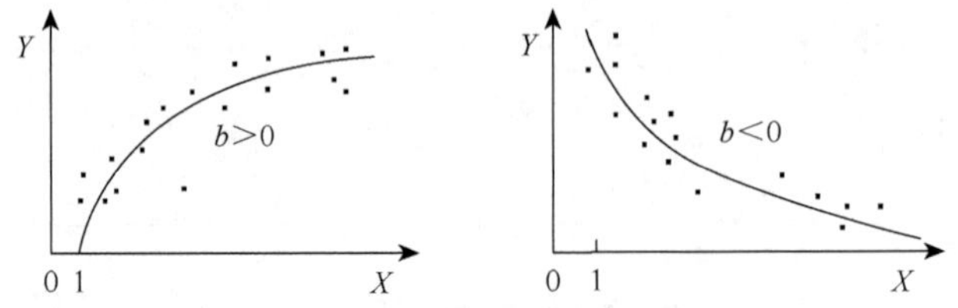

图 3-4 对数曲线模型图示

对数变量模型为

$$Y_t = b_0 + b_1 \ln X_t + \varepsilon_t \tag{3-34}$$

令 $H_t = \ln X_t$，则有

$$Y_t = b_0 + b_1 H_t + \varepsilon_t \tag{3-35}$$

2. 取对数线性化方法

对于指数函数和幂函数等形式的方程，采取对数方式可以线性化处理。

1）幂函数模型

当散点分布如图 3-5 所示时，要建立一个幂函数的曲线模型，并在取对数的基础上进行变量置换，然后再求解方程。

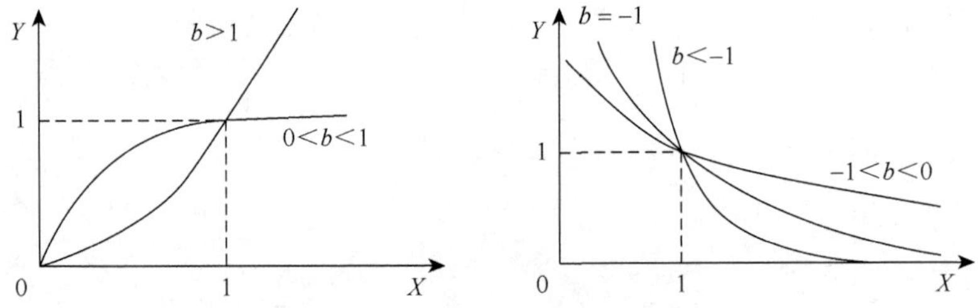

图 3-5 幂函数模型图示

幂函数方程模型：

$$Y_t = aX_t^b e^{\varepsilon_t} \tag{3-36}$$

其中，a、b 为参数；ε_t 为随机误差项。对式（3-36）的等号两侧同取对数，得

$$\ln Y_t = \ln a + b \ln X_t + \varepsilon_t$$

令 $G_t = \ln Y_t$；$A = \ln a$；$H_t = \ln X_t$；则上式表示为

$$G_t = A + bH_t + \varepsilon_t \tag{3-37}$$

变量 G_t 和 H_t 已呈线性关系，该模型也称为全对数模型。

2）指数函数模型

当散点分布如图 3-6 所示时，可建立一指数曲线模型。

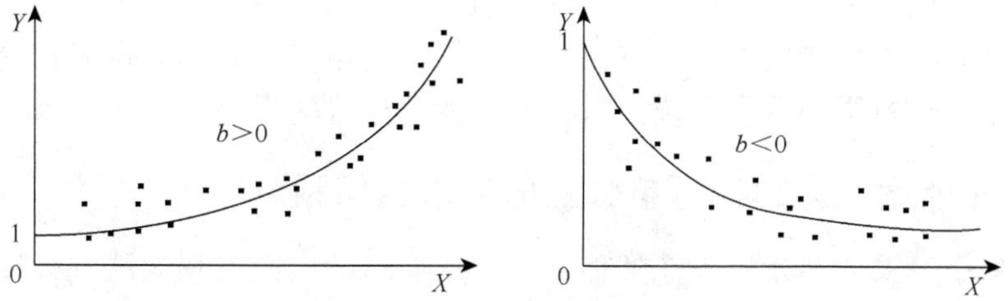

图 3-6　指数曲线模型图示

指数模型为

$$Y_t = a\mathrm{e}^{bX_t+\varepsilon_t} \tag{3-38}$$

其中，ε_t 为随机误差项，对等号两侧同取自然对数，得

$$\ln Y_t = \ln a + bX_t + \varepsilon_t$$

令 $\ln Y_t = G_t$，$\ln a = A$，则有

$$G_t = A + bX_t + \varepsilon_t \tag{3-39}$$

变量 G_t 和 X_t 已变换成为线性关系。

3.4.3　线性化估计处理技巧

有了线性化的方法和思路，还需要学会如何利用 R 程序来实现它。R 程序会很方便地实现变量置换等数据处理，即在我们需要变量置换或取对数等数据处理时，在函数命令中直接以嵌套的方式使用各命令。例如，模型公式中的输入形式不同，则会得到不同的曲线模型的参数估计，具体如下。

1. 直接变量置换

设 X 为解释变量，Y 为被解释变量，则使用 R 中的变量置换函数为 I( )，有如下两种常用的线性置换形式。

（1）当采用 lm(Y~X + I(X^2)，数据)时，为二次曲线模型 $Y = a + bX + cX^2$ 的参数 a、b、c 的求解。

（2）当采用 lm(Y~X + I(X^2) + I(X^3)，数据)时，为三次曲线模型 $Y = a + bX + cX^2 + dX^3$ 的参数 a、b、c、d 等的求解。

2. 半对数形式

当使用 HG < – lm(logY ~ X) 进行估算时，可求解出如下三类模型的参数。

（1）直接使用求解结果，就可得到生长曲线模型 $Y = \mathrm{e}^{a+bX}$ 的参数 a 和 b。

（2）进一步使用 exp(coef(HG))，则可得到混合曲线模型 $Y = ab^X$ 的参数 a、b。

（3）进一步使用 exp(coef(HG)[1])，就可以得到指数曲线模型 $Y = a\mathrm{e}^{bX}$ 的参数 a，注意 b 可以直接获得。

3. 双对数形式

当使用 HG<-lm(log(Y)～log(X) + log(Z))时，读取 HG 就可得到生产函数类的 $Y = aX^b Z^c e^d$ 模型的参数 a、b、c、d 为估计的残差，exp(d)就是乘积式的残差。

当对曲线形式不确定时，可以利用软件的优势分别采用不同的形式进行模拟。测算过程中记载测算结果，并运用上述统计检验残差项是否符合基本假设的相关检验，来判断各种模型的拟合效果和质量，选择质量最高者为最终的模型。

3.4.4 不能线性化的模型参数极值的求解问题

在普通最小二乘估计或极大似然估计中，所面对的回归方程无法进行线性化时，必须开发新的求解方法，有关的内容都比较复杂，主要介绍如下。

1. 非线性极值求解的基本思想

由于多数非线性方程不存在求根公式，因此求精确根非常困难，甚至是不可能的。为此，牛顿在 17 世纪提出的一种在实数域和复数域上，近似求解方程的方法，简称牛顿迭代法（Newton’s method）。该方法的基本思想如下。

设非线性模型为 $Y = f(X,\beta)+\varepsilon$；在初始值（如线性解）$B$ 处，做泰勒级数展开，有

$$f(X,\beta) = f(X,B) + \frac{\partial f(X,B)}{\partial B}(\beta - B) \tag{3-40}$$

其中，$D = \dfrac{\partial f(X,B)}{\partial B}$ 为 K 阶列向量；即有 $f(X,\beta) = f(X,B) + D\beta - DB$；则原模型可表述为

$$Y = f\left(X,B\right) - DB + D\beta + \varepsilon$$

设 $Y - f(X,B) + DB = y$；则有线性化的模型 $y = D\beta + \varepsilon$；对该线性模型可以求得关于 β 的线性最小二乘解 C。该解 C 在形式上是变量替换后的普通最小二乘法或极大似然估计法的线性解，实质上是其非线性的近似解。如果将该 C 解作为初始解，重新进行上述变换和求解过程，则可以得到更加近似的迭代解。如果将该迭代过程循环进行，就会使迭代解逐渐趋近理想的估计值，不过这一过程需要依靠计算机程序来完成。

2. 非线性最小二乘估计的 R 程序

在 R 中使用如下函数来完成非线性的最小二乘估计：

nls(formula, data, start, control, algorithm, trace, subset, weights, na.action, ⋯)

（3-41）

各参数说明如下：formula 表示似然函数或回归方程的公式；data 表示样本数据框，可以是数据列单，不可使用矩阵；start 表示初始的参数值；control 表示控制列表可选项；algorithm 表示线性部分设定；trace 表示显示打印设置；subset 表示指定拟合数据子集；weights 表示指定加权最小二乘的权重；na.action 表示缺损数据的处理。

注意：使用 nls 采用同一数据系统，求解线性方程所得到的结果与 lm 函数相同。同时，对于特殊的非线性问题，R 软件中还提供了一些求极值的函数，如单一参数的点估计函数 optimize( )，多参数的牛顿迭代似然估计函数 nlm( )，通用极值函数 optim( )等，都可以使用，具体用法可参见在线帮助。

综合实训案例

宏观生产函数的估算

【例 3.8】 从宏观的视角构建生产函数如例 2.2 设计的形式，利用中国 GDP 最终使用法核算的数据（见附表二的数据），将该表的数据存放在名为 ZCFGDPSJ.RData 的 R 工作空间里的数据框 ZCFGDP 中，并做如下估算。

（1）由式（2-17）$Y(t)=(A(t)L(t)\wedge a-1)C(t-1)$，进行变量置换如下：

$$\ln(Y(t)/C(t-1)+1)=\ln A(t)+a\ln L(t) \tag{3-42}$$

（2）使用 ZCFGDP 数据框中的 ZCFGDP 变量当期值和 ZBXC 变量滞后一期数值，以及 RKSJ 数据框中的 JYRK 变量的当期值，重新构建数据框有

```
>sj<-data.frame('GDP'=ZCFGDP$ZCFGDP[-1],'ZBZY'=ZCFGDP$ZBXC[-27],
'LD'=RKSJ$JYRK[-1])
```

进行置换操作估计的方程公式为

```
>scgs<-log(GDP/ZBZY+1)~log(LD)
```

估计回归方程有:lm(scgs,sj)->SCHG

```
>SCHG
Call:
lm(formula=GS,data=c(ZCFGDP,RKSJ))
Coefficients:
(Intercept)log(JYRK[-1])
   17.9063        -1.4793
```

线性形式的方程为 $z=17.9063-1.4793m$；将截距参数还原有：$\exp(17.9063)=$ 597 870 72 $=A$；则模型的原型为 $Y/C+1=A/L\wedge a$；所以有价值的发展速度 $Y/C+1=$ 597 870 72/L^(1.479)，可见该生产函数类似一条生命周期型的增长曲线。当然，该模型科学与否还需要后续的各类检验。

阅读与思考

哈雷彗星是怎样被发现的

英国皇家学会书记官爱德蒙·哈雷从 1337～1698 年的彗星记录中挑选了 24 颗彗星，用一年时间计算了它们的轨道。发现 1531 年、1607 年和 1682 年出现的三颗彗星轨道看起来非常相近，虽然经过近日点的时刻有一年之差，但可能是木星或土星的引力摄动所造成的。一个念头在他脑海中迅速地闪过：这三颗彗星可能是同一颗彗星的三次回归。但哈雷没有立即下结论，而是不厌其烦地向前搜索，发现 1456 年、1378 年、1301 年、1245 年，一直到 1066 年，历史上都有大彗星的记录。在哈雷生活的那个时代，还没有人意识到彗星会定期回到太阳附近。自从哈雷产生了这个大胆的念头后，便怀着极大的兴趣，全身心地投入到对彗星的观测和研究中。在通过大量的观测、研究和计算后他大胆地预言，1682 年出现的那颗彗星，将于 1758 年底或 1759 年初再次回归。哈雷做

述为互逆的两种集合形式，即原假设和备择假设。原假设往往要以 H_0 表示，备择假设则以 H_1 表示，如对统计量 a 的一般假设形式如下：

$$H_0:\ a\in A;\ H_1:\ a\notin A \tag{4-1}$$

这样，根据需要假设的具体形式可能会有许多内容，如在千户社区的收入水平 x 的检验中，原假设就可能是 H_0：$x=2000$、H_0：$x>2000$、H_0：$x<2000$、H_0：$x\leqslant 2000$、H_0：$x\geqslant 2000$ 等不同的内容，具体的形式要根据检验内容的可行性等需要来确定。

3. 否定的依据及范围的确定

对原假设的肯定与否定的依据，是假设检验的灵魂所在。由于检验统计量都是自样本获得的特征值，所以其具备较为固定的概率分布。以原假设为真时的概率分布为参照，则原假设为真时的检验统计量就会出现在期望值附近的较大概率范围内，即以大概率来肯定原假设；而在原假设不成立时检验统计量将出现在远离期望的较小的概率范围内。这里的大概率是原假设为真时参照概率分布的肯定域，而小概率则是参照分布的原假设否定域。其中暗含着小概率原理，简介如下。

小概率是指在我们研究的事物中几乎不可能出现的事件发生的概率。如果在原假设成立的前提下，应以很小概率出现的事件，居然在取得该样本的一次试验中发生了，我们就有理由怀疑原假设，并拒绝原假设成立。即如果小概率事件发生了，就否定原假设；如果小概率事件未发生，则不能否定原假设，只能接受原假设。这就是假设检验的小概率原则，而按照这一原则，小概率的水平确定又是假设检验工作的关键技术了。

4. 显著性水平 α 的确定

从假设检验的基本思想出发，如果一个事件发生的概率很小，小到几乎不可能发生，则称为小概率事件。但是确定小概率的界线标准是什么呢？依据不同的事物需要进行具体的分析和把握。所以在假设检验的过程中，要根据不同事物的具体情况来确定显著的小概率范围。通常情况下人们要常以 α 表示小概率水平，并称为显著性水平。即当某事件发生的概率小于该显著性水平时，就认为该事件是小概率事件。而显著性水平是需要人为确定的，在社会经济统计实践中一般以 0.05 为显著性水平，以 0.01 为高度显著性水平。

在已知总体分布的情况下，一旦其小概率的显著性水平确定，则划分大小概率范围的界线也就确定了。该界线的数值常称为临界值，用来描绘我们所假设的总体参数的概率分布的大概率与小概率分界的标准值。即在确定了原假设 H_0 为真时的显著性水平 α 的临界值后，将概率为 $1-\alpha$ 所含的大概率对应的区域称为接受域或肯定域，而将概率显著性水平 α 的小概率对应的区域称为否定域。

根据假设的形式，否定域可分为两种情况。一是双边假设检验中的否定域，应该由概率分布曲线两侧较小的 $\alpha/2$ 区域构成（两侧小概率的和仍然是 α 水平），由于否定域在图形的双侧尾端，所以常称为双尾检验；而在单边假设中的否定域，则由单侧较小的 α 区域构成，即图形的单侧尾部区域为否定域，所以常将单边检验称为单尾检验。例如，在正态分布总体中检验统计量的否定域如图 4-1 所示。

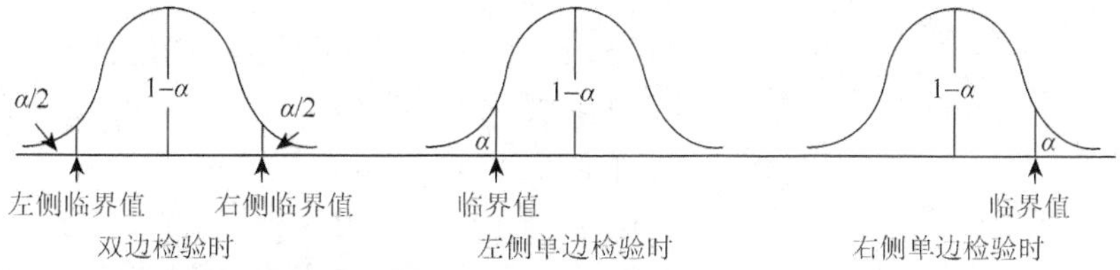

图 4-1　统计检验临界值与否定域

否定域是否定原假设的区域，所以可以将其看作备择假设成立的区域。

4.1.2　假设检验的规范步骤

依照上述假设检验的基本原理，在对计量经济模型的特征进行检验时，一般采取如下规范程序进行操作。

1. 提出假设

要合理巧妙地提出恰当的假设，就要明确假设的对象及形式。在计量经济模型中需要检验的内容很多，如某参数是否显著、两个参数之和是否为 1、某参数是否大于另一参数等各种各样的假设，都需要做出显著性的认证。不同的事物其假设的对象，其概率的分布形式，以及提出假设的视角等诸多方面都会存在不同的处理方式，但是最终都要以某种规范的假设形式体现出来。

2. 明确假设统计量的分布

统计量的特征往往反映在统计分布律上，计量经济检验中常用的统计量多服从如下统计分布律。

1）水平指标分布规律

如果检验的对象是反映水平特征的均值参数，则在大样本时服从正态分布，而在小样本下服从 t 分布。即普通正态分布标准化后就服从标准正态分布，而在标准化的过程中以样本的标准差代替总体标准差的统计量将服从 t 分布。由于在推动和检验过程中，多数情况下是不知道总体标准差的，所以在水平检验中多数都使用 T 检验来完成。根据中心极限定理，在大样本的条件下 t 分布趋近正态分布，所以只有大样本时才使用正态分布。这样在进行某个特征指标的相关检验时，常需要使用分布名为 t 或 norm 构建 R 命令来完成相应的概率计算。

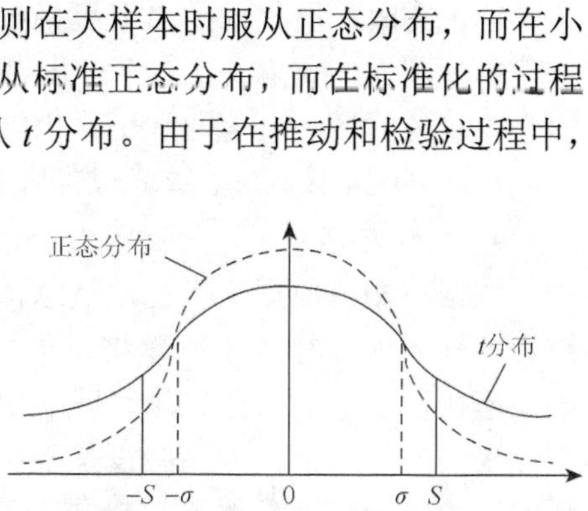

图 4-2　t 分布与正态分布比较图

t 分布与正态分布的对比图示如图 4-2 所示。

可见，t 分布只在标准的数据中使用，其形态也是对称分布，且只由其自由度决定。

2）方差的分布规律

方差是以变量的平方和为对象的统计量，而统计学中反映平方和分布律的内容称为卡方分布，常简记为 χ^2，是由英国统计学家卡尔·皮尔逊（1857—1936）提出的，以自由度 n 为参数的分布族，自由度的大小决定了分布的形状，这一点与 t 分布相同。卡方

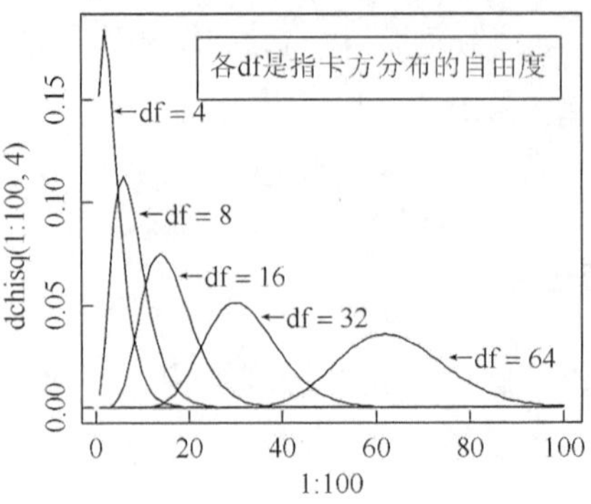

图 4-3 卡方分布图示

分布是个非对称分布，随自由度的增大，卡方分布逐渐变为对称分布，当自由度相当大时，卡方分布接近正态分布。该概率的计算命令名也是由 d、p、q、r 加分布名 chisq 构成的，例如，dchisq(x, df, ncp = 0, log = F)为卡方密度测算的 *R* 函数；pchisq(q, df, ncp = 0, low = T, log = F)为卡方累计分布概率测算的 R 函数；qchisq(p, df, ncp = 0, low = T, log = F)为卡方临界值的 *R* 函数；rchisq(n, df, ncp = 0)为生成卡方分布的随机数据的 *R* 函数。卡方分布族如图 4-3 所示。

可见，卡方分布的形态也取决于自由度的多少，自由度越大就越接近正态分布。所以它也是各小样本分布律，很适合社会经济现象的分析使用。

3）方差比的分布规律

F 分布也是统计学中常用的概率分布，它是两个卡方统计量之比的分布规律，经常用于两类事物进行对比分析之中。其随机变量的取值为 $0<F<+\infty$；其分布的曲线图的形态与 χ^2 分布非常相似，其概率计算的 R 命令分别为：df(x, df1, df2, ncp, log = F)是计算密度的函数；pf(q, df1, df2, ncp, low = T, log = F)是计算累计概率的函数；qf(p, df1, df2, ncp, low = T, log = F)为临界值计算函数；rf(n, df1, df2, ncp)为随机取值函数。

3. 确定显著性水平和否定域

显著性水平就是所谓的小概率水平，往往是正常情况下不可能出现的现象，如形容某人很优秀时，所使用的“百里挑一”一词就隐含着 $\alpha = 0.01$ 的显著性。所以在社会经济现象中，人们普遍使用 $\alpha = 0.05$ 或 $\alpha = 0.01$ 作为显著性水平。但是在医学等有更高的安全要求的领域，显著性水平 α 也就是允许犯错的程度，所以其显著性水平 α 将选取得更低，如 0.005 或 0.001 等，以保障有更高的把握程度 $1-\alpha$。

4. 检验与判断

依据小概率原理，客观地从总体中随机抽取一个样本，在假设为真的前提下，我们知道该样本所计算的统计量将以很大的概率（$1-\alpha$）落在肯定域内。然而实际计算的结果若落在了小概率 α 的区域，即一次随机性的实验结果出现在假设的几乎不可能的区域中，我们就有理由认为原假设是不恰当的，所以常以检验统计量所在的位置来分析和判断假设的合理性。具体的判断方法有如下两种。

1）临界值比较法

该方法是依据统计量落入 $1-\alpha$ 的肯定域时肯定原假设，而落入 α 的否定域时，就否定原假设。

2）显著性水平比较法

以测算的统计量为分界点，将其偏向否定域方向的累计概率和，看作小概率水平；而将偏向肯定域方向的累计概率和，看作大概率水平。一般情况下以 α 的小概率水平为判断的依据，当小概率水平小于 α 时，说明统计量落入了否定域，所以就要否定原假设；

而当小概率水平大于 α 时，就要肯定原假设。

4.2　解释变量的显著性检验

模型中的每一个解释变量都应该是模型的主要决定因素，而我们所选择的解释变量是否真的决定被解释变量的显著因素，需要做出相应的检验。这种检验就是显著性 T 检验，主要内容介绍如下。

4.2.1　T 检验的基本原理

在建模时我们所选择的解释变量往往都是重要的、具有代表性的各方面的影响因素，所以它们往往都是起显著作用的因素。为了提高测算的把握程度，就需要对每一个被选择的解释变量进行显著性的统计检验。因为计量经济模型的核心是反映解释变量 X 与被解释变量 Y 的关系，其中某个变量的样本观察值 X_k 是否明显起作用，即能否有效地解释 Y 的变化，就表现在该变量的偏回归系数 β_k 上。如果该系数为零，则说明 X_k 的改变对 Y 的作用为零，或者说 X_k 的变化不会引起 Y 的改变。所以从这一特点出发，就可以假设某偏回归系数为零，采用统计假设检验的方法对此进行检验。如果该回归系数真的为零，则从总体中抽选的样本所估算的参数就应该接近于零。否则，如果该回归系数明显不为零，则说明其对应的解释变量是显著起作用的。这种对解释变量是否显著起作用的检验中，关键性的技术如下。

1. 回归系数所服从的分布

因样本回归系数是依据样本计算的，而样本具有随机性，所以回归系数也具有随机性。由式（3-18）可知，样本回归系数 B 服从于期望值为 β，方差为 $\sigma_\varepsilon^2(X'X)^{-1}$ 的正态分布。这里的 β 是我们所要估算的未知量；同时 σ_ε^2 是总体误差的方差，也属于未知量。这样在我们要进行的参数显著性检验中，虽然回归系数统计量可以 $\beta=0$ 的原假设减少一个未知量，还会因总体方差的未知而无法计算标准化的检验统计量。这就使我们只能以样本方差来替代总体方差，而这种做法就又使得检验统计量服从 t 分布了，因此人们又常将变量的显著性检验称为 T 检验。

2. 回归系数是否为零的标准

根据统计分布的规律性特征，小概率事件在一次性试验中几乎是不可能出现的。所以我们要根据所研究事物的概率分布特点，考虑确定一个小概率水平，如 5%以下的累计概率为小概率，则 95%就是大概率，即在一次试验中某事件出现的可能性在 5%以下，就可以视其为小概率事件了。

如果某偏回归系数 $\beta_k=0$，则利用样本计算的 b_k 也将接近于零，即样本 b_k 将以很大的概率出现在零附近。这个很大的概率将是标准化分布曲线下零的95%范围内的肯定域，如果样本测算的检验统计量出现在该肯定域内，则认定原假设成立；如果检验统计量出现在远离零的 5%的范围，就否定原假设，认为变量是显著的。

4.2.2 T 检验的步骤

根据上述基本原理，总结变量显著性 T 检验的基本步骤如下。

1. 提出原假设

从减少未知量的视角，对变量显著性的检验，常以反证的方法来提出假设。即以偏回归系数为零作为原假设，这样较易否定原假设。所以具体的假设为

$$H_0: \beta_k = 0; \quad H_1: \beta_k \neq 0$$

原假设是回归系数为零，即该回归系数对应的变量在回归方程中不起作用，这是不期望的事件，而否定原假设，才能说明变量的作用显著性。

2. 明确概率分布

由式（3-18）可知，回归系数 B 服从期望为 β_k，方差为 $\sigma_\varepsilon^2 c_{kk}$ 的正态分布；而在对 B 的标准化过程中，由于总体误差的方差 σ^2 是未知的，所以只能以样本残差项的方差估计量 s_e 来替代。则如式（3-21）所示 B 的标准化统计量服从 t 分布：

$$T = \frac{b_k - \beta_k}{s_e\sqrt{c_{kk}}} \sim t(n-K-1)$$

这样我们的检验将随着统计量从正态分布变为 t 分布而改称为 T 检验。

3. 确定否定域

由于原假设 $B=0$ 为定值，所以否定域应该是远离定值的两侧。即在显著性水平为 α 时，其大小概率的分界点 $T_{\alpha/2}$ 就是肯定域与否定域的分界点。该分界点常以 $-T_{\alpha/2}$ 和 $T_{1-\alpha/2}$ 来表述，并称为临界值。说明 $B=0$ 的概率为 $1-\alpha$，$B\neq0$ 的概率为 α。当 $|T| < T_{\alpha/2}$ 时，说明 T 出现在零的附近，即接受 $B=0$ 的原假设；而当 $|T| \geqslant T_{\alpha/2}$ 时，说明 T 出现在远离零的否定域，拒绝 $B=0$ 的假设。

当 $\alpha=0.05$ 时，计算该临界值的 R 命令为：$T_{0.025}$ = qt(0.025, n–K–1)；要注意其中的自由度，这也是确定临界值的重要依据。

4. 计算 T 统计量

在原假设 $B=0$ 为真时，其标准化统计量为

$$T = \frac{b_k}{s_e\sqrt{c_{kk}}}$$

其中，b_k 为参数估计量；s_e 为残差的标准差；c_{kk} 为矩阵（$X'X$）$^{-1}$ 的对角线上的元素。这些要素都是可以通过样本数据计算得到的，为此依据 T 统计量对 $B=0$ 进行检验是可行的。

5. 判断分析

当 $|T| \geqslant T_{\alpha/2}$ 时，否定原假设 H_0，接受备择假设 H_1；当 $|T| < T_\alpha$ 时，不能否定原假设 H_0。如果使用软件，往往可以得到 T 为临界值的较大值的概率水平，即大于 $|T|$ 的累计概率水平。这种做法在 R 语言中，可以使用如下命令：

pt(T, n–K–1, low = T)

默认时得到的是临界值以左的较小值累计的左侧累计概率，low = F 时是取右侧的较大值累计的概率。

如果 pt(T, n–K–1)＜0.025 或 pt(T, n–K–1, low = F)＜0.025，说明$|T|>T_{0.025}$，即否定原假设，认为该变量作用显著；

如果 pt(T, n–K–1）≥0.025 且 pt(T, n–K–1, low = F)≥0.025，说明$|T|\leqslant T_{0.025}$，即接受原假设，认为该变量的作用不显著。

4.3　模型的显著性检验

虽然对模型中的每一个解释变量都要进行作用显著性的 T 检验，但是由于解释变量之间的关系未知，其组合作用是否显著还需要做进一步的检验，即模型的整体性显著检验。该类检验的基本思路就是所有解释变量的综合作用是否显著，且从模型的残差入手，残差是模型质量信息的主要载体，对其进行特征分析不但可以评价模型的质量，还可以发现模型中存在的问题。在计量经济学的后续学习中，关于残差的分析内容很多，本节主要以残差的方差分析为基础，构建解释变量的解释程度和解释能力的敏感程度等评价指标，来测算模型的显著性。

4.3.1　Y 的总离差分解

研究对象 Y 的变化可以其远离一般水平的视角来观察，而对变化中的影响因素及其影响程度的分析就是离差的分解问题。

1. 总离差及相关概念

在统计检验中，我们需要使用方差分析的方法对被解释变量的离差进行分解。即在被解释变量的变化中，有些是解释变量作用的结果，有些是解释变量之外的因素作用的结果。为此我们将其分别命名为总离差、解释变差、残差，其各部分含义如图 4-4 所示。

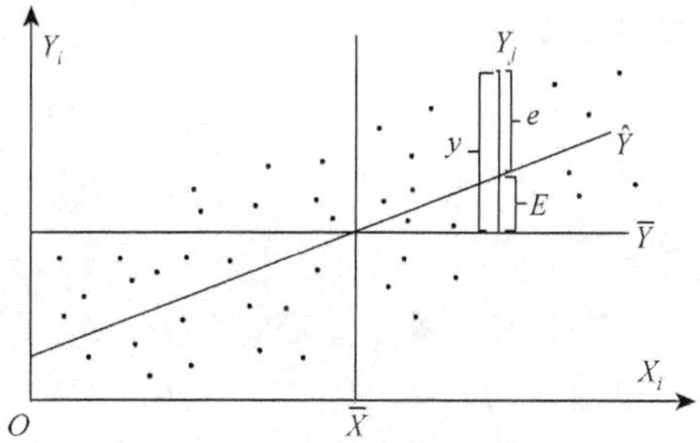

图 4-4　Y_j 点的总离差 y、解释变差 E、残差 e 三者关系图

1）总离差平方和及其方差

被解释变量的总离差是指变量值 Y_i 与其均值 $\bar{Y}$ 之间的差距 y_i，其离差的平方和常用 TSS 表示有

$$\mathrm{TSS} = \sum(Y_i - \bar{Y})^2 = \sum y^2 \qquad (4\text{-}2)$$

其自由度为 $n-1$，所以其均方差为 $\mathrm{Var}(Y) = \sum(Y_i-\bar{Y})^2/(n-1)$。

2）解释变差平方和及其方差

在回归线上的各数值点 $\hat{Y}$ 与总均值 $\bar{Y}$ 之间的差距用 E 表示，该差距 E 是由回归中的各解释变量对被解释变量的作用决定的，所以称为解释变差，或称为回归变差。而其平方求和后的指标计算为

$$\text{ESS} = \sum(\hat{Y}-\bar{Y})^2 = \sum E^2 \tag{4-3}$$

因回归值 $\hat{Y}$ 是由 X 决定的，即 X 的 $K+1$ 列数据的变化决定了 Y 的改变，所以 $\hat{Y}$ 的自由度为 $K+1$，即其方差为 $\text{Var}(\hat{Y}) = \sum(\hat{Y}-\bar{Y})^2/(K+1)$。

注：由于解释平方和（explained sum of squares，ESS），还可以表述为回归平方和（regression sum of squares），其缩写 RSS 与接下来要学习的残差平方和的缩写相同，所以用 ESS 来标记解释平方和。

3）残差平方和及其方差

在总变差中剔除解释变差后剩余的部分称为残差。由于其主要反映随机因素造成的误差，所以也称为误差 e。这里用残差平方和（residual sum of squares，RSS）表示有

$$\text{RSS} = \sum(Y-\hat{Y})^2 = \sum e^2 \tag{4-4}$$

其均方差为：$\text{Var}(e) = \sum(Y-\hat{Y})^2/(n-K-1)$。如果将样本残差理解为误差，则可以使用误差平方和 ESS 来表述，这将与解释平方和混淆，所以用 RSS 来表述。

2. 三种离差（方差）之间的关系

设总离差平方和为 TSS，解释平方和为 ESS，残差平方和为 RSS，则可以证明：

$$\text{TSS} = \text{ESS} + \text{RSS} \tag{4-5}$$

$$\text{Var}(Y) = \text{Var}(\hat{Y}) + \text{Var}(e) \tag{4-6}$$

证明过程如下：

$$\sum(Y-\bar{Y})^2 = \sum[(Y-\hat{Y}) + (\hat{Y}-\bar{Y})]^2 = \sum(Y-\hat{Y})^2 + 2\sum(Y-\hat{Y})(\hat{Y}-\bar{Y}) + \sum(\hat{Y}-\bar{Y})^2 = \sum(Y-\hat{Y})^2 + \sum(\hat{Y}-\bar{Y})^2$$

其中

$$\begin{aligned}2\sum(Y-\hat{Y})(\hat{Y}-\bar{Y}) &= \sum e(\hat{Y}-\bar{Y}) = \sum e\hat{Y}-\sum e\bar{Y} = \sum eXB-\bar{Y}\sum e = e'XB = (Y-XB)'XB \\ &= Y'XB-B'X'XB = Y'XB-Y'X(X'X)^{-1}X'XB = Y'XB-Y'XB = 0\end{aligned}$$

经过上述证明我们知道各离差的平方和有 TSS = RSS + ESS。同时要注意如下三个有趣现象：

$$(Y-\bar{Y}) = (Y-\hat{Y}) + (\hat{Y}-\bar{Y})$$

$$(Y-\bar{Y})^2 \neq (Y-\hat{Y})^2 + (\hat{Y}-\bar{Y})^2$$

$$\sum(Y-\bar{Y})^2 = \sum(Y-\hat{Y})^2 + \sum(\hat{Y}-\bar{Y})^2$$

在各离差平方和的基础上，分别除以自由度有：$\text{Var}(Y) = \text{Var}(\hat{Y}) + \text{Var}(e)$；其中，$Y$ 的自由度为 $n-1$；$\hat{Y}$ 的自由度为 $K+1$；e 的自由度为 $n-K-1$。

对数据 Y 不进行中心化处理的情况下，也可以直接计算并得到如下结果。

记：$Y'Y = \sum Y^2$ 为被解释变量的平方和；$\hat{Y}'\hat{Y} = \sum\hat{Y}^2$ 为被解释变量估计值的平方和；$e'e = \sum e_i^2$ 为被解释变量残差项的平方和；则有

$$Y'Y = (\hat{Y}+e)'(\hat{Y}+e) = \hat{Y}'\hat{Y} + 2\hat{Y}'e + e'e = \hat{Y}'\hat{Y} + 2B'X'e + e'e = \hat{Y}'\hat{Y} + e'e$$

注：$X'e = 0$ 是基本假设。

4.3.2 拟合优度的评价

在离差的变化中，影响其变化程度占比较大的因素必将是主要的影响因素。而该占比大小应如何测算是我们关心的重点。

1. 拟合优度的含义

拟合优度是模型的解释变量改变对被解释变量改变的决定程度，所以人们就设定了可决系数指标，其最初的计算公式为

$$R^2 = \text{ESS}/\text{TSS}$$

其中，ESS 为解释变差平方和，TSS 为总离差平方和；该统计量越接近于 1，模型的拟合优度越高。或者采取下式计算：

$$R^2 = 1\text{–RSS}/\text{TSS}$$

在应用该公式时你会发现：只要增加解释变量的个数就会使 R^2 提高。这给人一个错觉：即增加解释变量就可以使模型拟合得好。但实际上增加解释变量与拟合的好坏无关。为此我们需要调整 R^2。

2. 调整的判定系数

在样本容量一定的情况下，增加解释变量必定使得自由度减少，因此调整的基本思路是将变量数的信息纳入该指标的计算之中，即将残差平方和与总离差平方和分别除以各自的自由度，以剔除变量个数对拟合优度的影响。计算调整的可决系数（adjusted coefficient of determination）。

因总离差平方和的自由度为 $n–1$，残差平方和的自由度为 $n–K–1$，所以调整的判定系数为

$$\bar{R}^2 = 1 - \frac{\text{RSS}/(n-K-1)}{\text{TSS}/(n-1)} = 1 - \frac{\text{RSS}}{\text{TSS}}\frac{n-1}{n-K-1} \tag{4-7}$$

以 e 表示残差，y 表示 Y 的离差，则有

$$\bar{R}^2 = 1 - \frac{e'e/(n-K-1)}{y'y/(n-1)} \tag{4-8}$$

该指标的计算在一般的统计软件中都有方便的程序，当 $K>1$ 时，必有 $R^2 > \bar{R}^2$。但是该指标还有一个更大的缺点，就是其自身没有一个判断的标准。

4.3.3　模型整体显著性检验

变量的 T 检验只是对模型某个变量的显著性的评价，而对整个模型的所有变量，在整体上是否显著，还需要做必要的检验。

1. F 检验

方程的显著性 F 检验，旨在对模型中被解释变量与解释变量之间的线性关系在总体上是否显著成立作出推断。即检验模型：

$$Y_i = \beta_0 + \beta_1 X_{1i} + \beta_2 X_{2i} + \cdots + \beta_K X_{Ki} + \varepsilon_i,\ \ i = 1, 2, \cdots, n$$

其中的参数 β_k 是否显著不为 0。假设为

$$H_0:\ \beta_1 = \beta_2 = \cdots = \beta_K = 0;\ \ H_1:\ \beta_k \text{不全为} 0$$

在原假设 H_0 成立的条件下，原模型应该是 $Y = \beta_0 + \varepsilon$，这样在利用样本数据测算各 β_k 时，就应该是各 β_k 都接近于零。不过由于样本的随机性或数据的巧合等情况存在，在现实的估算中往往会出现某些 β_k 显著等状态，进而两个模型的残差也会表现出不同。

那么这种不同到什么程度才能算作真的不同，需要我们做出理性的判断。具体涉及如下问题。

设只有截距项而无各偏回归系数的模型残差为 e_R，即原假设成立时模型的残差平方和为 RSS_R；而有各偏回归系数的模型残差为 e_U，即原假设不成立时模型的残差平方和为 RSS_U；则在原假设成立时，两个残差平方和就应该很接近，这时的 RSS_R-RSS_U 就应该接近于零。有

$$e_R = Y-XB_R = XB_U + e_U-XB_R = e_U-X(B_R-B_U)$$

$$e_R'e_R = e_U'e_U + (B_R-B_U)'X'X(B_R-B_U) \tag{4-9}$$

式中，三项都是平方和，可见

$$e_U'e_U \leqslant e_R'e_R \quad 即\ RSS_R \geqslant RSS_U \tag{4-10}$$

该式说明在通常情况下，对模型施加某种假设等约束条件会降低模型的解释能力。但是，如果假设的约束条件为真，则受约束的回归模型与无约束的回归模型具有相同的解释能力。即表现为 RSS_R 与 RSS_U 的差异将很小。

1）各种偏差平方和的分布

根据方差的统计分布规律可以证明如下各式成立：

$$RSS_R/\sigma^2 \sim \chi^2(n-K_R-1) \tag{4-11}$$

$$RSS_U/\sigma^2 \sim \chi^2(n-K_U-1) \tag{4-12}$$

$$(RSS_R-RSS_U)/\sigma^2 \sim \chi^2(K_U-K_R) \tag{4-13}$$

则可以根据式（4-12）和式（4-13）的比值构成 F 统计量，再由式（4-5）及原假设的 $ESS_R = 0$ 的条件，可得到 F 检验的统计量如下：

$$F = \frac{(RSS_R - RSS_U)/K}{TSS_U/(n-K-1)} = \frac{(TSS - ESS_R - RSS_U)/K}{RSS_U/(n-K-1)} = \frac{(TSS - RSS_U)/K}{RSS_U/(n-K-1)} = \frac{ESS_U/K}{RSS_U/(n-K-1)} \tag{4-14}$$

该式表明：在原假设成立时，F 统计量将很接近于零，这时使用 F 是否为零的判断，就可以检验原假设是否成立了。该式还表明要检验所有的 K 解释变量同时不显著的假设，只需要无约束的原方程的解释均方差与残差均方差的比值，就可以构成 F 检验的统计量。

2）F 检验的步骤

根据上述分布原理，F 检验的具体步骤如下。

（1）明确原假设。H_0：$\beta_k = 0$；$k = 1, 2, \cdots, K$。

（2）确定否定域。由于检验统计量服从自由度为 K 和 $n-K-1$ 的 F 分布，则给定显著性水平 a，可通过 R 软件计算得到如下检验临界值：

$$F_\alpha(k, n-K-1) = \text{qf}(\alpha, k, n-K-1, \text{low} = F)$$

（3）判断分析。如果 $F > F_\alpha(k, n-K-1)$ 则拒绝原假设 H_0，认为原假设不成立，即各 X 整体上线性关系显著成立；否则如果 $F \leqslant F_\alpha(k, n-K-1)$ 则接受原假设，认为各 X 同时不显著，即原方程整体上的线性关系不成立。

2. F 检验与拟合优度的关系

在拟合优度的评价中，我们只知道判定系数接近于 1 为好，而接近于 0 为差。却不

知道接近于 1 或 0 的标准。而在 F 检验中，判断的界限就是临界值 F_α。通过 F 统计量与判定系数之间的关系，确定判定系数标准的依据如下：

$$\overline{R}^2 = 1 - \frac{\text{RSS}/(n-K-1)}{\text{TSS}/(n-1)} = 1 - \frac{\text{RSS}}{\text{ESS}+\text{RSS}}\frac{n-1}{n-K-1}$$

$$= 1 - \frac{1}{\text{ESS}/\text{RSS}+1}\frac{n-1}{n-K-1} = 1 - \frac{n-1}{KF+n-K-1}$$

$$\text{或} F = \frac{\overline{R}^2/K}{(1-\overline{R}^2)/(n-K-1)} \tag{4-15}$$

可见：F 统计量与判定系数是同方向变化的：当 $\overline{R}^2=0$ 时，$F=0$；$\overline{R}^2$ 越大，F 值也越大；当 $\overline{R}^2=1$ 时，F 为无穷大。因此，F 检验是回归显著性的度量，也是 $\overline{R}^2$ 的一个显著性检验，即检验 H_0：$\beta_1=\beta_2=\cdots=\beta_k=0$ 等价于 $\overline{R}^2=0$；如根据 30 组数据构成的样本，建立三个解释变量的模型，在 $\alpha=0.05$ 的显著水平要求下，F 检验的临界值将为 qf(0.05，3，26，low = F) = 2.975。而这一 F 水平下的判定系数将为

$$\overline{R}^2 = 1 - \frac{30-1}{(30-3-1)+3\times 2.975} \approx 0.1697$$

这说明只要标准判定系数大于 0.1697，就可以判断该模型显著的把握程度在 95%以上。可见我们定义的判定系数的判断程度与显著性的把握程度是不同的概念，不能一味地追求判定程度，它毕竟是简单粗劣的统计判定方法。

综合实训案例

统计检验的 R 实现

在 R 中进行统计检验是很方便的，只要我们在估算方程的基础上，使用如下命令即可完成上述所学习的三类统计检验：

$$\text{summary(回归估计式或结果)} \tag{4-16}$$

具体使用方法，参见如下案例分析。

【例 4.1】 选取国内 31 个省（自治区、直辖市，不包括港、澳、台）的 2011 年地区生产总值等截面数据汇集成数据框 HGJMSJ，即各省（自治区、直辖市）的生产总值 GDP（亿元）、劳动者报酬 LC（亿元）、生产税净额 SCS（亿元）、固定资产折旧 GZ（亿元）、营业盈余 YY（亿元）、总人口数 ZRK（万人）、固定资产投资 GT（亿元）、净出口额 JCK（亿元）、财政收入 CZSR（亿元）、消费物价指数 CPI（%）、专利授权 ZLSQ（件）、就业人数 JYRS（万人）等十余项资料，具体数据见附表四。

观察表中各要素对 GDP 的影响是否显著，可以通过回归模型中的统计检验来实现。具体操作如下。

（1）将附表四的数据由电子表格复制到粘贴版，使用 JMSJ＜-read.table(“clipboard”, T)命令读入内存，并形成数据框 JMSJ。

（2）创建如下线性公式

GS<-GDP~LC+SCS+GZ+YY+ZRK+GT+JCK+CZSR+ZLSQ+JYRS

即将该公式保存为内存对象。

（3）使用 HG1<–lm(GS，JMSJ)命令完成回归估计。

（4）使用 summary(HG1)命令，完成统计检验结果报告如下：

```
>GS<-GDP~LC+SCS+GZ+YY+ZRK+GT+JCK+CZSR+ZLSQ+JYRS
>HG1<-lm(GS,JMSJ)
>summary(HG1)
Call:
lm(formula=GS,data=JMSJ)
Residuals:
    Min          1Q          Median        3Q          Max
 -0.0050499  -0.0008737  -0.0005551  0.0008851  0.0081779
Coefficients:
                 Estimate    Std.Error   tvalue      Pr(>|t|)
(Intercept)      8.333e-04   1.172e-03   7.110e-01   0.485
LC               1.000e+00   6.747e-07   1.482e+06   <2e-16***
SCS              1.000e+00   1.744e-06   5.733e+05   <2e-16***
GZ               1.000e+00   2.393e-06   4.179e+05   <2e-16***
YY               1.000e+00   7.713e-07   1.296e+06   <2e-16***
ZRK              3.806e-07   5.483e-07   6.940e-01   0.496
GT               8.864e-07   6.015e-07   1.473e+00   0.156
JCK              3.254e-10   1.904e-10   1.709e+00   0.103
CZSR            -2.089e-06   2.404e-06  -8.690e-01   0.395
ZLSQ             9.242e-10   2.723e-08   3.400e-02   0.973
JYRS             6.797e-06   5.630e-06   1.207e+00   0.241
---
Signif.codes:0 '***' 0.001 '**' 0.01 '*' 0.05 '.' 0.1 ' ' 1
Residual standard error:0.002572 on 20 degrees of freedom
Multiple R-squared:1,Adjusted R-squared:1
F-statistic:7.923e+13 on 10 and 20 DF,p-value:<2.2e-16
```

该检验报告可分为如下三个部分。

第一部分是对残差进行统计描述：即残差的最小值为–0.005 049 9、25%的四分位数为–0.000 873 7、中位数为–0.000 555 1、75%的四分位数 0.000 885 1、最大值为 0.008 177 9 等。

第二部分是对回归系数进行的 T 检验：第一列是回归系数，即方程的截距项 Intercept 为 8.333e-04、LC 等各偏回归系数分别列式其下；第二列是截距项和各偏回归系数的估计标准差；第三列是各偏回归系数为零假设下的 T 检验统计量；最后一列是 t 统计量之外的双侧累计概率值，一般当该概率值小于 0.05 时，就可以 95%以上的把握来否定偏回归系数为零的原假设。该例中的 LC、SCS、GZ、YY 等四个变量的偏回归系数为零的可能性（即双侧累计概率）都接近于零，说明其不为零的把握程度都在 99.999%以上。而其他偏回归系数的概率 P 值都大于 0.05，说明其对应的变量为零的可能性很大。

第三部分是下边的三行，分别是：第一行为残差的标准误 0.002 572 和自由度 20；第二行是反映被解释变量的变动由解释变量决定的程度，即判定系数和修正的判定系数都为 1；第三行是检验整个模型显著性的 F 检验统计量为（7.923e + 13）及其自由度为 10 和 20，F 统计量右侧累计概率 P 值水平为（2.2e-16），该检验的原假设是所有的偏回归系数同时为 0，而否定该假设的概率常是该 P 值要小于 0.05。该例的概率水平 2.2e-16 <<0.05，所以否定原假设，认为各偏回归系数不同时为零。

从检验的结果可以看出，只有 LC、SCS、GZ、YY 等四个因素是显著起作用的。所以只以这四个要素为解释变量，重新构建回归模型，并估算检验如下：

```
HG2<-lm(GDP～0+LC+SCS+GZ+YY, JMSJ)
>summary(HG2)
Call:
lm(formula=GDP～0+LC+SCS+GZ+YY,data=HGJMSJ)
Residuals:
    Min          1Q          Median        3Q          Max
 -0.0077419  -0.0001091   0.0002515   0.0009326   0.0094503
Coefficients:
       Estimate      Std. Error    t value    Pr(>|t|)
LC     1.000e+00     3.234e-07     3091812    <2e-16 ***
SCS    1.000e+00     1.219e-06     820272     <2e-16 ***
GZ     1.000e+00     1.822e-06     548709     <2e-16 ***
YY     1.000e+00     5.669e-07     1763979    <2e-16 ***
---Signif. codes:0 '***' 0.001 '**' 0.01 '*' 0.05'.'0.1' '1
Residual standard error:0.002523 on 27 degrees of freedom
Multiple R-squared:1,Adjusted R-squared: 1
F-statistic:5.501e+14 on 4 and 27 DF,p-value:<2.2e-16
```

可以比较一下两个方程的检验结果，各项指标都是四个要素的方程要好于最初的方程。同时从理论上看：显著起作用的四个要素，恰是 GDP 核算中分配法的构成要素，这说明从分配系统观察决定 GDP 的因素就是其核算时的基本项目：劳动者报酬、生产税净额、固定资产折旧、营业盈余。

阅读与思考

科学研究中的猜想靠谱吗

1766 年德国天文学家提丢斯（Titius）依据各颗大行星与太阳的实际距离的数据，想总结出数据间的排列规律，即发现行星之间的距离可以使用（$n+4$）/10（其中 $n=0$, 3, 6, 12, …）来测算，后由柏林天文台的台长波德（Bode）发布，并在 1781 年发现天王星之后得到证实，波德据此提出在火星和木星轨道之间也许还有一颗行星。于是人们开始了在两星之间的广泛探望，1801 年 1 月 1 日之夜，皮亚西发现了一个围绕太阳运行的新天体，其后算得它的轨道半径为 2.77 天文单位，与提丢斯所测算的值很接近。最初大家以为这就是要找的那颗填补空缺的行星，并将它取名为谷神星。但是此后没过多久又在这个范围内发现三个围绕太阳运行的新天体，并分别被命名为智神星、婚神星、灶神星，且在接下来的探望中不断发现，到目前为止已经发现各种小行星达 50 万颗。可见，在科学研究的道路上猜想是重要的，而实证的检验是更为重要的。

本章小结

计量经济学的大部分工作都是在检验，而各类检验的基础就是统计假设检验的原理，所以本章的学习内容是计算经济分析的基础。同时由于对现实观察的不全面性，我们只能将现实数据视为样本，而样本对总体现实的代表性，也需要我们进行统计性检验来完成。统计检验的主要方法就是判定系数 R^2 的检验、整体显著性的 F 检验、变量显著性的 T 检验等三种检验方法。R 软件主要是对回归对象使用 summary 函数来完成这一检验过程，同时该函数还提供了对残差的描述性统计分析。

✍作业与练习

1. 对第 3 章的作业与练习中的模型对象 M1 进行统计检验。

2. 依据 M1 的检验结果，提出对其进行改进的方案，并实施改进的相应估算和统计检验。

第5章 理论约束与模型使用检验

在统计检验的基础上，人们在对模型是否合乎使用的要求，还需要进行经济意义和模型使用检验，即对模型的估算结果是否具有合理性，以及模型的使用能否达到较为理想的程度等相关内容的检验。

5.1 线性模型的经济意义检验

在模型的估算过程中我们会根据统计显著性检验等情况决定变量的取舍，同时也会对其在实际意义上是否有合理性，即符合理论的要求进行必要的检验，这类检验常称为经济意义检验。若模型估算的结果符合理论或经验要求，则通过了经济意义经验；若不符合常理或很难解释清楚，则称为不符合经济意义检验。

5.1.1 经济意义检验的核心内容

经济计量模型的经济意义是建模者通过方程式或方程组，所表达的整体思想和各组成部分的含义，其实质就是模型能否满足现实经济分析的需求程度，以及模型各要素与理论要求的一致程度。归结起来主要包含如下几方面的内容。

1. 要素结构的系统性及其组成部分的代表性

一个经济模型就是一个系统或更大系统的子系统，在其估算过程中，经过显著性统计检验后的各种备选模型，哪一个更合理还需要做一系列的检验才能确定。经济意义检验主要是在结构上和各组成要素上，看其是否合理的分析过程。

（1）在结构上要看模型所描述的子系统是否全面，即删除的各变量是否使模型变得片面或不能解释现实。如在例 2.1 中居民消费只受收入的影响，但是如果我们将研究的范围扩大到国民经济的宏观层面上，则只有收入的影响就较为片面，这时的投资、净出口和政府消费等多种因素都会影响居民消费。

（2）时空范围上的系统性问题。受观察能力限制，所掌握的统计数据往往是截面数据或时序数据。当我们只拥有截面数据时，只能就数据所涵盖的空间范围做静态的分析，动态的规律就不可能被发现；同时，在有限的空间范围之内的研究，也代表不了该范围之外的情况。当我们只拥有时序数据时，还存在着数据所涵盖的时间之外的情况能否代表的问题。即使是我们拥有面板数据，也存在着其涵盖的范围内外规律是否一致的问题。所以我们的经济分析，一定要在这些范围明确，且在具有代表性的情况下给出。

2. 经济系统的完整性与分析的目的性

任何经济分析都有其目的性，这是建模中必须考虑到的，而在具体操作中，却很难把握。现实中我们经常会看到以偏概全的分析，如在 Y 是由 A 和 B 构成的系统中，我们关心的是 B 中所含的 b_1 和 b_2 两个子系统中的 b_2，所以我们经常会看到 $Y=f(b_2)$ 的回归方程。如果该例中的 b_2 不是 Y 的主要决定因素，则方程中就遗漏了重要的解释变量，而回归的结果也会一定程度上表现出对基本假设的违背。当然在考虑了 A 和 b_1 的情况下，经过检验它们都不起作用，则不会出现对基本假设的违背等问题。

3. 直观的经济意义检验

经济参数是我们建模过程最终所获得的估算结果，对其进行经济意义检验是必不可少的环节，最直接简单的方法就是观察如下主要内容。

1）符号方向检验

经济参数是有方向的，当其所对应的解释变量与被解释变量为正向相关联时，其符号为正；而负向相关联时，其符号为负。所以对其进行经济意义检验时，首先要观察其符号与我们的认识是否一致。其次，如果出现矛盾，要看一下是什么原因：如多重共线性、模型的形式错误或我们的认识有阶段性的局限等，这些相关问题将在后面的学习中逐一解决。

2）取值范围检验

回归系数与相关系数很接近，除符号的方向外，数值上也有联系。即当解释变量与被解释变量不相关时，相关系数为零，回归系数也为零。同时，由于回归系数是由没有标准化的协方差计算的，其绝对值可能大于 1，经标准化后是必然小于 1 的。所以其数值也是绝对值越大，其影响力就越强。即在计量单位相同的解释变量之间，回归系数越大，其作用程度就越强，这也是我们的检验依据之一。

3）理论一致性检验

根据经济理论上的认识，各解释变量的回归系数之间是存在一定关系的，这种关系也是系统性作用的体现。检验各回归系数之间的某些理论关系是否成立，是经济意义检验的重要内容之一，称为理论的一致性检验。

4. 理论约束的普遍性及其形式

理论一致性的检验中，经常使用的技术手段就是约束性检验，即以某种理论为依据来约束模型，并对约束后的模型与无约束的模型进行对比分析的检验过程。当理论上的猜想在模型中体现时，采用约束的方式最为常见。例如，在截面数据构成的模型中，对不同空间的观察就会得到不同的经济关系，所以 n 个空间单位就要使用 n 个方程来构成方程组，具体对于第 i 个空间单位的情况如下：

$$Y_i=\beta_{0i}+\beta_{1i}X_{1i}+\beta_{2i}X_{2i}+\cdots+\beta_{Ki}X_{Ki}+\varepsilon$$

其中，$i=1,2,3,\cdots,n$ 是表明各单位空间的序号，所以要找到空间各单位的普遍规律，就要将各空间的平均水平作为建模的依据，并以约束的方式来简化模型，以得到普遍的规律。具体做法如下。

（1）对各方程施加截距项的约束有 $\beta_{0i}=\beta_0$。

（2）对于上述模型再进行各项斜率约束有 $\beta_{ki}=\beta_k$。这样，就有了我们常见的模型：

$$Y=\beta_0+\beta_1X_1+\beta_2X_2+\cdots+\beta_KX_K+u$$

同样地，对于同一总体来说，不同时间的数据序列，也会有不同的观察表现形式，所以可以建立时间上的约束，形成时序分析的计量经济模型。当然在面板数据构建的模型中，也同样使用了时间和空间两个维度的约束假设，并最终选择有显著特性的结果。

在建立回归模型时，根据经济理论的需要，对模型中的参数施加一定的约束条件，称为参数的约束。若对模型的参数施加的约束是线性的，则一般的形式如下：

$$\mathrm{H}_0: C\beta=r;\quad \mathrm{H}_1: C\beta\neq r$$

其中，$C=(C_0,C_1,\cdots,C_K)$；$\beta=(\beta_0,\beta_1,\cdots,\beta_K)'$；在计量建模中也可以就单一的参数进行约束，或就几个参数进行约束等。

由于对参数的约束就是对其取值的限制或固定，所以就有了限制性参数和固定参数之说，而这些约束限制会有效地减少未知参数的数量，从而解决了小样本分析的自由度不足问题，使得该类检验成为普遍采用的常规方法。且常以 $\mathrm{H}_0: R(B)\in R$；$\mathrm{H}_1: R(B)\notin R$ 来表达约束，即以经济理论、定理、命题、经验、想法等约束关系为原假设，而无约束或违背约束则视为备择假设。

【例 5.1】 需求函数的 0 阶齐次性约束条件的表达。微观经济理论需求是由价格决定的，宏观经济理论需求是由收入决定的。结合两种理论对现实进行观察，需要构建一个由物价 X_1 和收入 X_2 共同决定消费需求 Y 的模型：

$$Y=f(X_1,X_2)=\beta_0+\beta_1X_1+\beta_2X_2+\varepsilon$$

如果该模型是正确的，则 β_1 为负值（物价的上涨会引起消费的减少）、β_2 为正值（收入的增加会引起消费的增加），且 β_1 和 β_2 的绝对值相等。为检验该理论就需要我们做关于 $\beta_1+\beta_2=0$ 的约束，该约束称为零阶齐次性假设。如果对此约束是否显著做出判断，则可验证该理论的对错。

5.1.2 约束性 F 检验方法

设受约束的回归方程（restricted regression）的残差列向量为 e_{R}，其残差平方和 $\mathrm{RSS_R}$ 称为受约束的残差平方和；而无约束回归（unrestricted regression）的残差列向量为 e_{U}，其平方和 $\mathrm{RSS_U}$ 称为无约束的残差平方和。由式（4-10）可知：$\mathrm{RSS_R}>\mathrm{RSS_U}$；这不只是在 $\beta_k=0$ 这一类约束中成立，在更一般的情况下也是成立的。而利用这一关系进行的约束性检验就是 F 检验，这种检验在模型的显著性检验中已经接触过，这里就其基本原理和规范步骤归纳如下。

1. 约束检验的基本思想

无论有无约束，残差平方和都是依据现实数据计算得到的，反映着现实情况的相关信息。如果约束有效，即原假设符合现实，则两个残差平方和就应该很接近；如果约束无效，即原假设不能成立，则两个残差平方和就应该差距较大。而对差距的计算，可以使用两者之差的比较，也可以使用两者之比的比较。其中使用两者之差 $\mathrm{RSS_R}-\mathrm{RSS_U}$，再与 $\mathrm{RSS_U}$ 的比值构成 F 统计量的检验方法最为有效。这种方法与模型显著性检验的不同之处主要体现在原假设的表现上，原假设不同检验的内容也就不同了，所以这里就一般的原理总结如下。

卡方分布是随机变量平方和的分布规律，所以卡方统计量的差也服从卡方分布，且两个卡方分布的比值统计量服从 F 分布，即有线性约束的 F 检验统计量：

$$F=\frac{(\mathrm{RSS_R}-\mathrm{RSS_U})/(K_\mathrm{U}-K_\mathrm{R})}{\mathrm{RSS_U}/(n-K_\mathrm{U}-1)}\sim F(K_\mathrm{U}-K_\mathrm{R},n-K_\mathrm{U}-1) \tag{5-1}$$

其中，分子的自由度 $K_\mathrm{U}-K_\mathrm{R}$ 恰为约束条件的个数，若以约束为原假设，则 $\mathrm{RSS_R}$ 与 $\mathrm{RSS_U}$ 的差异在假设成立时将接近于 0；而当它明显不为 0 时，即 $F>F_\alpha$ 时，就要否定原假设，说明约束不符合现实。

2. F 检验的规范步骤

利用 F 统计量的约束性检验，其基本步骤如下。

（1）提出约束假设。根据经济理论或经验，提出约束假设作为原假设。检验结果否定原假设时，说明约束条件不成立；而接受原假设时，说明约束条件成立。

（2）计算两类残差平方和。计算两类残差平方和即指受约束方程 M_R 的残差平方和 $\mathrm{RSS_R}$ 与无约束方程 M_U 的残差平方和 $\mathrm{RSS_U}$。使用 lm 函数求得回归结果的情况下，可以使用 summary（回归对象）命令读取残差的标准差 s_e［或称为标准误（residual standard error)］和它的自由度（degrees of freedom）$(n-K-1)$，则 $\mathrm{RSS}=(s_e\,\hat{}\,2)*(n-K-1)$；当然也可以使用 resid（回归对象）或“回归对象$resid”获得残差，并以 RSS = sum（$M$$resid^2）计算。

（3）计算检验统计量 $F=((\mathrm{RSS_R}-\mathrm{RSS_U})/(K_\mathrm{U}-K_\mathrm{R}))/(\mathrm{RSS_U}/(n-K_\mathrm{U}-1))$。

（4）判断分析。在明确显著性水平 α 的前提下，结果 F 统计量，做出如下判断。

①依据临界值进行检验。如显著水平为 0.05 时临界值计算 $F_{0.05}<-\mathrm{qf}(0.95,K_\mathrm{U}-K_\mathrm{R},n-K_\mathrm{U}-1)$；当 $F>F_\alpha$ 时，否定原假设，认为约束无效；当 $F\leqslant F_\alpha$ 时，接受原假设，认为约束是有效的。

②依据概率 P 值进行检验。计算 F 统计量右侧的概率值与显著性水平作比较，即 F 统计量右侧的概率计算 $a<-\mathrm{pf}(F,K_\mathrm{U}-K_\mathrm{R},n-K_\mathrm{U}-1,\mathrm{low}=\mathrm{F})$；但 $a<\alpha$ 时，否定原假设，认为约束无效；当 $a>\alpha$ 时，接受原假设，即约束有效。

3. 线性约束 F 检验的 R 编程

将上述过程编写一个 R 程序，会减少很多重复计算工作，参考程序如下：

```
Fa<-function(Gu,Gr,sjk,RS){Mu=lm(Gu,sjk);Mr=lm(Gr,sjk);
RSSU<-sum(Mu$resid^2);RSSR<-sum(Mr$resid^2);
FZ<-((RSSR-RSSU)/(RS))/(RSSU/Mu$df);
pf(FZ,RS,Mu$df,low=F)}
```

使用该程序，需要首先给出无约束方程的结构公式 Gu 和受约束的结构公式 Gr，然后按照无约束公式、有约束公式、数据框名及约束个数的顺序输入该函数中的参数位置。如果计算结果小于 0.05 等显著性水平，则否定约束为真的假设。

【例 5.2】 在第 4 章综合实测案例中，我们估算了含有 10 个解释变量的回归对象 HG1，及含有 4 个解释变量的回归对象 HG2。则 HG2 就相当于在 HG1 的基础上，对其

中的 6 个变量和 1 个常数项对应的回归系数施加 $\beta_k = 0$ 的 7 个约束。为此将回归对象 HG1 视为无约束的方程，而 HG2 则视为受约束的方程，使用 F 检验的程序检验结果如下：

```
>Fa(GS,gs2,JMSJ,7)
[1] 0.6711142
```

检验结果 0.67＞0.05，表明 6 个变量和常数项对应的回归系数同时为零的原假设成立。

5.1.3　似然比检验

对理论的约束性检验，还可以从似然函数的视角进行，即从无约束回归的似然统计量与受约束回归的似然统计量之间的对比关系，说明约束假设是否显著的技术。极大似然比检验是在使用极大似然法进行估计时，对无约束方程与受约束方程之间的似然函数值的区别是否“足够”大的检验。即在约束条件成立时，两者的区别不会很大；而在约束条件不成立时，两者的区别就会很大。

1. 似然比检验的基本思想

记 $L(X,\beta)$ 为似然函数，B_U 为无参数约束时似然函数 $L(X,B_U)$ 最大时的极大似然估计量，B_R 为有参数约束 $R(\beta)=0$ 的似然函数 $L(X,B_R)$ 最大时的极大似然估计量；由于似然函数值都在 0～1，且无约束时的似然函数值大于有约束时的似然函数值，所以受约束与无约束的似然函数的比值也在 0～1，且在约束成立时，该比值将接近于 1。而在约束不成立时，该比值的分子与分母将区别很大，即比值将趋近于零。为此我们定义似然函数比为

$$\lambda = L(X,B_R)/L(X,B_U) \tag{5-2}$$

如果似然比值 λ 很小，则拒绝约束为真的假设；如果比值 λ 接近于 1，则接受约束。

2. 似然比检验的标准

要计算似然比，首先需要计算似然函数值。而似然函数的极值会因其统计量分布不同而不同，因此，我们可以根据前面回归估计中学习过的求极值的函数，来计算各类似然函数。由于正态分布是最常见的统计分布，且在其取对数时的计算更为方便，所以人们习惯上使用其对数的似然函数来计算似然比统计量。

Neyman 和 Pearson 在 1928 年证明了似然比统计量服从卡方分布，即有正态对数似然比：

$$\mathrm{LR} = -2[\ln L(X,B_R) - \ln L(X,B_U)] \sim \chi^2(h) \tag{5-3}$$

其中，h 为约束个数，该统计量将比值转化为差值，即差距接近于零时约束成立。所以，在给定显著性水平 α 时，计算卡方临界值 $\chi^2_\alpha(h)$，则有

当 $\mathrm{LR} > \chi^2_\alpha(h)$ 时，否定原假设，认为约束条件不成立，即约束无效；

当 $\mathrm{LR} \leqslant \chi^2_\alpha(h)$ 时，接受原假设，认为约束条件成立，即约束是有效的。

3. 似然比检验的程序

在 R 的基本操作平台 $\mathrm{RG_{ui}}$ 中，没有关于似然比的直接使用的检验函数，我们可以通过计算对数似然比统计量和卡方临界值的比较进行判断分析如下。

1）对数似然比检验的基本步骤

（1）计算对数似然函数值。在 R 语言中使用 logLik( )函数命令，来获得回归对象的对数极大似然函数值。即在估算回归方程后，将回归对象名代入该命令就可得到极大似然函数的测算值。

（2）对数似然比统计量的计算。对数似然比是受约束的对数似然函数值 $L(X,B_{\mathrm{R}})$ 与无约束的对数似然函数值 $L(X,B_{\mathrm{U}})$ 的复合函数，即 $\mathrm{LR}=2[\ln L(X,B_{\mathrm{U}})-\ln L(X,B_{\mathrm{R}})]$。

（3）做检验判断。在给定的显著性水平的前提下，计算卡方临界值或卡方统计量的右侧概率值，进行如同 F 检验的判断。注意：似然比检验是在线性约束下，同时能够计算受约束方程和无约束方程的两个似然函数的条件下使用。

2）自编似然比检验的 R 程序

线性约束的似然比检验程序如下：

```
LRa<-function(Gu,Gr,SJ,K){Mu<-lm(Gu,SJ);Mr<-lm(Gr,SJ);
pchisq(2*(logLik(Mu)-logLik(Mr)),K,low = F)}
```

该程序的使用要求如下。

（1）要分别给出无约束回归方程的结构公式 Gu 和受约束回归方程结构公式 Gr。

（2）按照 Gu、Gr、SJ、K 的顺序输入函数 LRa( )的参数，其中 SJ 为数据框名称、K 为约束的个数。该函数的计算结果是似然比统计量右侧的较大值累计概率，如果该结果小于显著水平（如 0.05），则认为约束是无效的。否则，概率值大于显著性水平，就认为约束有效。

【例 5.3】 将例 4.1 中的回归对象 HG1 视为无约束的方程，而 HG2 则视为受约束的方程，这样两个方程的对数似然比检验如下。

无约束方程的对数似然函数极值：

```
>LB1<-logLik(HG1)
>LB1
'log Lik.' 147.6641(df=12)
```

受约束方程的对数似然函数极值：

```
>LB2<-logLik(HG2)
>LB2
'log Lik.' 143.601(df=5)
```

可见无约束的方程 HG1 与有 7 个约束的方程 HG2 比较，受约束方程的似然函数要小一些。

由于约束为 7（6 个变量加 1 个截距项），所以卡方分布的 0.05 水平下的临界值为

$$\chi^2_{0.05}(7)=\mathrm{qchisq}(0.05,7,\mathrm{low}=F)=14.067\ 14$$

可见 $\mathrm{LR}=2*(147.6641-143.601)=8.1262<14.067\ 14$，不能否定约束性假设，认为 7 个约束是有效的。使用自编程序检验如下：

```
>LRa(GS,gs2,JMSJ,7)
'log Lik.' 0.449774(df=12)
```

5.2　非线性约束检验

当模型的理论视角不是线性的，其对参数约束性的表达也往往不是线性的。例如，消费函数是物价与收入的乘积关系函数时，其价格参数 α 和收入参数 β 的关系约束就可能为 $\alpha\beta = 1$，就属于非线性约束。关于非线性约束的检验，主要采用的方法是沃尔德检验法。

5.2.1　沃尔德检验

有些特殊的假设，尤其是非线性模型的特殊假设中，常会表现出无法使用前述方法进行检验的情况。为此沃尔德提出了更一般性的、适合非线性的检验方法。

1. 基本原理

设 B 为无约束的似然函数取最大值 $L(X, B)$时所对应的参数估计量，我们对各参数所施加的约束 $H(\beta)\in R$，可以转换为 $R(\beta) = 0$ 的形式，则备择假设将是 $R(\beta)\neq 0$。这样在约束有效时，无约束和受约束方程的似然函数将差距不大，同时估计量的约束式 $R(B)$也将接近于 0，即 $B-\beta$ 也会接近于 0。

对于无约束的统计量 B，在真值 β 处的泰勒展开，是近似求极值的常用方法，即有

$$R(B)\approx R(\beta) + (\partial R(\beta)/\partial\beta')(B-\beta)$$

$$R(B)-R(\beta)\approx(\partial R(\beta)/\partial\beta')(B-\beta)$$

由于$(B-\beta)\sim N(0, \mathrm{Var}(B))$；则在约束为真，即 $R(\beta) = 0$ 时，有

$$\mathrm{Var}[R(B)] = [\partial R(\beta)/\partial\beta']\,\mathrm{Var}(B)[\partial R(\beta)/\partial\beta']'$$

即有

$$R(B)\sim N(0, \mathrm{Var}[\mathrm{R}(B)])$$

则有在 B 处关于二次型[①]的关系分布为

$$R(B)'\mathrm{Var}[R(B)]^{-1}R(B)\sim\chi^2 \tag{5-4}$$

沃尔德根据这种关系[②]，给出了自由度为约束个数 h 的沃尔德卡方统计量：

$$W = R(B)'\{[\partial\beta(B)/\partial B']\mathrm{Var}(B)[\partial R(B)/\partial R']\}^{-1}R(B) \tag{5-5}$$

即 W 统计量是约束函数的标准化的平方值，当 $W>\chi^2_\alpha(h)$ 时否定原假设，即约束无效；而当 $W\leqslant\chi^2_\alpha(h)$ 时，接受原假设，认为约束是有效的。

2. 沃尔德检验的步骤与案例

按照上述原理，可以归纳出沃尔德检验的基本步骤，以 R 语言的基本操作来实现和理解相关的内容计算如下。

1）沃尔德统计量的计算

（1）计算回归系数的方差-协方差矩阵，可使用 vcov(回归对象)->A 来获得。

（2）计算约束函数式关于参数的偏导数向量 D。

---

① 矩阵的二次型为 $x'Ax = a_{11}x_1{}^2 + a_{22}x_2{}^2 + \cdots + a_{ij}x_ix_j + \cdots$。

② 对于 $Z\sim N(\mu, \Sigma)$有：$(Z-\mu)'\Sigma^{-1}(Z-\mu)\sim\chi^2$。

（3）计算约束函数的方差-协方差矩阵 $D'AD$ 的逆阵。

（4）计算沃尔德统计量，即 $W=R(B)'(D'AD)^{-1}R(B)$。

2）进行沃尔德检验

（1）明确显著性水平，并计算卡方临界值 $\chi_\alpha^2(h)$ 。

（2）进行对比分析，当 $W>\chi_\alpha{}^2(h)$ 时，否定约束为真的假设。

3）沃尔德检验的 R 程序

在 aod 包里，使用 wald.test( )命令可以完成该检验，其函数形式为：

```
wald.test(Sigma,b,Terms=NULL,L=NULL,H0=NULL,df=NULL,verbose=
FALSE)
print(x,digits=2,…)
```

其中的参数说明如下。

Sigma：回归对象中提取的回归系数的方差-协方差矩阵。

b：自回归对象提取的约束对象的 Sigma 系数（回归系数）向量。

Terms：指出检验系数所在位置的整数向量。

L：可选的矩阵，默认为空，用于配合 b 矩阵的换算表达。

H0：零假设数字向量。它必须符合条件长度的测试的约束表达，默认值为 0。

df: 数值向量，给出 F 检验中使用的自由度，即 B 和 Sigma 拟合模型残差的自由度。对于无 F 测试，默认为空。

verbose：逻辑标量控制量的输出信息。默认值是 False，提供最小输出。

x：沃尔德检验的对象。

digits：显示检验结果的小数位数，默认为 2。

【例 5.4】 使用附表二和附表三的数据，计算人均消费 rjxf = JMXF/RK、人均生产总值 rjcn = ZCFGDP/RK、少年抚养比例 SYB、老年抚养比例 LYB 等数据，估算出回归对象 wjhg 过程如下：

```
>wjgs<-rjxf~rjcn+SYB+LYB
>wjhg<-lm(wjgs,JGSJ)
>summary(wjhg)
Call:
lm(formula=wjgs,data=JGSJ)
Residuals:
Min            1Q            Median        3Q            Max
-0.03692       -0.01735      -0.00327      0.01126       0.04969
Coefficients:
               Estimate      Std.Error     t value       Pr(>|t|)
(Intercept)    -0.900286     0.112112      -8.030        4.02e-08***
rjcn           0.294958      0.016099      18.322        3.24e-15***
SYB            0.004157      0.001362      3.053         0.00564**
LYB            0.086034      0.013066      6.584         1.02e-06***
```

```
Signif. codes:0 '***' 0.001 '**' 0.01 '*' 0.05 '.' 0.1 ' ' 1
Residual standard error:0.02445 on 23 degrees of freedom
Multiple R-squared:0.999,Adjusted R-squared:0.9989
F-statistic:7653 on 3 and 23 DF,p-value:<2.2e-16
```

为检验（1）$H_0:\alpha*\beta=1$，即 SYB 和 LYB 的回归系数乘积为 1 的非线性约束假设；（2）线性约束 H_0：$\alpha+\beta=1$的假设；使用沃尔德检验的基本做法如下。

（1）计算其回归对象 wjhg 中三个回归系数的方差-协方差矩阵有

```
>vcov(wjhg)
(Intercept)        rjcn            SYB             LYB
(Intercept)   1.256900e-02   1.354417e-03   -1.594214e-05
              -1.321993e-03
rjcn          1.354417e-03   2.591757e-04   1.202944e-05
              -2.012452e-04
SYB           -1.594214e-05  1.202944e-05   1.854326e-06
              -5.865646e-06
LYB           -1.321993e-03  -2.012452e-04  -5.865646e-06
              1.707251e-04
```

（2）计算约束的偏导向量。

①约束$\alpha\beta-1=0$的偏导数向量，按照回归对象中的排列顺序有：关于截距项的导数为 0，关于 α 的导数为 β，关于 β 的导数为 α；即 D1 = c(0, β, α) = c(0, 0.086 034, 0.004 157)。

②约束$\alpha+\beta-1=0$的偏导数向量，则为 D2 = c(0, 1, 1)。

（3）计算约束后的方差。

①D1%*%vcov(wjhg)[–2, –2]%*%D1 = 1.248007e-08

②D2%*%vcov(wjhg)[–2, –2]%*%D2 = 0.0001608482

（4）计算沃尔德统计量：$W=R(B)'(D'AD)^{-1}R(B)$

①约束表达式 0.004157*0.086034–1 = –0.9996424，则有

```
W1=(-0.9996424)^2/(1.248007e-08)=80070459
```

②约束表达式 0.004157 + 0.086034–1 = –0.909809，则有

```
W2=(-0.909809)^2/(0.0001608482)=5146.171
```

（5）计算约束为一个时的卡方分布的临界值 qchisq(0.95, 1) = 3.841 459，可见 W1 和 W2 都明显大于卡方分布的临界值，即否定约束为真的原假设，认为这两个约束与现实的情况不符合。

5.2.2 拉格朗日乘数检验

在处理目标与约束关系的数学方法中，拉格朗日乘数技术是人们最常用的，其将各约束转换为无约束的形式，是一项有效的检验技术。

1. 基本原理

从规划求解的视角来分析极大似然估计的求解问题时，我们的目标函数是使似然函数达到最大，即以 $\ln L(Y|X,\beta,\sigma^2)$的最大为目标，而现实中往往涉及在约束 $R(\beta)$的限制下

的求解问题。

求解约束下的可行解，常用的方法是通过拉格朗日乘数法，将约束方程融入目标函数中，即构成多项式：$\ln L(Y|X,\beta,\sigma^2)+\lambda' R(\beta)$；该多项式的极值就是符合约束 $R(\beta)$的最优解。其中，λ'是以各约束条件相对应的拉格朗日乘数为元素的行向量，各 λ_i 的大小反映着各约束条件对极大似然函数 $\ln L(Y|X,\beta,\sigma^2)$的影响程度。这种处理方法，就相当于在原来的似然函数中增加了约束条件及约束的权重参数 λ，使得未知参数增加了一倍，但是也使得方程的数量因此而减少了。

如果某一约束为真，则该约束条件对似然函数的影响就小，即其对应的 λ 值就接近于零。因此拉格朗日乘数检验就是检验某些拉格朗日乘数的值是否“足够大”，如果足够大就拒绝约束为真的假设。

2. 拉格朗日乘数检验的统计量的确定

拉格朗日对数似然函数为 $L=\ln(Y\mid X,\beta,\sigma^2)+\lambda' R(\beta)$；其求极值一阶条件是

$$\begin{cases}\dfrac{\partial L}{\partial\beta}=\dfrac{\partial\ln L(Y\mid X,\beta,\sigma^2)}{\partial\beta}+\lambda\dfrac{\partial R(\beta)}{\partial\beta}=0\\[2ex]\dfrac{\partial L}{\partial\sigma}=\dfrac{\partial\ln L(Y\mid X,\beta,\sigma^2)}{\partial\sigma}=0\\[2ex]\dfrac{\partial L}{\partial\lambda}=R(\beta)=0\end{cases}\tag{5-6}$$

解该方程组，就会得到各参数 β、σ、λ 的估计值，并以向量 B 来表示。则上述三类方程组可进一步简记为$\partial L/\partial B$，且其分布将服从正态分布 $N(0,\mathrm{Var}(\partial L/\partial B))$。根据方差的二次型表示方式，该分布的方差就构成了拉格朗日乘数的卡方检验统计量：

$$\mathrm{LM}=\left(\frac{\partial L}{\partial B}\right)'\left(\frac{\partial^2 L}{\partial B\partial B'}\right)^{-1}\left(\frac{\partial L}{\partial B}\right)\tag{5-7}$$

同样，当 $\mathrm{LM}>\chi^2_\alpha$ 时，否定约束为真的原假设。该统计量的计算涉及极值函数的黑塞矩阵的计算，较为复杂。所以人们寻找到了线性回归模型的另一种测算方法，即以辅助回归方程来计算 LM，具体步骤如下。

（1）以约束为真来计算回归方程，以取得受约束方程的残差 $u=Y-XR$ 作为辅助回归方程的被解释变量。

（2）以无约束的回归方程的各解释变量作为辅助回归方程的解释变量，来估算辅助回归方程 $u=XB$ 的判定系数 R^2。

（3）以样本容量 n 与辅助回归的 R^2 的乘积，构建 $\mathrm{LM}=nR^2$ 为检验统计量，进行 LM 检验。

【例 5.5】 使用例 4.1 中的数据，以回归对象 HG2 为受约束的方程，采用 LM 方法检验该方程的截距项为 0 的约束是否成立？检验过程如下。

（1）提取 HG2 方程的残差，u<-resid(HG2)；并以 u 为辅助回归方程 FZHG 的被解释变量，以 HG2 方程的各解释变量为辅助回归方程的解释变量，并在辅助回归方程中加上截距项。估计并检验辅助回归方程，如 summary(FZHG)可以得到 $R^2=0.0281\ 8$。

（2）以样本容量与辅助回归方程的判定系数，构成 LM 统计量，即

$$LM = 23 \times 0.02818 = 0.648\,14$$

（3）计算临界值：qchisq（0.95，1）= 3.841 459，因 LM＜ 临界值，不能否定截距为零的约束。

5.2.3　检验方法 LM 和 W 及 LR 的使用

似然比、沃尔德、拉格朗日乘数检验，是三种常用的基于似然估计的关于约束有效性的检验方法。其主要关系及使用原则如下。

1. 三种方法的关系

三种方法都是基于极大似然估计进行的经济意义及其约束性检验，且都是依据卡方分布进行检验的常规方法。其不同点如下。

（1）统计量的计算结果有差异：即在同样的约束假设和同一样本数据中，计算结果都不同。且一般关系是：LM＜LR＜W；这说明 W 最易否定原假设，而 LM 最易接受原假设，似然比统计量居中。

（2）检验效果的差异：大样本情况下，三者是渐近等价的；而对于小样本而言，似然比检验的渐近性最好，拉格朗日检验次之，沃尔德检验的效果有时不尽如人意。

2. 三种方法的应用原则

（1）应用视角的差异：似然比 LR 的检验需要分别就约束方程及非约束方程同时计算，并参与分析检验；沃尔德 W 的检验只需要使用无约束方程的估计就可以完成；拉格朗日乘数 LM 的检验，则只需使用受约束方程的估计就可以完成。由于估计受约束的方程较为复杂，所以 LM 最为麻烦、LR 次之、W 最简单。

（2）使用范围的差异：三种检验都可以应用于线性约束，而在非线性约束中，只有沃尔德检验是最有效的。

5.3　模型的使用性检验

在实践检验真理的思想引导下，对模型的验证是很有必要的。即经济模型的建立是为了经济分析的需要，而在各类需要中预测是最基本的对模型的使用，所以预测的准确性也就成为模型使用检验的重要依据。由于单方程回归模型多反映事物的因果关系，即在解释变量的决定下，被解释变量发生改变的结果。因此其预测时需要先对解释变量做出预测，然后再利用回归方程对被解释变量做出预测。其中将涉及如下几个问题。

5.3.1　变量的属性及预测的前提

序列的平稳性是指现象分布的趋势是否稳定，这是预测的基本前提，同时时序前后期的关联性也是事物发展的决定因素。因此在研究事物的变化规律时，必须考虑其稳定的趋向和关联的程度，这些都是变量的基本属性，也是预测的依据，具体内容简介如下。

1. 时序的平稳性

平稳时序是稳定过程的样本，即时间序列的一般水平处于稳定的状态。对稳定过程的观察角度及定义有如下几种。

1）严平稳时间序列的定义

设$\{Y_t\}$为随机时序，对任意整数 m 和 k 具有维度有限的性质：

$$F(Y_{t_1},Y_{t_2},\cdots,Y_{t_m}) = F(Y_{t_1+k},Y_{t_2+k},\cdots,Y_{t_m+k}) \tag{5-8}$$

则称该时间序列为严格平稳的或强平稳的。它意味着随机过程所有存在的矩都不随时间的变化而变化。这一条件是非常严格的，而且对于一个随机过程，上述联合分布函数也不便于分析和使用，因此，统计上需要给出不那么严格的条件。所以在现实观察上可以只要求分布的主要参数相同。如只要求其一阶和二阶矩函数基本相同，这就引出了宽平稳的概念。

2）宽平稳时间序列的定义

设$\{Y_t\}$，$t\in T$，是随机序列，对任意整数 t、s、$k<\infty$，且满足：①均值函数恒为常数，即不同时期的随机变量的均值都为 $E(Y_i)=\mu$；②相同间隔长度的指标数值，其变化幅度（方差）是相同的。这时称$\{Y_t\}$为宽平稳的时间序列。

从平稳序列的定义可见，波动是可以存在的，但其波动与独立时间序列的波动不同。独立时间序列的各种可能取值$\{X_t\}$和$\{X_{t-m}\}$是相互独立的，即$\{X_t\}$不含有关于$\{X_{t-m}\}$的信息。而在平稳波动时间序列$\{Y_t\}$中往往含有$\{Y_{t-m}\}$的信息，这就为人们提供了利用历史样本（y_1，y_2，…，y_n）来预测将来值$\{Y_{t+m}\}$的可能。因此，我们在建模中非常关心时间序列的平稳性特征。

3）趋势平稳时间序列的定义

时间序列在不符合严平稳或宽平稳的期望为常数的定义时，只要序列有着确定的趋势，即其方差是相对稳定的，且这种趋势可以使用直线或曲线来描绘时，其就必然能够携带有效的预测信息，称这一序列为趋势平稳时间序列。

4）非平稳序列的定义

不具备上述各种平稳特征的所有其他序列都可以称为非平稳序列，其按照观察的视角不同还有着很多的名称，如随机游走过程、单位根过程、单整过程、纯随机过程、独立随机过程、单积过程等不同叫法。

2. 时间序列的相关性

时间序列的相关是指不同时间的数据之间存在相关规律的情况，如果是同一时间序列的不同时期之间存在相关的现象，常称为自相关；而不同时间序列的不同时间之间的相关现象，常称为互相关。而对这些相关特征的测算，需要使用均值函数（各期均值构成的时序函数）、方差函数和协方差函数等时序特征值，计算方法与普通多元变量相同。具体说明如下。

1）自相关函数

自相关是指同一时序任意两期之间的相关，而自相关函数则是指一阶（相邻两期之间）、二阶（相隔一期之间）至 n 阶（相隔 $n-1$ 期之间）的各自相关系数构成的时间序列函数。一般以 acf(p)表示，其中 p 为阶数。R 中可以直接使用该函数计算各阶自相关系数：

$$\text{acf(x, lag.max = N, type = c("cor", "cov", "par"), ⋯)} \qquad (5\text{-}9)$$

各参数的用法如下。

x 是时间序列或数据向量、数组、矩阵数据框。

lag.max 为滞后期的最大限制值，默认时为 10*log10（观测值数/序列个数）。

type 为显示时的要求，默认时只有相关性“cor”，“cov”为协方差，“par”为显示长度，即项数。

adf( )函数计算结果的默认形式如图 5-1 所示。

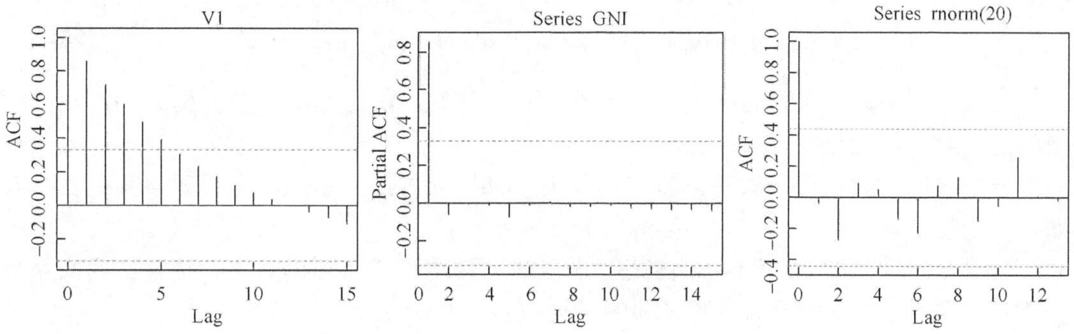

(a) 相关拖尾形图　(b) 相关截尾形图　(c) 不相关无尾形图

图 5-1　自相关函数分布类型图

2）偏自相关函数

时间序列数据 y_t 与 y_{t+k} 之间的相关关系，往往包含着其中间各期对两者之间的关系影响，因此剔除中间各期影响后的两期单纯相关系数，就是偏自相关系数。而偏自相关函数则是各阶偏自相关系数构成的时间序列，常缩写为 pacf( )。该函数的计算，首先要分别建立两期与中间各期数据变量的回归方程，及各自的残差（因残差不包含中间各期的影响）；然后再以各自的残差来计算两者的自相关系数。在 R 语言中偏自相关函数的命令如下：

$$\text{pacf(x, lag.max = N, plot = } T\text{, ⋯)} \qquad (5\text{-}10)$$

各参数的意义与 acf( )函数中一致，默认值 plot = T 为显示图形。

3）互相关函数

两个时间序列之间的关系表现为不同时间上的相关性，称为互相关。反映互相关程度的统计指标就是互相关系数，常用 $\rho_{YX}(k)$来表示 Y_t 与 X_{t+k} 之间的相关系数。因互相关系数不仅反映两变量间的相关强度，还反映其相关的作用方向。所以要注意如下关系：

（1）$\rho_{YX}(k) \neq \rho_{XY}(k)$；

（2）$\rho_{YX}(k) = \rho_{XY}(-k)$；

（3）$\rho_{XX}(k) = \text{acf}(k)$；

同样，在 R 语言中提供的互相关函数命令为：

$$\text{ccf(x, y, lag.max = N, type = c("cor", "cov", "par"), plot = TRUE, ⋯)} \qquad (5\text{-}11)$$

其中，各参数与自相关类似，只是数据多了一组 y。

3. 时序分析的基础模型

20 世纪 70 年代由 Box 和 Jenkins 等提出的探索时间序列生成过程分析，将时间序列的一般模型表述为 ARIMA（auto regressive intergrated moving average，整合移动平均自回归）模型，即代表一簇时间序列基础模型，已经成为目前较为流行的时间序列分析方法。具体介绍如下。

1）自回归模型

如果模型中只有滞后的被解释变量作为解释变量使用，则该模型就是自回归模型，常简记为 AR(p)，其中 p 为最大滞后期，模型的基本形式为

$$Y_t = \alpha_0 + \alpha_1 Y_{t-1} + \alpha_2 Y_{t-2} + \cdots + \alpha_p Y_{t-p} + \varepsilon_t \tag{5-12}$$

在该模型中，如果只有一个时期的滞后项，称为一阶自回归模型；则 p 期滞后的模型就是 p 阶自回归模型。

一个时间序列是否是服从 p 阶自回归的，其判断方法并不难，主要观察其是否具有如下三个特征。

（1）平稳性，即该过程应该在某一水平线上波动。具体到模型中就是各自回归系数的绝对值要小于 1，且所有参数之和的绝对值也要小于 1。

（2）自相关函数 acf( )是拖尾的，即图形分布特征是逐渐趋近于 0，这种趋近有震荡衰减、波动衰减、单边衰减等情况，如图 5-1（a）所示。

（3）偏自相关函数 padf( )是 p 阶截尾的，即图形中只有 p 个柱线长度超出两倍标准差的虚线，即虚线内的系数可以视为 0，如图 5-1（b）所示。

2）滑动平均模型

该种模型中只有随机干扰（期望值为零、方差为固定常数）的影响，且干扰也只能影响若干时期，并随着时间的延长而减弱。常简记为 MA(q)，其中 q 为最大滞后期，模型的基本形式为

$$Y_t = \varepsilon_t + \omega_1 \varepsilon_{t-1} + \omega_2 \varepsilon_{t-2} + \cdots + \omega_q \varepsilon_{t-q} \tag{5-13}$$

该模型称为 q 阶滑动平均模型。一个时间序列是否服从滑动平均过程，其判断方法如下。

（1）平稳性，即各滑动平均系数$|\omega_j| < 1$，且$|\sum\omega_j| < 1$。

（2）自相关函数 acf( )是 q 阶截尾的。

（3）偏自相关函数 pacf( )是拖尾衰减的。

3）单整过程

如果一个时间序列的自相关函数和偏自相关函数的图形，都表现为没有衰减或非常缓慢的衰减迹象，就属于非平稳时间序列。这时只有通过差分计算所得到的逐期增减量才可能是平稳的，当经过一次差分计算就会得到平稳的增减量序列，则称为一阶单整过程；如果一次差分后的增减量序列仍然为不平稳的，就需要再次对新时间序列进行差分计算，形成更新的二次差分的序列。只要经过两次差分计算就能平稳的时间序列，称为二阶单整过程。以此类推经过 d 次差分才能平稳的时间序列过程，称为 d 阶单整过程，简记为 $I(d)$。

将上述三个基本的单因素模型组合起来，就会产生如下组合模型：即 ARMA(p, q)为自回归移动平均模型，ARI(p, d)为自回归单整过程，IMA(d, q)为单整滑动平均过程，ARIMA(p, d, q)为自回归单整滑动平均过程。其中的三个参数分别代表自回归的阶数 p，单整的阶数 d，滑动平均的阶数 q。这三个参数不会同时为 0，而部分为 0 时，就会得到上述七种不同的模型。

5.3.2　解释变量的预测

解释变量往往是外生的确定性变量，所以其在多数情况下是要依据政策、目标方案或分析的特殊需要来人为地确定其预测值。而对随机性解释变量或趋势性解释变量的预测，则需要一定的单变量统计预测技术来帮助了。主要的预测技术都涉及变量自身的趋势和波动，所以在预测之前常需要使用 ts.plot( )或 plot( )命令来观测时序的趋势形状，并以趋势加周期线的延伸作为预测的依据。

1. 传统单变量预测法

传统做法是将时间序列的构成因素划分为趋势、季节、随机项，并以加法（additive）或乘法（multiplicative）两种方式组合起来。在预测时可以先使用 decompose( )函数对单变量进行因素分解，然后提取趋势和周期性因素，并依据这两个因素进行组合预测。

1）对原始数据进行分解

传统的分解方法主要使用的 R 函数为

decompose(x, type = c("add", "mul")，filter = NULL)　　(5-14)

其中，x 为要分解的时间序列（周期要大于 2）；type 是对加法还是乘法模型的选择，或两种都选；filter 是周期各指数反测趋势的可选项。

使用函数测算的季节比例可以按$seasonal 提取，并用来调整预测值。但是要注意该函数对于商业循环等复杂周期无能为力；同时其趋势测定是采取移动平均方法，所以不能进行外推预测。

2）趋势外推预测的实现

当序列存在明显趋势时，要利用回归方程的构建思想，将解释变量自身发展变化趋势，看作时间作用的结果。根据其图形分布状态确定趋势方程的具体形式，再使用 predict（回归对象）函数测算预测值。其基本形式为

predict(object，newdata…)　　(5-15)

其中，参数 object 为回归等各种模拟对象，程序会依据对象的类型而自动选择预测内容；其他参数可依据不同的对象要求给出，不指定时就是各对象的内插点预测。newdata 是指定外推范围的参数，一般是回归中各解释变量的数据框，要求与模拟对象的数据类型一致。

【例 5.6】　观测附表二的净出口 JCK 和居民消费 JMXF 的趋势，并使用时间趋势模型来预测其在 2019 年和 2020 年的可能水平值。

由于该类数列属于没有各个季节的频率数据，所以也就不存在季节性的分解问题，可以直接将两列数据绘图观察趋势，如图 5-2 的实线所示。

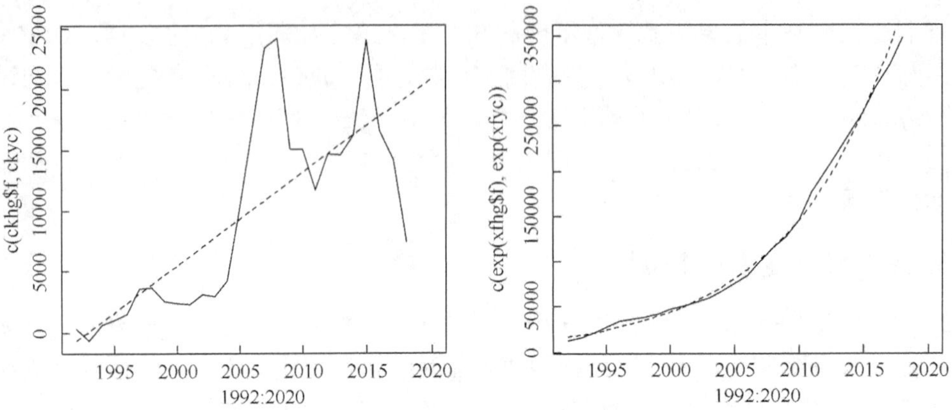

图 5-2　JCK 和 JMXF 趋势图

从图 5-2 看 JCK 呈线性趋势，JMXF 呈指数趋势，所以构建趋势方程如下：

$$\mathrm{JCK} = a + bT + v;\ \ \mathrm{JMXF} = \mathrm{e}^{T+u}$$

（1）估算 JCK 方程的结果如下：

```
>ckhg<-lm(JCK~year,ZCFGDP)
>summary(ckhg)
Call:
lm(formula=JCK~year,data=ZCFGDP)
Residuals:
   Min          1Q         Median        3Q          Max
-11863.1    -2653.6     -614.8       937.0       12614.6
Coefficients:
             Estimate     Std. Error   t value    Pr(>|t|)
(Intercept) -1532818.3   257919.0     -5.943     3.33e-06  ***
year         769.1        128.6        5.979      3.04e-06  ***
Signif. codes: 0 '***' 0.001 '**' 0.01 '*' 0.05 '.' 0.1 ' ' 1
Residual standard error: 5206 on 25 degrees of freedom
Multiple R-squared:0.5885,Adjusted R-squared:0.572
F-statistic: 35.75 on 1 and 25 DF,p-value:3.041e-06
```

依据估算结果对 2019 年和 2020 年的净出口 JCK 预测如下：

```
>predict(ckhg,data.frame(year=2019:2020))->ckyc
   1         2
20072.70  20841.84
```

绘图程序如下：

```
>plot(1992:2020,c(ckhg$f,ckyc),type='l',ylim=c(min(ZCFGDP$JCK),
max(ZCFGDP$JCK)),lty=2)
>lines(1992: 2018,ZCFGDP$JCK)
```

（2）同样估算和预测居民消费 JMXF 方程如下：

```
>xfhg<-lm(log(JMXF)~year,ZCFGDP)
>predict(xfhg,data.frame(year=2019: 2020))->xfyc
>xfyc
  1        2
12.96641  13.08595
>exp(c(12.96641, 13.08595))
[1] 427799.5   482120.8
```

可见，2019 年和 2020 年的居民消费 JMXF 预测值分别为 427 799.5 和 482 120.8。

注意：许多社会经济现象在剔除趋势后，其残差还会体现出明显的周期性波动，因此使用季节比率等方法可以描绘出波动的周期，并在趋势的基础上加上周期的作用会使预测更加准确。

2. 时序生成模型 ARIMA 的使用

在绝大多数的社会现象中，都可以使用 ARIMA 来模拟，因此在预测中可以使用其中的各基础模型进行模拟，并据此进行预测分析。为此需要对预测现象序列进行平稳性检验，依据检验的结果，选取相应的模型进行模拟预测。

1）平稳性的检验

根据迪克和富勒的研究，所有的社会经济现象的观察序列，都可以是由自回归 AR 模型、截距项固定趋势或随机趋势等四个基础模型组合而成的。因此只要检验出自回归系数是否为 1，就可以判断该时序是否平稳了。所以两位学者进行了一系列的模拟实验，得到了检验分布的统计表，可以对照模拟数据进行平稳性检验，其方法被广泛应用和推广，并称为 DF 检验，后将模型扩展为更一般的情况，又称为 ADF 检验或单位根检验。

单位根检验的基本方法与参数显著性 T 检验的原理基本相同。只是作为检验依据的统计分布，不是 t 分布了，而是迪克和富勒采用蒙特卡罗试验编制了新的检验统计表。恩格尔和格兰杰为了更精确地对残差的平稳性进行检验，又重新试验编制了他们的检验表，后来麦金农将各统计表融合成综合的单位根检验表。由于使用软件可以省去查表判断的过程，在 R 语言中的单位根检验的函数很多，多数需要加载程序包，内存中的检验命令是采用菲利普斯和佩荣提出的检验方法，检验函数命令为

$$\text{PP.test(序列, }\cdots) \tag{5-16}$$

该函数的原假设是自回归系数为 1，即序列存在单位根。所以小概率才能否定原假设，认为序列是平稳的。

当检验的概率较大（即大于 0.05）时，需要使用

$$\text{diff(数据, 阶数, 次数)} \tag{5-17}$$

对序列进行差分计算，其中，阶数是计算增减量的时间跨度（默认为 1 期）；次数是计算差分的次数（默认为 1 次），即对原始序列进行差分的结果称为一次差分序列，而对一次差分序列再次进行差分计算所得到的结果称为二次差分序列。以此类推，只有差分到单位根检验的概率很小（一般小于 0.05）时，才能停止检验，最终平稳的差分阶数 d 就是该序列的单整阶数。

2）ARIMA 模型的估算

在 R 中提供了 ARIMA 模型的求解命令如下：

arima(x, ord = c(0, 0, 0), xre = N, inc = T, met = c("CSS-ML", "ML", "CSS"), …)　（5-18）

各参数说明如下：x 为时序；ord 是必选项，要指明模型三种阶数(p, d, q)的情况列表；inc 是否包含截距项的模型，即用于非残差项的模型估计；met 是估计方法的选择，即在极大似然法、条件最小平方法及两者组合间选择。

该函数的求解需要知道各因子的阶数，其基本操作步骤如下。

（1）使用 PP.test( )等函数检验序列的平稳性，判断单整的阶数 $I(d)$。

（2）对差分后的平稳序列进行 acf( )和 pacf( )的拖尾或截尾特征的观察，以判断 AR 和 MA 因子的阶数 p 和 q。

（3）使用 arima( )函数估算模型。

上述检验和估算过程比较麻烦，如果加载 forecast 程序包，使用其中的

auto.arima(序列)　（5-19）

函数，则可以自动识别并同时估算出 ARIMA 模型。

【例 5.7】 使用 auto.arima( )函数对 ZCFGDP 中的居民消费 JMXF 数据进行 ARIMA 识别和估算结果如下：

```
>auto.arima(ZCFGDP$JMXF)->XFGJ
>XFGJ
Series:ZCFGDP$JMXF
ARIMA(0,2,0)
sigma^2 estimated as 16696285:log likelihood=-243.36
AIC=488.71   AICc=488.89   BIC=489.93
>forecast(XFGJ,h=5)->XFYC
>XFYC
Point     Forecast    Lo 80      Hi 80      Lo 95      Hi 95
  28      378455.7   373219.1   383692.3   370447.1   386464.3
  29      408701.8   396992.5   420411.1   390794.0   426609.6
  30      438947.9   419354.5   458541.3   408982.4   468913.4
  31      469194.0   440512.2   497875.8   425328.9   513059.1
  32      499440.1   460604.7   538275.5   440046.5   558833.7
>forecast(XFGJ,h=5)->XFYC
>plot(XFYC)
```

可见，JMXF～$I(2)$，预测对象 XFYC 的第 1 列是预测期间、第 2 列是各期的预测值、第 3 列和第 4 列是 80%置信度的预测区间的上下限、第 5 列和第 6 列是 95%置信度的上下限，使用 plot 函数可以得到预测的效果如图 5-3 所示。

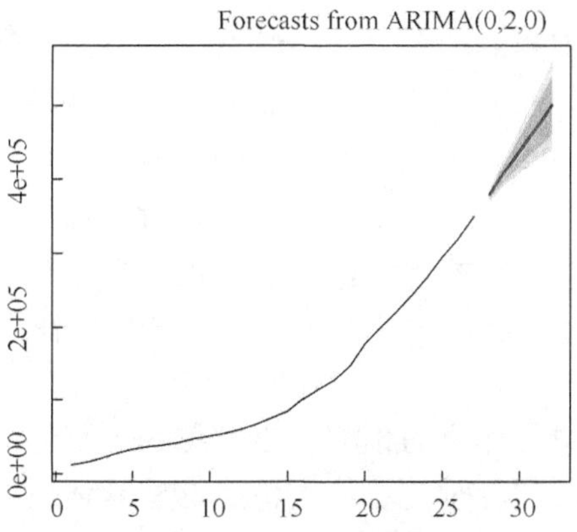

图 5-3　JMXF 趋势预测图

5.3.3　被解释变量的预测

被解释变量是由模型中各要素决定的，所以它的预测也是由模型各要素的预测来决定的，即在解释变量预测的基础上进行，具体涉及如下主要内容。

1. 点预测

点预测是在点估计思想基础上进行的预测，在给定解释变量的特定值 X_0 的前提下，对其被解释变量的条件均值点或具体数值点的预测。由于被解释变量是内生的，而解释变量是先决变量，所以解释变量的范围不同，预测的主要功能和作用也会不同。如果解释变量的取值范围在建立模型时的 X 样本范围之内，则对被解释变量的预测就称为内插预测，常用于建模过程的检验。而给定的解释变量取值是样本区间之外的点，则预测过程就称为外推预测。一般意义上的预测是外推预测，它是满足人们对未知领域探索需求的最终产品。

1）均值的点预测

点预测的实质是对平均水平的一种点估计，它是所有预测的基础。因此其是否符合无偏性和有效性等要求，就决定了预测的质量。这需要在预测时做充分的考虑，具体证明如下。

设预测模型为

$$(\hat{Y}_0|X_0) = X_0B \tag{5-20}$$

其中，$\hat{Y}_0$ 为 X_0 条件下的预测值，由于求出的是单个预测值，故称为点预测。在点预测中的预测值 $\hat{Y}_0$ 是基于平均水平 $E(Y_0|X_0)$的，所以常称为均值的预测。其基本性质如下。

（1）预测的期望：

$$E(\hat{Y}_0|X_0) = E(X_0B) = X_0E(B) = X_0\beta \tag{5-21}$$

该式表明使用回归方程进行预测，其结果是一种无偏的估计。

（2）预测的方差。对于预测的方差观察如下：

$$\begin{aligned}\mathrm{Var}(\hat{Y}_0|X_0) &= \mathrm{Var}(X_0B) = E[(X_0B-X_0\beta)(X_0B-X_0\beta)'] = E\{[X_0(B-\beta)][X_0(B-\beta)]'\} \\ &= X_0E[(B-\beta)(B-\beta)']X_0' = X_0\mathrm{Var}(B)X_0' = X_0\sigma^2(X'X)^{-1}X_0' = \sigma^2X_0(X'X)^{-1}X_0'\end{aligned} \tag{5-22}$$

该式表明被解释变量预测值的方差，是模型同方差通过解释变量偏离中心程度的调整，即该预测的方差随着解释变量的改变而改变，且随着外推长度的增加而扩大。

（3）预测的分布。在误差项服从正态分布的假设下，预测值的分布将是

$$(\hat{Y}_0|X_0)\sim N[X_0\beta, \sigma^2X_0(X'X)^{-1}X_0'] \tag{5-23}$$

式（5-23）说明均值的预测估计量 X_0B 是无偏的估计量，其方差随解释变量而改变。式（5-23）将是我们进行后续学习的基本工具，也是我们使用正态分布的依据。

2）具体值的点预测

对某时期被解释变量的具体值的预测，也常称为个别值的预测，这种预测也是在平均意义上进行的，只是考虑预测时的总体真值。这些具体值的预测值具有如下特点。

（1）具体预测值的期望。具体预测值的期望可表示为

$$E(\hat{Y}_0|X_0) = E(X_0B + \varepsilon_0) = X_0\beta + E(\varepsilon_0) = X_0\beta \tag{5-24}$$

可见不论是对个别值 Y_0 的预测，还是对期望值 $E(Y_0|X_0)$的预测，样本回归值 $\hat{Y}_0 = X_0B$ 都是最佳的预测统计量。

（2）具体预测值的方差。同样，对于具体的个别值分布的方差测算为

$$\begin{aligned}\mathrm{Var}(\hat{Y}_0|X_0) &= \mathrm{Var}(X_0B + \varepsilon_0) = E[(X_0B-X_0\beta-\varepsilon_0)(X_0B\text{-}X_0\beta-\varepsilon_0)'] = E\{[X_0(B-\beta)-\varepsilon_0][X_0(B-\beta)-\varepsilon_0]'\}\\ &= E[X_0(B-\beta)(B-\beta)'X_0'-2X_0(B-\beta)\varepsilon_0 + \varepsilon_0\varepsilon_0'] = X_0E[(B-\beta)(B-\beta)']X_0' + E(\varepsilon_0\varepsilon_0')\\ &= X_0\mathrm{Var}(B)X_0' + \sigma^2 = X_0\sigma^2(X'X)^{-1}X_0' + \sigma^2 = \sigma^2[1 + X_0(X'X)^{-1}X_0']\end{aligned} \tag{5-25}$$

（3）具体值的分布。结合上述期望和方差，具体值预测的概率分布为

$$(\hat{Y}_0 + \varepsilon_0)\sim N\{X_0\beta, \sigma^2[1 + X_0(X'X)^{-1}X_0']\} \tag{5-26}$$

该式说明 X_0B 仍然是个别值预测的无偏估计，只是其变化的方差较均值预测多了一倍的同方差。

2. 区间预测

在点预测中虽然考虑到了预测的无偏性问题，但并没有考虑样本观测值的代表性及其误差的影响。即在点预测中都假定随机因素 ε 的影响为零，这常常是与现实不符的。同时，我们虽然知道点预测值的分布，但是在点预测中并没有使用其概率分布等信息，所以也不可能计算其预测的准确区间和把握程度等内容。区间预测则要考虑这些因素来完成预测任务，以满足具有精度要求的预测工作。具体内容如下。

1）均值的区间预测

区间预测的基本原理是在概率分布的基础上，使用如下关系式进行的：

$$P(|Y_0-\hat{Y}_0|<\varDelta) = 1-\alpha \tag{5-27}$$

即实际值与预测值的偏差小于允许的误差 $\varDelta$ 的概率为 $1-\alpha$，其中 α 为显著性的小概率水平，$1-\alpha$ 则是较大的把握性概率。根据式（5-23）将其标准化的形式为

$$P\{|(Y_0-\hat{Y}_0)/\{\sigma[X_0(X'X)^{-1}X_0']^{0.5}\}|<\mathrm{U}\} = 1-\alpha$$

其中，总体的真值 $Y_0 = X_0\beta$ 是预测值 $\hat{Y}_0 = X_0B$ 的期望，在预测中由于总体误差的标准差 σ 未知，我们所能使用的就是残差估计的标准误差 s，作为总体方差来替代，则标准化时就构成了 T 统计量，为

$$T = \frac{X_0 B - X_0 \beta}{s\sqrt{X_0 (X'X)^{-1} X_0}} \sim t_{(n-K-1)}$$

其中，s 为利用样本资料估算的残差的标准差的估计值。根据该式可以得到均值预测，在 $1-\alpha$ 的置信水平下，以 $t_{\alpha/2}$ 表示标准化临界值，则有

$$P\{|(Y_0 - \hat{Y}_0)/\{s[X_0(X'X)^{-1}X_0']^{0.5}\}| < t_{\alpha/2}\} = 1-\alpha$$

即

$$P\{|Y_0 - \hat{Y}_0| < t_{\alpha/2} s[X_0(X'X)^{-1}X_0']^{0.5}\} = 1-\alpha$$

则有预测允许误差为

$$\varDelta = t_{\alpha/2} s\sqrt{X_0 (X'X)^{-1} X_0'}$$

其置信区间为

$$\hat{Y}_0 = X_0 B \pm t_{\alpha/2} S_c \tag{5-28}$$

式中，t 分布临界值的自由度为 $n-K-1$，其中 n 为样本容量，K 为解释变量数；S_c 为预测标准差的估计值 $S_c = s^*[X_0(X'X)^{-1}X_0']^{0.5}$，$s$ 为样本残差的标准差。

2）个别值的区间预测

个别值的区间预测与均值的区间预测就相差在预测的标准差上，即在 $1-\alpha$ 的置信水平下的预测置信区间为

$$\hat{Y}_0 + \varepsilon_0 = X_0 B \pm \varDelta$$

其中，允许误差 $\varDelta = t_{\alpha/2} S_p$，它与均值预测不同的地方，就是预测标准差的估计值 S_p。即

$$S_p = s[1 + X_0(X'X)^{-1}X_0']^{0.5}$$

3）允许误差与预测精度的关系

通过允许误差的观察可知：不论是均值预测，还是个别值的预测，其在给定置信水平下的允许误差，随着 X_0 的变化而改变。即在样本一定的前提下，允许误差的各构成要素中只有 X_0 是变化的量。在标准化的情况下越接近于平均水平 $E(X)$ 的 X_0，所对应的允许误差就越小，越远离平均水平，X_0X_0' 就越大。可见，在置信水平给定的前提下，越接近于平均水平的允许误差越小，即预测的精度越高；而远离平均水平的预测精度就低，如图 5-4 所示。

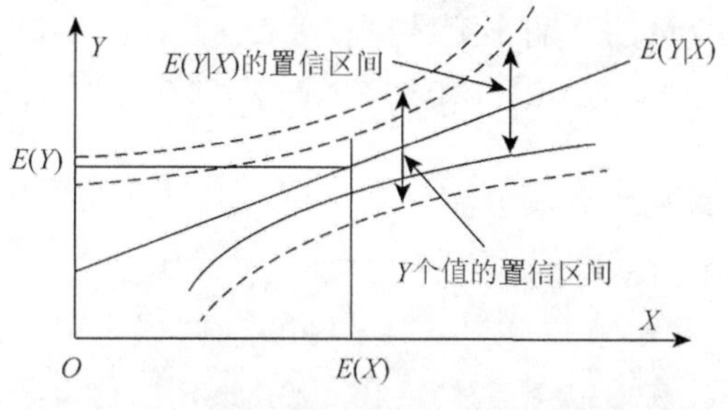

图 5-4　预测 $1-\alpha$ 的置信区间分布图

综合上述分析，在对于Y的总体均值$E(Y|X)$与个体值Y的预测置信区间，存在如下关系。

（1）样本容量n越大，预测精度（或称为准确程度）越高，反之预测精度越低。

（2）样本容量一定时，置信带的宽度，在X均值处最小，在其附近进行内插预测时的精度很高；而X越远离其均值，置信带越宽，即预测的精度将很快下降。

（3）样本容量和把握程度一定时，个别值预测的置信带宽度较平均值的置信带宽度，要宽出2倍的标准差。

（4）预测的精度不等于置信程度，不能将把握程度与预测精度混淆。当置信程度（即预测的把握程度$1-\alpha$）提高时，t值就随之增加，进而允许误差也随之扩大。所以预测的把握程度越大，其精度就越低。

4）R中对多元回归的预测

在R中内存中的predict( )函数只能进行点预测，具体用法见式（5-15），要进行区间估计需要加载forecast程序包，使用

forecast(拟合对象, 外推数据)　　（5-29）

在使用中要注意如下几点。

（1）拟合对象是指回归对象、ARIMA对象、自定义推算公式等作为预测依据的内容。

（2）外推数据newdata参数需要与回归对象相同的数据框格式来表达，是外推时使用的解释变量的预测期的取值，可以是一期的单组值或单值，也可以是多期的数据框或序列。一般情况下要以‘newdata = data.frame(x = c())’形式给出，且其中的x各变量名要与回归对象中保持一致。

（3）函数会自动给出80%和95%的置信区间的上下限，如果需要特殊的置信水平的预测区间，则需要给出‘level = 置信水平’的选项。

【例5.8】 利用forecast函数对回归对象HG2进行区间预测操作如下。

（1）观察回归对象的内容：

```
>HG2
Call:
lm(formula=GDP~0+LC+SCS+GZ+YY,data=JMSJ)
Coefficients:
 LC  SCS   GZ   YY
  1   1     1    1
```

（2）确定外生解释变量的两期预测数据框有：

```
>JSBL=data.frame(LC=c(200,300),SCS=c(100,120),GZ=c
(80,90),YY=c(60,50))
```

（3）使用预测函数及其测算结果如下：

```
>forecast(HG2,JSBL,level=0.9)
Point  Forecast    Lo 90       Hi 90
  1       440      439.9957    440.0043
  2       560      559.9957    560.0043
```

结果中给出了两期的点预测，以及 90%的置信区间。

5.3.4　预测效果的评价

检验预测效果的方法很多，多是在几种预测方法之间做比较和评价时才能使用，只有少数的以检验为基础的评价方法才可以单独使用。为此从如下几个视角介绍各类评价指标。

1. 基于残差的主要评价指标

设预测变量为 Y，预测结果值为 $\hat{Y}$，时序各时期为 t，预测期长度为 h，预测的基础期为 s，则基于残差进行预测效果评价的主要方法，都是以所得数值趋近于零为佳。所以这类方法主要在两个模型的预测比较中使用，即该类指标越小者，其对应的模型就越好。具体的主要测算指标如下。

误差均方根（root mean squared error，RMSE）

$$\mathrm{RMSE}=\sqrt{\frac{1}{h+1}\sum_{t=s}^{s+h}(\hat{Y}_t-Y_t)^2} \tag{5-30}$$

平均绝对误差（mean absolute error，MAE）

$$\mathrm{MAE}=\frac{1}{h+1}\sum_{t=s}^{s+h}\left|\hat{Y}_t-Y_t\right| \tag{5-31}$$

相对百分误差绝对值的平均数（mean absolute percentage error，MAPE）

$$\mathrm{MAPE}=\frac{1}{h+1}\sum_{t=s}^{s+h}\left|\frac{\hat{Y}_t-Y_t}{Y_t}\right| \tag{5-32}$$

泰勒不等系数（Theil inequality coefficient，Theil）

$$\mathrm{Theil}=\frac{\sqrt{\frac{1}{h+1}\sum_{t=s}^{s+h}(\hat{Y}_t-Y_t)^2}}{\sqrt{\frac{1}{h+1}\sum_{t=s}^{s+h}(\hat{Y}_{tt})^2}\sqrt{\frac{1}{h+1}\sum_{t=s}^{s+h}(Y_t)^2}} \tag{5-33}$$

2. 基于假设检验的评价方法

就单一模型做其自身的质量评价，主要是对预测误差是否显著进行检验，具体做法如下。

（1）假设形式

$\mathrm{H}_0:\hat{Y}=Y$；$\mathrm{H}_1:\hat{Y}\neq Y$

（2）检验统计量

$$T=\frac{Y_t-\hat{Y}_t}{S_t}\sim t(N) \tag{5-34}$$

该统计量是服从自由度为 N 的 t 分布，其标准化形式的分母是预测模型的估计标准误，不同的模型会有不同的算式，参见式（5-23）、式（5-26）、式（5-29）中的相关内容。自由度也是根据模型的变量数等因素确定的，参见式（4-2）的T检验内容。

（3）检验判断。在显著性水平 α 的要求下，与T检验相同。即当 $|T| < t_{\alpha/2}$ 时接受原假设，即预测效果很好；反之拒绝原假设，即预测效果不佳。

3. 差比评价系统

设 S 为预测变量的标准差，r 为预测值 $\hat{Y}$ 与观察值 Y 的相关系数，可以分别计算偏差比（Bias proportion，BP）、方差比（variance proportion，VP）、协方差比（covariance proportion，CP）等三个差比系数，用来说明各部分差异在预测误差中的占比情况，即三者之和为 $\mathrm{BP}+\mathrm{VP}+\mathrm{CP}=1$。具体计算指标如下。

BP 为

$$\mathrm{BP}=\frac{(\overline{\hat{Y}_t}-\overline{Y})^2}{\sum(\hat{Y}_t-Y_t)^2/h} \tag{5-35}$$

该指标是以预测值和观察值的均值是否相同进行评价的，用以说明偏差水平上的差异程度。

VP 为

$$\mathrm{VP}=\frac{(S_{\hat{Y}}-S_Y)^2}{\sum(\hat{Y}_t-Y_t)^2/h} \tag{5-36}$$

该指标是以预测值的标准差和观察值的标准差接近为依据评价的，用以说明变异造成的差异程度。

CP 为

$$\mathrm{CP}=\frac{2(1-r)S_{\hat{Y}}S_Y}{\sum(\hat{Y}_t-Y_t)^2/h} \tag{5-37}$$

该指标是以预测值与观察值的相关系数为依据评价的，用以说明相关性偏离的程度。

4. 速度评价指标

该方法是由Theli提出的，所以常称为Theli不等系数法。定义Theli不等系数为

$$U=\sqrt{\frac{\sum(P_t-A_t)^2/h}{\sum A_t^2/h}} \tag{5-38}$$

其中，P_t 为以 Y 的 t 期预测值为基础的边际变化率；A_t 为以 Y 的 t 期观察值为基础的边际变化率，即有

$$P_t=\frac{\hat{Y}_{s+t+1}-\hat{Y}_{s+t}}{\hat{Y}_{s+t}},\quad A_t=\frac{Y_{s+t+1}-Y_{s+t}}{Y_{s+t}}$$

该指标分析有如下几种情况。

（1）当 $U=0$ 时，有 $P_t=A_t$，说明模型的预测值与观察值一致，所以 U 接近于零是预测最佳的情况。

（2）当 $U=1$ 时，必有 $P=0$，说明预测值保持原水平不变。

（3）当 $U>1$ 时，表明 P 与 A 的符号相反，预测偏差加大，是预测的最差情况。

综合实训案例

SCHG 与 HG2 的对比评价

【例 5.9】 对模型质量的评价方法很多，而直接对其模拟的结果的评价主要使用一些评价指标。但是由于很多模型之间的现象和内容上的差异，许多指标不具可比性。为此在各种评价指标中要挑选部分具有可比性的指标用于不同类型的模型质量评价。例如，对宏观生产函数回归对象 SCHG 与分配法 GDP 的回归对象 HG2 之间的对比分析如下。

（1）基于残差的评价中，由于两类现象的差异，残差等内容都没有可比性，因此采取泰勒不等系数比较如下：

```
>sd(sccc)/(sd(log(sj$GDP/sj$ZBZY+1)*sd(SCHG$f)))
[1] 8.572186
>sd(HG2cc)/(sd(JMSJ$GDP)*sd(HG2$f))
[1] 1.360877e-11
```

从结果上看，HG2 的效果优于 SCHG。

（2）对两个模型的残差进行 T 检验，结果如下：

```
>qt(0.025,25,low=F)>abs(sccc/sd(sccc))
 1    2    3    4    5    6    7    8    9    10   11   12   13   14   15
TRUE TRUE TRUE TRUE TRUE TRUE TRUE TRUE TRUE TRUE TRUE TRUE TRUE TRUE TRUE
 16    17    18    19    20    21    22    23    24    25    26
TRUE  TRUE  TRUE  TRUE  TRUE  TRUE  TRUE  TRUE  TRUE  TRUE  TRUE
>qt(0.025,25,low=F)>abs(HG2cc/sd(HG2cc))
 1     2     3     4     5     6     7     8     9     10    11    12
TRUE  TRUE  TRUE  TRUE  TRUE  TRUE  TRUE  TRUE  TRUE  TRUE  TRUE  TRUE
 13    14    15    16    17    18    19    20    21    22    23    24
TRUE  TRUE  TRUE  TRUE  TRUE  FALSE TRUE  TRUE  TRUE  TRUE  TRUE  TRUE
   25        26        27        28        29        30        31
  TRUE      TRUE      TRUE      FALSE     TRUE      TRUE      TRUE
```

结果表明只有 HG2 中的 18 和 28 两个地区没有通过 95%把握的检验，说明 SCHG 好于 HG2。

（3）两个回归对象的偏差比、方差比、协方差比的计算：

```
>(mean(SCHG$f)-mean(log(sj$GDP/sj$ZBZY+1)))^2/mean
(sccc^2)
[1]0
>(mean(HG2$f)-mean(JMSJ$GDP))^2/mean(HG2cc^2)
[1] 0.01402639
```

```
>(sd(SCHG$f)-sd(log(sj$GDP/sj$ZBZY+1)))^2/mean(sccc^2)
[1] 0.1146092
>(sd(HG2$f)-sd(JMSJ$GDP))^2/mean(HG2cc^2)
[1] 0.02426021
>2*(1-cor(SCHG$f,log(sj$GDP/sj$ZBZY+1)))*sd(SCHG$f)*sd
(log(sj$GDP/sj$ZBZY+1))/mean(sccc^2)
[1] 0.9253908
>2*(1-cor(HG2$f, JMSJ$GDP))*sd(HG2$f)*sd(JMSJ$GDP)/mean
(HG2cc^2)
[1] 0.9860719
```

从结果上看，SCHG 在偏差比和协方差比上优于 HG2，而在方差比上不占优。

综合上述几方面的情况，虽各有优缺点，HG2 剔除极端值后会更好一些。

阅读与思考

理论与技术孰重孰轻

笔者在教学过程中所接触的学生和同仁，在科学研究工作中各有特点，尤其是老教师往往注重的是理论的系统性，而青年教师却常常注重技术方法的创新性。所以笔者在与青年教师的交流中了解到，某某方法正在流行、某某方法很有前景等说辞；而当笔者与老教师交流时，往往会感受到对思想或理论的评价较多，且某某理论的欠缺、某种思想的创新等体会。同时，从科研论文发表的数量上看，青年教师会有一段论文的高产期，而老年教师会有一段著作的高产期。这也在一个侧面说明了青年学者与老年学者的学术特点的不同，那么对于科学研究本身来说，是理论的系统性重要，还是方法的创新性更重要呢？这是笔者开始这一思考的第一反应。通过笔者理性地考察相关的问题，有如下体会。

一是理论作为科学研究的主体，越是完善就越有生命力，而且较为完善系统的理论其影响现实的能力就越强，所以越有经验的学者就越可能将精力投入在理论的创新研究上。同时，科学研究的效率真正体现在工具设备上，所以创新产生于青年。

二是两种都是不可或缺的，没有理论的技术创新，就会缺乏应用性。而没有技术的理论，只能是一种猜想，也没有任何现实意义。

三是在理论的指导下的技术创新，是有生命力的系统性理论的完善。在技术创新中发现是理论是意外是收获，往往是指重大的突破性发现。

为此，号召老教师多一点技术上的“时髦”，青年教师多一点理论上的思考，同时老中青结合的集体才是最有生命力的团队。

本章小结

在经济理论及相关假说的基础上，对反映经济规律性的参数进行检验和使用，即经济意义和预测性的使用检验。而经济意义检验主要是观察和加以约束的办法，从残差的角度采用 F 检验；从似然函数角度采用似然比、沃尔德、拉格朗日乘数等方法进行检验。使用性检验主要使用拟合对象进行预测，并对预测结果进行评价等内容。

✍作业与练习

1. 设计一个生产函数，并给出其参数的 1 阶齐次性约束形式及检验思路。
2. 对第 3 章作业与练习 2 中构建的并在第 4 章对其改进后的模型 M1 做约束性的经济意义检验。
3. 将本章所学的各模型质量评价的某种方法，试编为 R 的函数程序。

第6章

模型残差的检验

在 2.1 节已初步了解计量经济模型的基本形式。其中有关残差项的基本假设为：$\varepsilon \sim \text{i.i.d.}N(0,\sigma^2)$ 是独立同分布的正态平稳性变量。具体内容可以概括如下。

（1）残差项的期望值为零：$E(\varepsilon_i)=0$。

（2）残差的波动基本相同（同方差）：$\text{Var}(\varepsilon_i)=\sigma^2$。

（3）残差项之间应该是相互独立的（无自相关）：$\text{Cov}(\varepsilon_i,\varepsilon_j)=0$。

综合（1）和（2）说明残差项是与解释变量无关的平稳的随机变量，综合（2）和（3）说明残差为 $\sigma^2 I$ 的纯随机变量。这些假设是在模型正确的前提下，模型误差的基本表现，这时的残差中不包含重要的影响被解释变量的因素。所以残差项的检验，既是评价模型质量的手段，也是诊断建模问题产生根源的途径，为此也成为该课程所要研究的最核心内容之一。

6.1 残差的分布检验

有关残差项基本假设的最核心内容，就是所有的残差都独立地以相同的正态特征，平稳地分布在零的附近。即在模型建立正确的前提下，残差应该是只受随机性因素的影响，而表现为零均值同方差的随机正态分布变量。反之，模型的残差包含非随机等因素的影响时，往往会出现非正态或不平稳的状况。所以我们有必要对残差的分布做必要的检验，检验的主要做法就是先获得模型的残差序列，并对其进行图示观察与统计特征的测算，通过观察和测算进行是否服从正态分布的判断。由于早期的计量经济学主要用于截面数据的研究，所以最初的检验主要是正态分布的，之后的时序数据模型主要使用平稳性检验，现在较多地使用面板模型则两类检验都需要做。

6.1.1 图示法

通过对残差相关的图示分布特征等信息的观测，可以发现其分布的特征规律，以及可能存在的问题，所以图示法是广受欢迎的诊断方式。在估算完成回归对象后，使用 plot 函数可以直接绘制出有关残差分布特征的四幅图，如图 6-1 至图 6-44 所示。函数使用形式为

plot(回归对象)　　（6-1）

该函数所绘制的四幅分析图能够帮助我们确定进一步的分析方向。现以例 4.1 中的 HG2 回归对象为例说明如下。

1. 残差趋势分布图

这是一个以回归拟合值为横轴，以对应的残差为纵轴的分布图示。意在不同的拟合水平下，残差都应该在零的附近分布，其中的趋势线说明残差整体上偏离零的程度。图中以两倍的标准差为界限，超出界限的点都为离群点，并在该离群点处标出了该点在残差序列中出现的位置，如图 6-1 所示。

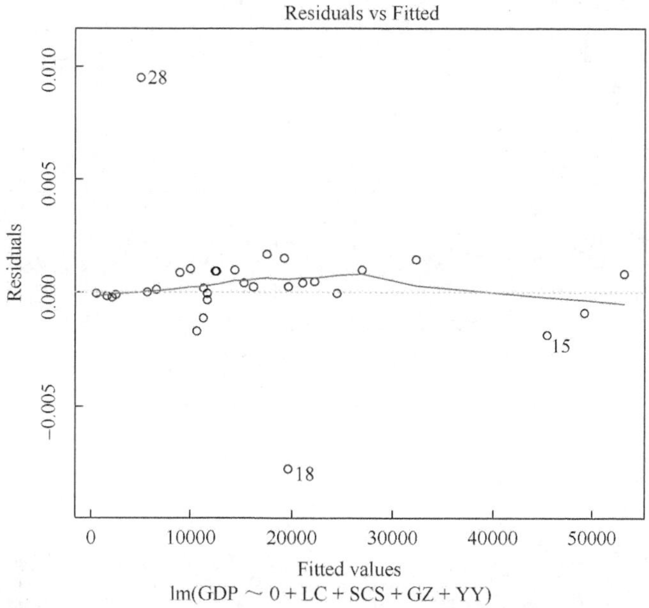

图 6-1　HG2 的残差分布图

2. 正态分布 qq 图

该图的横轴是正态分布理论上的分位数据，是按照残差对应的数量生成的随机数据，作为正态参照系。纵轴是模型的残差与参照系对应的分位数，即标准化的残差作为比较的数据。当两者的分布一致时，将形成对角线式分布的散点图；而当两种分布不一致时，将偏离对角型分布。由于取值的范围问题，现实的图形未必形成真正的对角分布，所以在其散点的基础上添加分布的指导线，来帮助判断是否正态的程度。如图 6-2 所示的情况，当存在离群点时也会标注上相应的位置。

3. 残差距离趋势分布图

该图的横轴是模拟趋势值，纵轴是标准化残差绝对值的平方根，其中的趋势线是残差距离的变化趋势。表明残差距离零点的偏离程度，一定程度上反映了异方差的可能性，如图 6-3 所示。

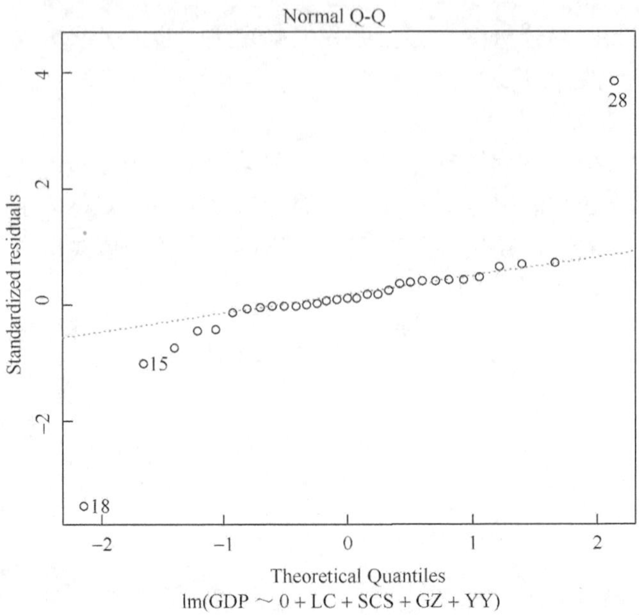

图 6-2　HG2 残差的正态分布 qq 图

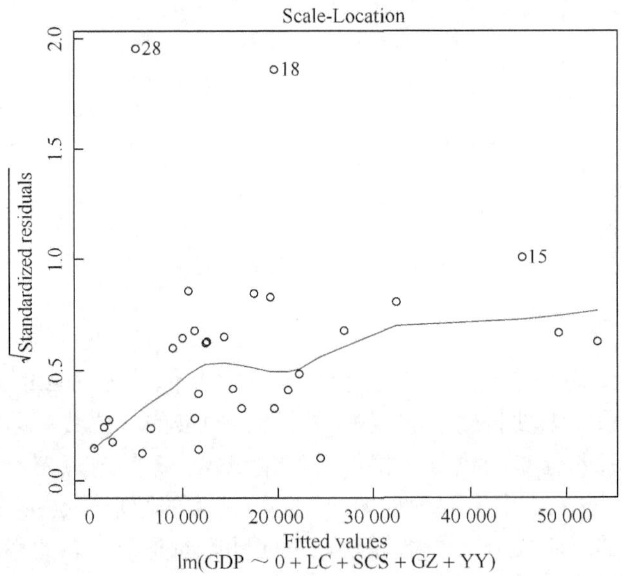

图 6-3　残差的距离比重图

4. 库克距离图

残差分布的库克距离图主要是分析各异常值作用强度的直观方法，一般以 0.5 以内为正常值，大于 1 为异常值，如图 6-4 所示。

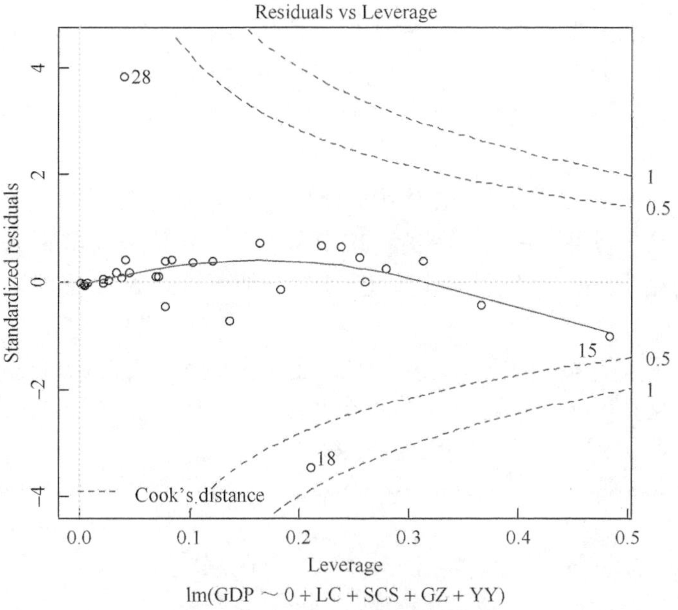

图 6-4 残差分布的库克距离图

在上述四幅辅助分析图中，当回归拟合的效果较好时，残差应该在 0 的附近分布，各指导线可以帮助我们判断残差的分布特点，尤其偏离的各点很可能是由于残差分布的不平稳，其成因要单独分析以修改模型。

6.1.2 统计量法

图示分析多是粗略的形象分析，而计量经济分析需要精准的分析结论，所以我们需要使用描述统计等方法，对残差的分布做出判断。

1. JB 统计量法

Jarque 和 Bera 创建的用于判断变量是否服从正态分布的统计量简记为 JB 统计量。即在样本服从正态分布的假设下，计算如下统计量

$$\mathrm{JB}=\frac{n}{6}\left(s^2+\frac{(K-3)^2}{4}\right)\sim\chi^2(2) \tag{6-2}$$

其中，s 为偏度；K 为峰度；n 为样本容量。一般在检验时使用 JB 统计量与卡方分布的临界值比较进行，即当趋近卡方临界值时否定正态原假设。

1）自编的 JB 检验程序

由于没有发现 R 平台中的 JB 检验函数，所以编制一个该检验的函数，可供以后使用。具体编程如下：

```
JB<-function(x){pchisq((length(x)/6)*((mean((x-mean(x))^3)/
sd(x)^3)^2+((mean((x-mean(x))^4)/var(x)^2)-3)^2/4),length(x)-1,
low=F)}
```

（6-3）

该程序的运行结果是一个卡方分布的概率，即 JB 统计量右侧的累计概率值。当该概率值小于 0.05 时，就有 95%以上的把握认为所观察的变量不是正态分布的。该概率值越大则说明数据服从正态分布的可能性就越大，而该概率越小否定正态性分布原假设的把握性就越大。

将上述程序复制到文本文件 JB.R 中，使用时只需要在 R 软件的控制平台上，选择运行该脚本文件或者使用 source(″路径\\JB.R″)命令，就可以将其读入内存，如其他函数一样使用。使用中不只是残差，其他任何变量都可以通过该函数来判断其是否服从正态分布。

【例 6.1】 提取例 4.1 中回归对象 HG2 的静态残差 e 代入 JB.R 函数中检验其正态性，同时提取例 3.8 中回归对象 SCHG 的动态残差 *E* 进行正态性检验，有

```
>source("C：\\涛涛\\自编程序\\JB.R")
>resid(lm(GDP～0+LC+SCS+GZ+YY, JMSJ))->e
>JB(e)
[1] 2.73452e-08
```

计算结果是概率很小，表明 HG2 的残差服从正态分布的可能性几乎没有。

```
E<-esid(SCHG)
>JB(E)
[1] 1
```

计算结果表明 SCHG 的残差肯定是正态的。

2）对残差序列做初步的描述统计

通过对残差序列的偏态和峰度的测算，可能会帮助我们初步诊断问题的根源所在。

【例 6.2】 使用自编的 MSTJ.R 程序对回归对象 HG2 的残差 e 和回归对象 SCHG 的残差 E 进行描述分析有

e:	平均数	方差	标准差系数	中位数	偏度	峰度
[1，]	0.0002789059	5.468081e-06	8.384163	0.0002515283	0.6081413	12.15415

E:	平均数	方差	标准差系数	中位数	偏度	峰度
[1，]	–1.934884e-18	0.002605487	–2.63809e＋16	–0.01623571	0.5305802	1.962986

从描述分析中可以看出如下两点。首先，两个残差都属于正偏分布，即存在较大的极端值，说明回归模拟在极端点上严重低于实际值，可能是遗漏了重要的正向作用的影响因素。其次，HG2 的峰值过高，结合偏度的极端值的存在，说明其可能的高峰厚尾的分布，异方差的可能性较大，需要做进一步的分析；而 SCHG 的峰值过低，结合偏度极端值的存在，说明其残差的分布发散、可能自相关等情况，需要做进一步的分析。

2. 残差的平稳性检验

平稳性实质上是时间序列的正态性，尤其是时序残差项也称为白噪声过程，即时序分布呈现白色光谱一样的随机干扰特征，这也是时序建模中对残差项必做的检验内容。

1）残差平稳性检验的基本要求

在 R 中检验平稳性的工具很多，这里使用式（5-16）介绍的 PP.test 函数，只是要注意：由于伪回归的普遍存在，对残差项的平稳性检验，需要更高的把握程度，因此主张

检验的显著性水平值 $\alpha \leqslant 0.01$ 为好。

【例 6.3】 提取例 4.1 的回归对象 HG2 的静态残差 e 检验其平稳性，同时提取例 3.8 的回归对象 SCHG 的动态残差进行平稳性检验，并比较两者的结果。

（1）对 HG2 的残差 e 检验如下：

```
>PP.test(e)
        Phillips-Perron Unit Root Test
data:e
Dickey-Fuller=-5.6224,Truncation lag parameter=2,p-value=0.01
```

（2）对 SCHG 的残差 E 检验如下：

```
>PP.test(E)
        Phillips-Perron Unit Root Test
data:E
Dickey-Fuller=-1.7512,Truncation lag parameter=2,p-value=0.6672
```

可见：截面数据模型的残差平稳，时序数据模型的残差不平稳。

结合例 6.2 分析并对比两个结果，说明 HG2 的静态残差易通过平稳性检验，不易通过正态性检验；而 SCHG 的动态残差易通过正态性检验，不易通过平稳性检验。这两种不同视角的检验是不能相互替代的，只有都通过检验的模型才是比较合理的模型。

2）残差非平稳时的可能问题的原因

残差出现不平稳说明回归模型是不属于同一协调系统的伪回归，该模型不可使用。其产生的原因如下。

（1）基本理论错误。因模型是依据一定的理论构想设定的，如果理论错误模型中的解释变量必然不能完全解释被解释变量的改变，且必然在残差上表现出来。所以在出现残差非平稳时，很有可能是其根源性的理论产生的问题。

（2）方程式表达错误。在基础理论正确的情况下，模型的表达形式能否恰当地表述理论的核心内容，也会使最终在模型的残差中表现出来。所以当模型的形式略有改变时，模型的残差都会产生不同的结果，而且还是相当敏感地表现为不平稳或非正态等特征。

（3）数据观察的偏误。计量经济建模依赖于对现实的客观调查所获得的统计数据，如果统计观察准确，且不存在上述系统性问题，则残差的分布将是正态的平稳的。而在出现分布问题时，除理论和构模的问题外，就是我们所观察的现实统计资料问题了。尤其是在统计数据不独立的环境中，数据出现的问题往往是主要的根源。为此在建模过程中要尽可能地获取客观的现实观察数据，在准确度量研究对象的前提下进行分析才有理论和现实意义。

6.2　同方差的检验

残差项的分布假设中隐含着同方差假设，对该假设的违背就是异方差性。这是建模过程中较为常见的现象，其对模型质量的影响是我们关心的事项，就有关问题介绍如下。

6.2.1 异方差性及其对模型的影响分析

对于模型 $Y_i = \beta_0 + \beta_1 X_{1i} + \beta_2 X_{2i} + \cdots + \beta_k X_{Ki} + \varepsilon_i$，同方差的假设是 $\sigma^2 I$。如果出现

$$\mathrm{Var}(\varepsilon_i \mid X_i) = \sigma^2 w_i \neq \sigma^2 I \tag{6-4}$$

即对于不同的样本点，随机误差项的方差不再是常数，而是随着解释变量 X 而有改变的量，则认为出现了异方差性。如图 2-4 所示的异方差性，表现为随着解释变量 X 的改变，被解释变量 Y 的变化波动幅度是不同的。因此同方差也可以表述为 $\mathrm{Cov}(X,\varepsilon) = 0$，而异方差则可表述为 $\mathrm{Cov}(X,\varepsilon) \neq 0$。建模中异方差性的出现是普遍的现象，而产生异方差对建模的危害，以及其存在的形式和原因等内容，都是我们所关心的重要知识点。

1. 异方差的类型

异方差表现为随着解释变量的改变，残差呈现出不稳定的变化。而这种变化可能是有规律的趋势或波动，也可能是无规律的改变，可归为如下三类。

1）单调趋势型异方差

模型残差的方差 σ_i^2 随着 X_i 的增大而不断增大（或缩小）时，称为单调趋势型异方差。具体可以分为递增的和递减的两种情况，这往往是遗漏了与 X 变化方向一致的重要解释变量造成的。

【例 6.4】 设 X 与 Y 的因果关系形式为 $Y = f(X, X^2) + \varepsilon$，则 X 与 X^2 都是重要的解释变量。但是在建模中遗漏了 X^2，即所建模型为 $Y = f(X) + u$，则在残差 u 中必然包含着平方项 X^2 的作用，即有 $u = X^2 + \varepsilon$ 的关系存在。而在 $X \in R_+$ 时，X 与 X^2 将是正相关的关系，这时的残差 u 必会表现出随着 X 的增加而递增的情况。若 $X \in R_-$，则 X 与 X^2 将是负相关的关系，这时的残差 u 必会表现出随着 X 的增加而递减的情况。

2）复杂型异方差

模型残差的方差 σ_i^2 随着 X_i 的变化而呈现先增（减）后减（增）、或增减增、或减增减等非线性有规律的改变时，就属于较为复杂型的异方差。例如，在例 6.4 中，若 $X \in R$，即 X 在实数范围内取值，则 X 与 X^2 将呈现为抛物线的关系，这时的残差 u 必会表现出随着 X 的增加而从递减到递增的变化过程。

3）无规律的异方差

当残差的方差不平稳，也无规律地随某解释变量而改变时，可能是伪回归的结果。说明该模型是不可使用的非因果关系的方程。

2. 异方差的危害

如果存在异方差，而我们仍然按其符合基本假设来估算模型的参数，则会产生如下后果。

1）参数估计量有偏且无效

在式（3-14）的参数无偏性证明中，使用了解释变量 X 与随机误差项 ε 之间的独立性假设，才保证了参数估计量的无偏性。而当 X 与 ε 相关时，就无法保证其无偏性了，且两者相关程度越高越不能保证。所以在存在异方差时，参数的估计是有偏的（并非如某些教科书所言是无偏的）。

同时，式（3-15）的有效性证明都是在$\sigma^2 I$（即同方差和无自相关）的假设下进行的，即符合基本假设时，$\mathrm{Var}(B)=\sigma^2(XX')^{-1}$才为最小值；而在异方差存在时，有$E(\varepsilon\varepsilon')=\sigma^2 W$，即$\mathrm{Var}(B)=\sigma^2 W(X'X)^{-1}$将不再是最小值，且随着$W$的改变可能会使参数的方差更大。同时也可以证明，参数估计量也不具有渐近有效性。

这些事实说明在存在异方差时，如果仍然采用普通最小二乘估计方法，则所得的参数将是有偏的，且是无效的，所以存在异方差是模型的严重缺陷。

2）变量的显著性 T 检验失去意义

在变量的显著性中，构造了统计量$t=B/S(B)$，是建立在总体标准差σ为不变的常数假设下的随机变量，且正确估计了参数方差$S(b_k)$基础上的检验。如果出现了异方差，估计量中的$S(b_k)=\mathrm{sqrt}(\mathrm{Var}(B))$就会产生偏误，T 检验就失去了意义。其他涉及 $\mathrm{Var}(B)$ 的各类检验也是如此，即存在异方差使统计检验失效。

3）模型无法使用

在使用模型的各个领域中预测是最简单的应用，即不论采用什么方法，只有方向正确就会得到较为准确的预测结果。但是存在异方差时，由于统计的估计和检验都失效了，所以依据参数B的有偏的点预测和区间预测，都会因B的有偏和标准差的增大而使预测误差变得更大，进而引起预测方向的错误和精度的降低，预测功能就失效了。因此在异方差出现时，我们所估算的回归方程是无效的，即使是简单的预测也不能使用。

6.2.2　同方差性的检验技术

对模型的残差是否为同方差的检验，可以从异方差的定义出发，即看残差项数据变化是否随着解释变量的变化而呈某种规律性。即检验随机误差项的方差，与解释变量观测值之间的相关性及其相关的形式。因此，一般的处理方法是首先采用普通最小二乘法估计可能的回归方程，以求得残差项的估计量$e=Y_i-(\hat{Y}_i)_{\mathrm{OLS}}$，即用

$$\mathrm{Var}(\varepsilon_i)=E(\varepsilon_i^2)\approx e_i^2 \tag{6-5}$$

表示随机误差项的方差序列，进行e与某X的相关性分析。具体做法如下。

1. 图示方法

用X-Y的散点图或X-e的散点图都可以进行相关的判断，即以X顺序数据为横轴，以实际值Y的数据或残差e的数据为纵轴，来绘制散点图。

1）含有趋势的X-Y分布特征图

根据蒙特卡罗模拟可以得到随着X的改变，Y的变化及其分布情况的图示。通过图示的变量间的关系和残差特点的观察，来理解残差的分布特征。

（1）线性趋势的分布特征。如果是线性模型，其散点与残差的分布情况如图 6-5 所示。Y不仅包含趋势的变动，还包含残差的分布情况。

（2）非线性趋势时的残差特征。当趋势是非线性时，若使用线性估计，则残差的分布将会呈现明显的规律性，即产生复杂型异方差。例如，具有平方趋势的时序，其残差的表现如图 6-6 所示。

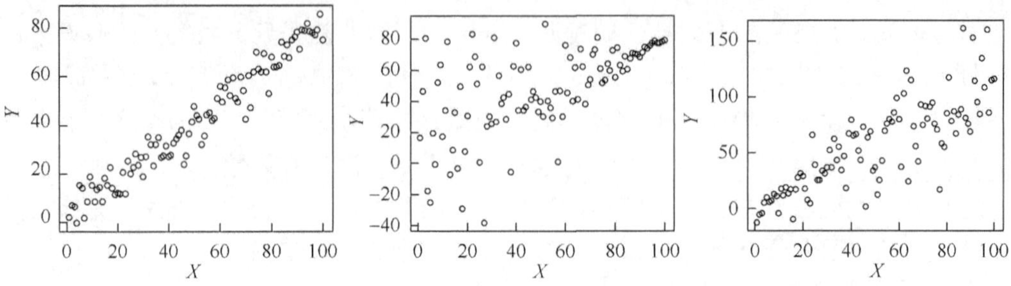

(a) 线性趋势同方差　(b) 线性趋势递减异方差　(c) 线性趋势递增异方差

图 6-5　线性趋势时 X-Y 平面的散点分布图

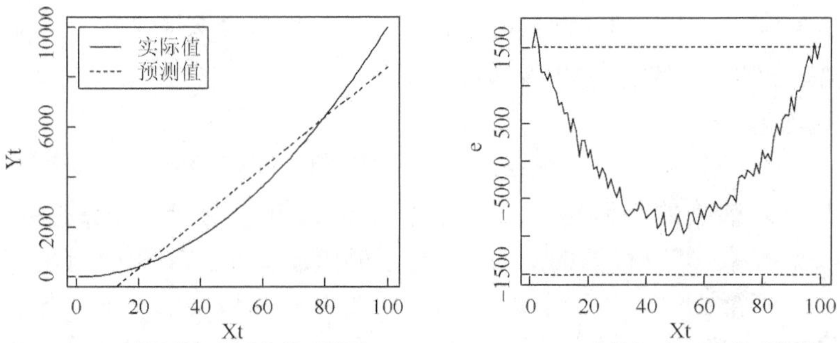

(a) 实际值与预测值的对比图　(b) 残差与2倍标准差对比图

图 6-6　平方趋势时使用线性回归的残差效果图

2）剔除趋势后的残差分布图

一般情况下，如果使用 X-e 的散点图，会更为直观和清晰地反映出递增或递减的异方差，如图 6-7 所示。

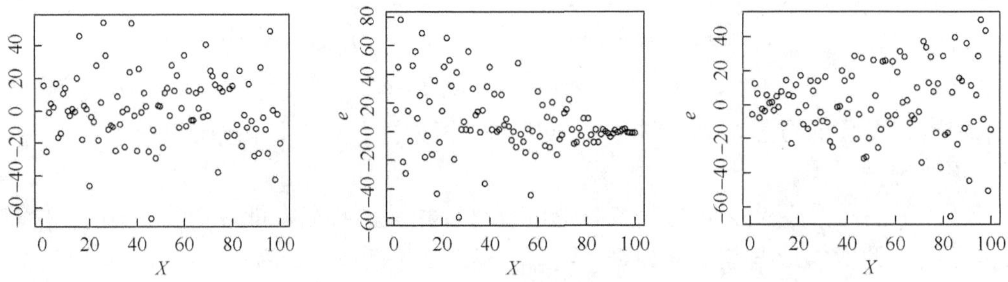

(a) 同方差　(b) 递减异方差　(c) 递增异方差

图 6-7　残差分布图

当然，也经常有人使用 $X-e^2$ 来观察残差的分布，因为它更接近于方差，如图 6-8 所示。

在较为复杂的非线性趋势情况下，如果我们使用线性模型，则必然产生异方差，且异方差的主要表现是残差有规律的分布，如图 6-6 所示。即在高次趋势情况下，多数残差将呈 U 形、倒 U 形、S 形或反 S 形分布，而残差的平方将呈现为 W 形或 M 形分布；

以及指数幂等趋势情况下，还多呈现为 J 形或 L 形等分布。

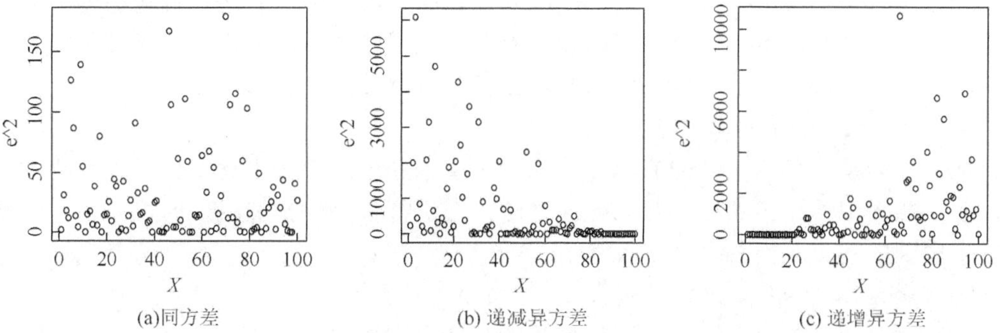

图 6-8 残差平方的分布图

通过图形的形状，我们可以初步判断其可能的趋势，在寻找到恰当的趋势方程来修正原有模型，修正后的模型残差应部分或全部消除异方差性了。

2. 异方差检验技术的发展

依据图形的判断往往是粗略的，且对简单明显的关系才能有效。而较为精确的方法，就是以统计量的分布为依据进行判断的方法，为此人们做过很多的探索。

1）戈德菲尔德-匡特（Goldfeld-Quandt）检验

这是两位学者于 1965 年提出的，判断异方差的存在及类型的基本检验方法。基本做法就是将数据依一定的顺序分为两部分，分别以线性回归估算两个回归方程，并获得两部分的残差等数据；然后采用 F 检验来判断两部分残差的差异程度，如果两部分残差基本相同就属于同方差；如果前部分残差的方差大于后部分的，就是递减的异方差；反之，就是递增的异方差。

这种方法的 R 程序在 lmtest 包中，可以使用 gqtest(回归对象)函数来完成。该检验的作用很有限，无法判断解释变量与残差的具体关系形式。而为了寻找残差与解释变量间可能存在的具体形式，很多学者对此进行了大量的探索，并提出了很多的方法。

2）戈里瑟（Glejser）和帕克（Park）的方法

由戈里瑟和帕克于 1969 年提出，以残差 e 或$|e|$为被解释变量，以模型中解释变量的各种形式，如倒数、乘方根、乘方根的倒数、对数等数据，为残差回归方程的解释变量，进行回归并经过统计检验来证明异方差性。具体方程如下。

（1）戈里瑟检验的基本形式为

$$|e| = X^h + \varepsilon \tag{6-6}$$

（2）帕克检验的基本形式为

$$e^2 = \sigma^2 X^\alpha \exp(\varepsilon) \text{ 或 } 2\ln e = \ln(\sigma^2) + \alpha\ln(X) + \varepsilon \tag{6-7}$$

与其说这是一种方法，不如说他们提出了一种思想，即通过回归模型来判断异方差的形式。他们所提出的检验形式并不具有普遍性，但是沿着这一思路是可以最终找到比较合理的形式的。即如果某一种函数形式显著，则不但说明了原模型存在异方差性，还可以找到产生异方差的根源。

3）布劳殊和帕干（Breusch-Pagan）的方法

20世纪70年代由布劳殊和帕干提出的，以参数约束的方式进行假设检验的方法，其检验统计量主要是F和LM，其为异方差的检验思想和方法的形成奠定了基础。该检验的程序也在lmtest包中，可使用bptest(回归对象)函数进行检验。

3. 怀特（White）检验方法

怀特检验是由怀特于1980年提出的，其基本原理综合了上述多位学者的思想与方法，并主要采用了拉格朗日乘数LM的做法，在进行显著性检验的同时，还得到了异方差产生原因的初步判断。

1）怀特检验的基本步骤

在同方差假设前提下进行的怀特检验的步骤及主要内容如下。

（1）利用原回归模型获得残差项的数据 e，并以 e^2 为检验辅助回归方程的被解释变量，即作为误差项方差的代表值。

（2）对 e^2 与所有的解释变量及其平方、交叉乘积各项同时进行回归，并判断回归系数的显著性，由此建立起 e^2 与 X 决定因素之间关系的辅助回归方程。该方程中显著项的内容，就是引起异方差的主要原因。

（3）使用辅助回归方程的判定系数为基础，构建卡方的检验统计量。并在显著性水平的制约下，判断异方差的程度。例如，对二元线性回归方程，可建立如下检验用的辅助回归方程：

$$e^2 = c_0 + c_1X_1 + c_2X_2 + c_3{X_1}^2 + c_4{X_2}^2 + c_5{X_1}^3 + c_6{X_2}^3 + c_7X_1X_2 + u \tag{6-8}$$

怀特将样本容量 n 与该检验辅助回归方程的判定系数 R^2，构成的卡方统计量为

$$nR^2 \sim \chi^2(H) \tag{6-9}$$

其中，H 为该辅助方程的解释变量（常数项除外）的个数。当 $nR^2 > \chi^2\alpha(H)$ 时，否定原假设，认为存在异方差。

2）怀特检验的应用

怀特检验是具有普遍意义的检验方法，因为其可操作性的特点，所以能够得到广泛的应用。而在其应用中也常会遇到如下主要问题。

（1）自由度的问题：在辅助回归方程中，解释变量过多会减少其有效的自由度，在样本有限时使检验无法进行。为此，可以使用原回归方程的回归值作为辅助回归方程的解释变量来获得构建卡方统计量初始判定系数。即辅助回归方程为

$$e^2 = c_0 + c_1\hat{Y} + c_2\hat{Y}^2 + u \tag{6-10}$$

该方程的初始判定系数与原辅助回归方程的初始判定系数基本相同，即有

$$nR^2 \sim \chi^2(2) \tag{6-11}$$

检验时对异方差性的判断与原辅助回归方程一致，只是具体哪个解释变量是引起异方差的原因分析，是该方程很难做到的。为此，可参考使用如下自编程序：

```
CCYFC.test<-function(HG){HGf<-predict(HG);cc<-resid(HG);n<-length
(cc);
fzhg<-lm(cc^2 ~ I(HGf)+I(HGf^2)+I(HGf^3));R2<-summary(fzhg)$r.
```

```
squared;
Ka<-pchisq(n*R2,length(fzhg$coef)-1,low=F);if(Ka<0.05={list (Ka,
summary(fzhg))}else{Ka}}
```

该程序使用时要输入回归对象，运行中以 0.05 的显著性水平给出结果：即当 95%的把握认为是同方差时，只给出 LM 乘数检验显著性小概率水平；而认为存在异方差时，还要给出辅助回归方程及其统计检验的结果，以帮助进行异方差原因的判断。

当辅助回归方程中的某解释变量显著时，该变量所包含的因素就是引起异方差的原因。而辅助回归方程的各解释变量都不显著时，就要寻找其他的原因来做进一步的分析。可考虑将原模型的残差为被解释变量，将原模型中各解释变量的更高次方，及其交叉项为解释变量，再次使用辅助回归方程来分析，判断具体引起异方差的原因。

【例 6.5】 对回归对象 HG2 和 SCHG 提取残差 e 和 E，使用自编的怀特检验程序 CCYFC.test.R 进行同方差性检验操作如下：

```
>CCYFC.test(HG2)
[1] 0.9579654
>CCYFC.test(SCHG)
[1] 0.253564
```

该结论的概率都大于 0.05，表明两个回归方程 HG2 和 SCHG 的残差都不存在异方差现象。

6.2.3 异方差问题解决

当发现模型存在异方差时，首先要尽可能地查找其产生的原因，以便对症修正模型。从直观上看产生异方差的原因，主要是模型未能将 X 的作用全部解释出来，还有一部分仍然存在于残差之中，为此，从其产生的根源探究出发，讨论如下三种修正方法.

1. 模型的形式错误

这是产生异方差性的最直接原因，即解释变量 X 的作用只被部分纳入方程之中，往往还是线性的部分。结合怀特检验的结果，采取如下做法。

1）增加解释变量的高次项

如果怀特检验辅助回归方程的解释变量平方项或立方项显著，则说明该变量的非线性作用显著，就应该在原线性模型中加入其高次方项，将其修正为非线性模型。

2）增加解释变量之间的交叉项

如果怀特检验的辅助回归方程的交叉项显著，则应该据此加入该项，使得原模型遗漏的非独立项的作用从残差中分离出来。

注意：当增加这些非线性因素后，要对模型进行全面的重新检验，发现问题继续调整，直到模型完全通过各项检验。

2. 遗漏了重要的解释变量

由于理论上或观察视角上的原因，原模型中所选择的解释变量 X，从而遗漏了重要的解释变量 Z。所以在检验中出现异方差性，其作用机理如下。

1）遗漏的重要解释变量是主导变量

当我们所选解释变量 X 属于被动的从属变量时，就可能不是决定被解释变量的根本原因。而真正的原因变量是 Z，且 X 和 Z 高度相关，设 Z 与 X 的关系为 $X = Z(Z,\cdots)$，一般情况下 Z 对 Y 的作用大于 X 对 Y 的作用时，Z 通过 X 传导所未能体现的部分作用就会隐含在残差项中，表现出异方差性。因此在模型设计的理论分析中，一定要切实找准真实的影响因素，使模型能本质地反映客观的因果关系。

2）遗漏的重要解释变量是独立变量

当遗漏的重要解释变量 Z 与原模型的解释变量 X 不相关时，对模型的估计只影响到截距项和残差项（参见 9.1 节的相关分析）。而 β_X 仍属于无偏估计，但是当 Z 和 X 具有某种巧合的趋势时，就会表现为异方差性的特点。所以，在构建模型时要尽可能地将主要的影响因素都纳入其中，经显著性检验而精炼（从一般到具体的建模思想）是不错的选择。

3. 观察的欠缺与数据核算问题

由于样本观察的原因，我们缺乏模型所需要的支持信息，这方面的常见情况如下。

1）数据核算导致异方差

调查的缺乏导致数据不足，于是人们常采取间接推算的方式来弥补数据的欠缺。而进行间接核算的数据，常会表现为从属地位或不是主要的决定因素，并在残差中表现为异方差性。

2）数据分组导致的异方差

当解释变量的水平与其方差相关时，就会引起模型的残差产生异方差性。例如，在收入决定储蓄的研究中，不同收入水平的人们有着不同的储蓄倾向。而在建模中忽略了这一特点，而不加区分地使用不同水平的数据，测算出固定的储蓄倾向，则这种模型就很容易产生异方差性问题。然而这类问题的解决，只有简单使用分组设计模型就可以实现。从这种意义上看，这也属于模型的形式设计问题，但是它严重依赖于数据的分组统计分析。

6.3 自相关性检验

在残差基本假设中的第二个具体假设就是无自相关，对其违背的情况称为自相关性。其主要表现、产生的原因和后果，都是我们学习中要明确的内容。

6.3.1 残差自相关及其后果

在模型 $Y = X\beta + \varepsilon$ 中随机项互不相关的基本假设常表述为

$$\mathrm{Cov}(\varepsilon_i,\varepsilon_j) = 0\text{，}\quad i \neq j\text{；}\quad i,j = 1,2,\cdots,n \tag{6-12}$$

如果对于不同的样本点，随机误差项之间不再是独立的，而是存在某种相关性，则认为出现了自相关。这种违背了无自相关的假设的情况，在时间序列建模中就称为序列相关性。

在其他假设仍然成立的条件下，自相关还意味着 $E(\varepsilon_i\varepsilon_j)\neq 0$；如果同方差假设成立，则在同方差下的自相关可用矩阵表述如下：

$$\begin{pmatrix} \sigma^2 & \sigma_{12}^2 & \cdots & \sigma_{1n}^2 \\ \sigma_{21}^2 & \sigma_{22}^2 & \cdots & \sigma_{2n}^2 \\ \vdots & \vdots & & \vdots \\ \sigma_{n1}^2 & \sigma_{n2}^2 & \cdots & \sigma_{nn}^2 \end{pmatrix} = \sigma^2\varPhi \neq \sigma^2 I \tag{6-13}$$

人们习惯上以 $\sigma^2 I$ 表明无异方差且无自相关时的基本假设，以 $\sigma^2 W$ 表示无自相关有异方差的情况，$\sigma^2\varPhi$ 表明无异方差有自相关的情况，以 $\sigma^2\varOmega$ 表明既有异方差又有自相关的情况。自相关是经济建模中常见的问题，对存在序列自相关的模型，如果仍采用普通最小二乘法估计模型参数，会产生与异方差性一样的严重后果。即参数估计量有偏且非有效、变量的显著性检验失去意义、模型的预测失效等三方面的表现。

6.3.2　自相关性的检验方法

与异方差性检验类似，自相关的检验也可以分为两类：一类是简单直观的图示方法；另一类是以统计量的分布为依据的 P 值检验方法。在 P 值检验法的探索中，由杜宾（Durbin）和瓦特森（Watson）在 1950 年提出的 DW 检验为标志，在一般的教科书中都有介绍，但是由于其应用条件苛刻，适用范围很有限，且还存在很大的无法判断的空间，所以本书不做介绍。这里只就较有实用价值的主要检验方法介绍如下。

1. 检验的基本思想与图示方法

由于各残差项之间的相关形式很多又很难把握，所以人们在模型是否存在自相关的信息未知时，可以直接采用普通最小二乘法来估算方程，以获取残差的近似估计值。并对残差的分布及残差间的相关性进行观察和计算，其主要的图示观察可从残差的自然分布状况和前后期残差的散点分布两种视角出发分别绘制，并简介如下。

1）无自相关时的图示特征

在没有自相关时，残差的自然分布图会表现出在 0 的附近没有规则的均匀的散点分布状况；而只是其前后期间的散点图中，也会表现出在 0 的附近随机性同方差式的均匀分布特征，如图 6-9 所示。

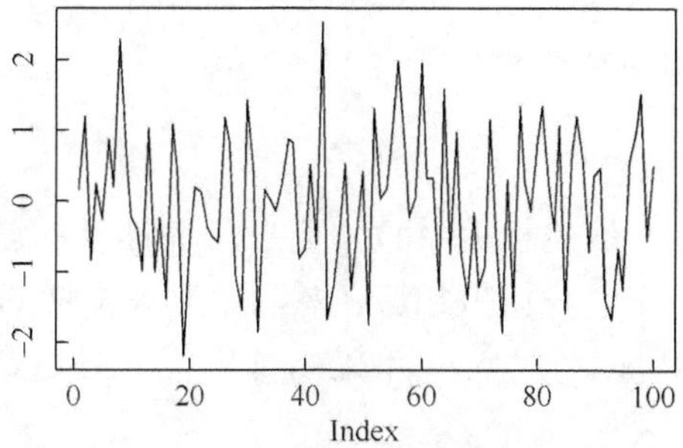

(a) 残差自然顺序分布图

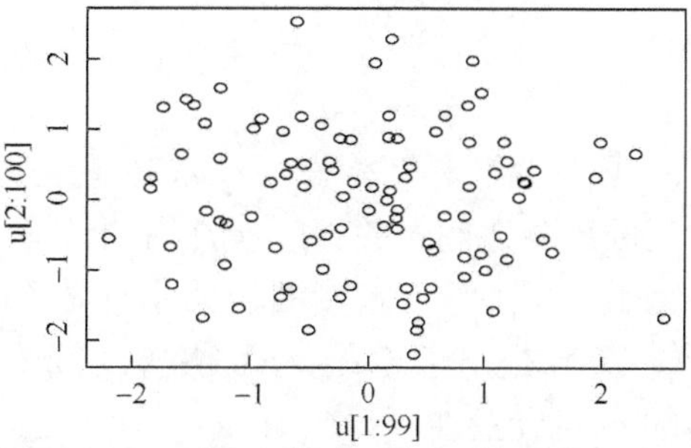

(b) 残差与其一阶滞后散点图

图 6-9　无自相关的残差分布图

2）正自相关时的图示特征

存在正的自相关时，残差的自然分布图往往呈现出有规律的集中分布特征，如一些大于零为主的集中分布群之后，又会有一些小于零为主的集中分布等现象的交替出现；而前后期之间的散点分布图，则会出现正相关的散点分布特征，如图 6-10 所示。

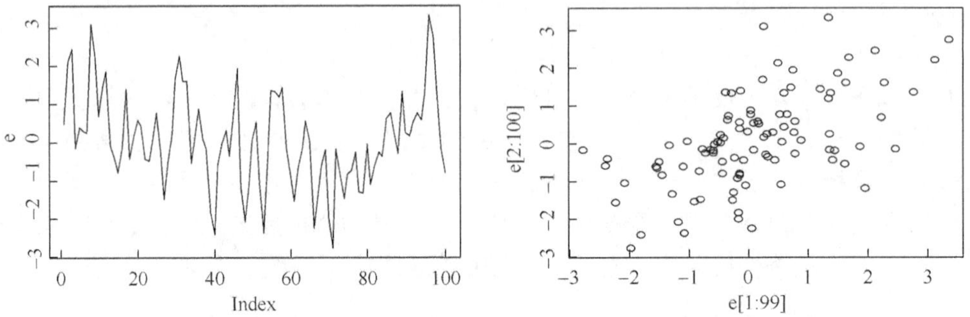

(a) 残差自然顺序分布图　(b) 残差前后期之间的散点图

图 6-10　正自相关时的残差分布律

3）负自相关时的图示分布特征

存在负的自相关时，残差的自然分布图示将呈现出正负残差交替出现，且非常频繁的情况；而残差的前后期之间的散点分布图，将明显呈现出负相关的分布特征，如图 6-11 所示。

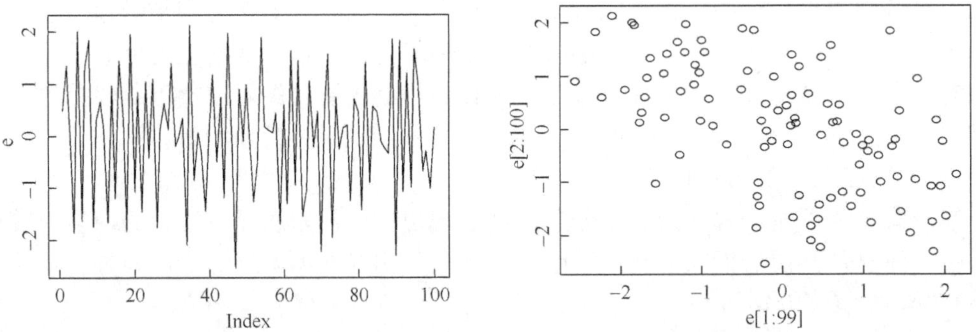

(a) 残差自然顺序分布图　(b) 残差前后期之间的散点图

图 6-11　负自相关时的残差分布律

2. 自相关显著性检验的 Q 统计量法

反映现象之间相关程度最常用的统计指标，就是相关系数，而自相关涉及的就是自相关函数。然而什么程度的相关才是显著的，需要我们做相应的检验。Box 和 Pierce 为此于 1970 年提出了 Q 统计量，后来 Ljung 和 Box 又于 1978 年提出了更优的且适合于小样本的 Q 统计量如下：

$$\mathrm{QLB} = T(T+2)(R'R)/(T-P) \sim \chi^2(P) \tag{6-14}$$

该统计量中 T 为序列长度，P 为最大滞后期，R = acf (序列名, P)是由各 $p = (1, 2, \cdots, P)$

阶自相关系函数构成的自相关系数列向量。由于 R 语言中没有该检验的内存函数，参考程序设计如下：

```
QLB<-function(x,P){T<-length(x);qlb<-T*(T+2)*cumsum
((acf(x,plot=F)$a[-1])^20)/(T-P);
pchisq(qlb,P,low=F)[1:P]}
```

该程序中的参数 x 为判断序列(如残差)，计算结果是各阶卡方统计量的较大概率值，即显著性水平 α 的 p 阶数据向量。可以将其看作以 $1-\alpha$ 把握程度来肯定无自相关原假设的数据向量。所以当计算的数值小于 0.05 时，就说明序列存在该阶的自相关。例如：

```
>QLB(rnorm(100,0,1),60)
[1] 1 1 1 1 1 1 1 1 1 1
```

可见随机产生的标准正态分布的数据之间没有相关的可能。但是，这种方法受自由度的限制，对滞后期很敏感，所以检验结果很不稳定。

3. LM 检验方法

由布劳殊（Breusch）和戈弗雷（Godfrey）采用 LM 检验法，于 1978 年提出的 GB 检验是关于多元模型残差的 p 阶序列相关检验。该检验不但可以判断残差是否存在自相关，还可以通过辅助回归方程观察产生自相关的可能原因，其约束检验的辅助回归方程如下：

$$e_t = \beta_0 + \beta_1 X_{1t} + \cdots + \beta_K X_{Kt} + \alpha_1 e_{t-1} + \cdots + \alpha_p e_{t-p} + \varepsilon_t \tag{6-15}$$

在 $\mathrm{H}_0 : \alpha_1 = \alpha_2 = \cdots = \alpha_p = 0$ 的约束下，构造的 LM 统计量服从卡方分布

$$\mathrm{BG} = TR^2 \sim \chi^2(p) \tag{6-16}$$

其中，T 为样本容量，R^2 为辅助回归方程的初始判定系数。该统计量的原假设实质上还是残差序列无自相关，只有 BG＞$\chi^2_\alpha(p)$ 时，才能否定原假设。同样，可以通过如下步骤来完成该检验。

（1）从原回归方程对象中获取残差数据，如 resid(HG)-＞E。

（2）选择滞后 p 期时估算辅助回归方程的公式为

$$E_t \sim X_{1t} + \cdots + X_{Kt} + E_{t-1} + \cdots + E_{t-p} \tag{6-17}$$

该式中对各变量滞后期的处理较麻烦，可以使用 R 程序中提供了较为方便的 embe$(E, p+1)$函数来创建一个滞后变量系统数据框。

（3）使用 summary( )函数对辅助回归方程进行统计检验，获得判定系数构成 BG 统计量，通过 T 检验观察可能产生自相关的原因。计算 LM 统计量的卡方检验显著性水平 Pr 值为

```
Pr<-pchisq(T*R^2,p,low=F)
```

即当 Pr＜0.05 时，否定原假设。

将上述过程编制成残差项的自相关检验程序 CCZXG.test.R 如下：

```
CCZXG.test<-function(gs,zhq=2,sj){lm(gs,sj)->hgdx;cc<-resid(hgdx);
length(cc)->Yc;
```

```
zhxl<-paste0('+E.',2:(zhq+1),collapse='');fzgs<-paste0('E.1～',as.
character(gs)[3],zhxl);SJ<-sj[-(1: zhq),];
zhbl<-embed(cc,zhq+1);SJ<-data.frame(SJ,E=zhbl);lm(fzgs,SJ)->
FZHG;summary(FZHG)->TJJY;
Yc*TJJY$r.squared->WL;pchisq(WL,zhq,low=F)->Ka;if(Ka<0.05){list
(Ka,TJJY)}else{Ka}}
```

注意该程序只适合线性模型使用。LM 检验结果可知，如果 LM 显著水平 Pr≥0.05，则认为残差无自相关；如果 LM 显著水平 Pr<0.05，则有如下几种情况。

（1）当 X_k 的 T 检验认为参数显著不为 0 时，说明 X_k 是引起自相关的原因。

（2）当 X_k 的参数都显著为 0 时，说明在 X 线性作用之外的原因引起了自相关。

（3）e_p 项显著，说明存在 p 阶自相关。

【例 6.6】 对回归对象 HG2 和 SCHG 提取残差 e 和 E，使用自编的 LM 检验程序 CCZXG.test.R 进行残差的自相关性检验。

首先，对 HG2 的残差检验如下：

```
>CCZXG.test(gs2,2,JMSJ)
[1] 0.2634086
>QLB(e,3)
[1] 0.9947329  0.9556071  0.6875605
```

两种方法的检验结果都说明 HG2 的残差不存在自相关问题。

其次，对 SCHG 的残差检验如下：

```
>sj<-data.frame('GDP'=ZCFGDP$ZCFGDP[-1],'ZBZY'<-ZCFGDP$ZBXC[-27],
'LD'=RKSJ$JYRK[-1])
>gs<-log(GDP/ZBZY+1)～log(LD)
>CCZXG.test(gs,2,sj)
[[1]]
[1] 0.0001445676
[[2]]
Call:
lm(formula=fzgs,data=SJ)
Residuals:
    Min          1Q          Median        3Q          Max
-0.055681   -0.021839   -0.003611    0.019476    0.053114
Coefficients:
               Estimate   Std. Error   t value    Pr(>|t|)
(Intercept)    1.6719     1.8979       0.881      0.3888
log(LD)        -0.1489    0.1692       -0.880     0.3892
E.2            0.9918     0.2051       4.835      0.0001***
E.3            -0.2562    0.2050       -1.250     0.2257
```

```
Signif. codes: 0 '***' 0.001 '**' 0.01 '*' 0.05 '.' 0.1 ' ' 1
Residual standard error:0.03228 on 20 degrees of freedom
Multiple R-squared:0.6801,Adjusted R-squared: 0.6322
F-statistic:14.18 on 3 and 20 DF,p-value:3.493e-05
>QLB(E,3)
[1] 1.855053e-04  2.684302e-06  3.398103e-07
```

两种方法检验结果，都表明 SCHG 模型的残差存在自相关。且依据 LM 检验明确了残差的自相关为一阶。

6.3.3　残差自相关的修正

对现实观察时，我们并不知道观察对象的活动周期，所以人们的观察往往都存在一定程度的跨期关联性，只要其危害不大都可以让人们接受。但是较为严重的自相关必须在模型中剔除掉。为此当检验发现残差存在自相关时，就必须要查明原因，并针对不同情况做出修正处理。

1. 残差自相关产生的原因

查明残差自相关的原因，才能对症医治，对常见的根源分析如下。

1）经济变量固有的惯性

大多数经济时间数据都有一个明显的特点，即趋同的惯性或周期性的波动，该类特征常表现为序列各项数据之间的自相关。例如，在只有绝对收入 Y 影响消费的假设下，居民总消费 C 函数模型为

$$C_t = b_0 + b_1 Y_t + \varepsilon_t , \quad t = 1, 2, \cdots, n$$

由于该模型是静态的，有如消费习惯等因素的影响，都没有包含在解释变量内。所以，在随机误差项中，往往会出现这些动态相关因素造成的残差项的序列相关性，且常表现为正的自相关。

2）模型设定偏误

所谓模型设定偏误是指所设定的模型遗漏了重要的解释变量，非线性关系的线性设定，动态关系的静态设定，以及滞后期设定的不合理等方面的错误造成的偏差。例如，本来应该估计的回归模型为

$$Y_t = \beta_0 + \beta_1 X_t + \beta_2 X_t^2 + \varepsilon_t$$

但是在模型设定中错误地做了下述回归：

$$Y_t = \beta_0 + \beta_1 X_t + u_t$$

因此 $u_t = \beta_2 X_t^2 + \varepsilon_t$，这时的残差将随着 X 的改变而有规律地分布。如果 X^2 确实影响 Y，则会出现序列相关，如图 6-12 所示。

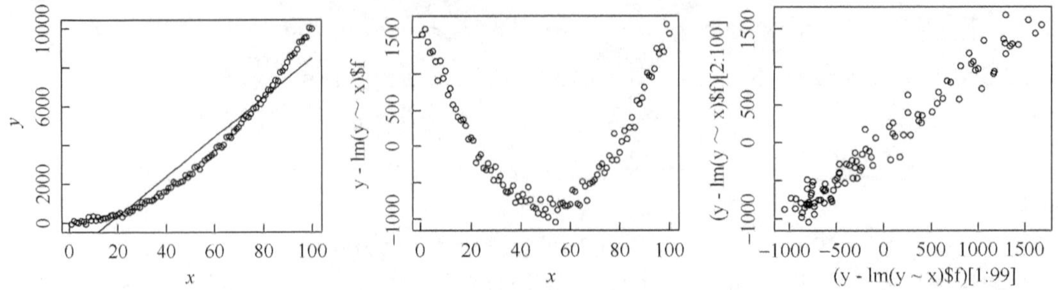

(a) 线性模拟图 (b) 线性模拟残差图 (c) 残差的一阶自相关图

图 6-12 非线性的线性估计产生的残差图示

3）数据处理不当产生的自相关

在实际经济问题中，有些数据是通过已知数据生成的。因此，新生成的数据与原数据同时用于同一系统的经济建模时，其内在的联系很容易表现出序列的相关性。例如，季度数据来自月度数据的简单平均，这种平均的计算减弱了每月数据的波动性，从而使随机干扰项出现序列相关。还有两个时间点之间的内插或外推等处理技术，也往往会导致残差项的序列相关性。

2. 模型的修正

当自相关存在时，最好的修正方法就是将静态的模型变为动态的，即将模型中引起自相关的因素，以滞后的形式引入模型，使模型能反映出动态的关系。滞后变量做解释变量时，可以是原解释变量的滞后，也可以是被解释变量的滞后。具体的技术内容如下。

1）动态建模的原则

根据经济分析的需要，遵循模型基本假设的要求，通过上述各种检验来完成。其处理的技术性原则如下。

（1）滞后变量的使用要以模型残差符合基本假设为原则。

（2）加入滞后变量后的各类统计检验还必须是显著的。

（3）根据经济理论或经验，对模型的部分要素进行约束性检验可以选择性使用。

2）滞后期的评价方法

为了评价含有不同滞后期的模型的优良情况，人们常使用如下模型质量的评价标准。

（1）赤池信息准则（Akaike info criterion，AIC）。这是由赤池提出的，以残差平方和为基础构建的统计信息量，计算公式为

$$\text{AIC} = 2K - \ln(L) \text{和 } \text{AIC} = 2K + n\times\log(\text{RSS}/n) \tag{6-18}$$

这是分别从残差和似然函数两个视角给出的对数形式的公式①，其中，K 为解释变量（含滞后）的数量，n 为样本容量，RSS 为残差平方和，L 是似然函数。上述两个公式得到的数值不同，多数软件使用对数似然函数的公式。该准则以统计量越小越好。

（2）施瓦茨准则（Schwarz criterion，SC）。与 AIC 类似，其计算公式为

$$\text{SC} = n^{K/n}\text{RSS}/n \tag{6-19}$$

取对数的形式为

① AIC 计算还有很多形式，在不同的软件中处理也存在一定的差异。

$$\ln(SC) = (K/n)\times\ln(n) + \ln(RSS/n)$$

各要素意义同上。也是以统计量越小越好。

这两个准则均要求仅当所增加的解释变量或滞后期能够减少 AIC 值或 SC 值时，才在原模型中增加该解释变量或滞后期。

（3）马娄斯（Mallows）的 CP 检验准则。马娄斯提出的是计算如下统计信息：

$$CP = (RSS/s^2)-(n-2K) \tag{6-20}$$

其中，s 为残差的标准差，其他要素同上。

$$\because E(RSS) = (n-K)\sigma^2;\ 且\ E(s^2) = \sigma^2;$$

$$\therefore E(CP) = (n-K)-(n-2K) = K$$

所以，CP 的值越接近于 K，说明模型就越好。

【例 6.7】　利用模型质量评价的各信息准则，编制模型质量的检验程序，对回归对象 HG2 和 SCHG 进行质量评价，R 语言的参考程序如下：

```
ZHQJY<-function(M1,M2){e1<-resid(M1);N1<-length(e1);
e2<-resid(M2);N2<-length(e2);
AIC_R1<-2*length(M1$coef)+log(sum(e1^2)/N1)*N1;
AIC_R2<-2*length(M2$coef)+N2*log(sum(e2^2)/N2);
AIC_L1<-2*(length(M1$coef)+1)-2*logLik(M1)[1];
AIC_L2<-2*(length(M2$coef)+1)-2*logLik(M2)[1];
SWC1<-log(N1)*(length(M1$coef)/N1)+log(sum(e1^2)/N1);
SWC2<-log(N2)*(length(M1$coef)/N2)+log(sum(e2^2)/N2);
MLS1<-(sum(e1^2)/var(e1))-(N1-2*length(M1$coef));
MLS2<-(sum(e2^2)/var(e2))-(N2-2*length(M2$coef));
list("AIC_R"=c(AIC_R1,AIC_R2),"AIC_L"=c(AIC_L1, AIC_L2),
"SC"=c(SWC1,SWC2),"MLS-CP"=c(MLS1,MLS2))}
```

比较测算结果信息如下：

```
>ZHQJY(HG2,SCHG)
$'AIC_R'
[1] -367.1762   -150.7035
$AIC_L
[1] -277.20198  -74.91873
$SC
[1] -11.65936   -5.44889
$'MLS-CP'
[1] 7.426778    3.000000
```

从检验结果上看，各模型的前三个信息差距都比较大，没有标准化信息无法评价模型的优劣。而第四个信息表明在 HG2 中 CI 值大于解释变量个数 4 近 3.5 的差距，而 SCHG 的 CI 值 3 与解释变量个数 2 加一期滞后相同，说明 SCHG 的质量较好。

3）利用相关函数及其分布特征帮助判断

利用自相关、偏自相关及互相关函数对有效滞后阶数的判断，可参考如下规律。

（1）当某变量的自相关系数拖尾，偏自相关系数 p 阶截尾时，说明该变量属于 AR(p) 过程，即该现象存在有 p 阶滞后的自回归关系。

（2）当某变量的自相关系数 q 阶截尾，偏自相关系数拖尾时，说明该变量属于 MA(q) 过程，即该现象的变动是受 q 阶随机干扰影响的移动系统。

（3）当某变量的自相关和偏自相关系数同时衰减至零或同时截尾时，说明该变量系统属于 ARMA(1, 1)或 ARMA(p, q)的自回归移动平均系统。

（4）当某变量的相关函数表现为不衰减或衰减相当缓慢时，说明该现象是滞后相关系数始终为 1 的非平稳系统。

（5）通过互相关系数可以观察到 x 的多少阶滞后对 y 的影响是显著的。

综合实训案例

消费是由谁决定的

【例 6.8】 观察附表二的支出法核算的 GDP 数据，我们知道三驾马车决定 GDP 的理论，但是我们进行社会再生产的目的是更好地生存和发展，所以应换一个视角研究消费的决定问题。按照凯恩斯的绝对收入假说，消费就是由收入决定的。虽然后来又产生了长期稳定收入与临时性收入、生命周期、理性预期等影响消费的各种理论，但是多数都是基于个体行为的观察而得到的假说，而在群体内的相互作用下，这些现象多数都不具备群体行为的决定性。所以还是回到最基础的数据分析中，来探索中国的一般规律。

首先，按照核算的关系确定消费函数及居民消费是生产总值、资本投资、净出口的函数，估算的结果如 HG2 一样是显著的。然而残差的平稳性检验如同 SCHG 一样并不平稳，说明各变量是非平稳的。为此，将四个变量都进行一阶差分，所获得的增加量数据存放在名为 xfsj 的数据框对象中，估算其回归方程如下：

```
>xfgs<-XFBD~GDPBD+ZBBD+JCKBD
>XFHG<-lm(xfgs,xfsj)
>summary(XFHG)
Call:
lm(formula=xfgs,data=xfsj)
Residuals:
   Min        1Q      Median     3Q        Max
-2326.2   -223.0    172.1     369.5    2682.0
Coefficients:
         Estimate    Std. Error    t value     Pr(>|t|)
GDPBD   0.70732     0.02277       31.07       <2e-16 ***
ZBBD    -0.69262    0.04898       -14.14      7.82e-13 ***
JCKBD   -0.70448    0.05236        -13.45     2.18e-12 ***
```

```
Signif. codes: 0 '***' 0.001 '**' 0.01 '*' 0.05 '.' 0.1 ' ' 1
Residual standard error: 876.6 on 23 degrees of freedom
Multiple R-squared:0.9973,Adjusted R-squared:0.997
F-statistic:2864 on 3 and 23 DF,p-value:<2.2e-16
>e3<-resid(XFHG)
>JB(e3)
[1] 0.9789577
>PP.test(e3)
        Phillips-Perron Unit Root Test
data:e3
Dickey-Fuller=-4.7041,Truncation lag parameter=2,p-value=0.01
>CCZXG.test(xfgs,2,xfsj)
[1] 0.2281033
>CCYFC.test(XFHG)
[1] 0.2282209
```

从估算的结果上看，经过差分后的变量的回归方程，通过了统计检验、残差项的检验和经济含义的合理性检验。这里要提醒注意的是，传统的回归方法是适合平稳的自然现象的研究方法，而社会科学的对象多数都是需要经过差分才能平稳的单整过程，极易产生伪回归的问题，为此需要后续的协整分析等相关知识的学习。

阅读与思考

条件异方差模型

在建模过程中，如果找不到产生异方差的原因，可以考虑使用条件异方差模型来修正异方差问题。这是 1983 年 Engle 和 Kraft 在分析宏观数据时发现的一种现象，即经济时序常表现为明显的趋势，但并不是一直保持这种趋势。在某些冲击下有的时序表现为很大又持久的波动，而有些时序却表现为散乱无序的变化，还有的序列间存在协同变动等复杂的周期性波动。为此，将异方差的周期性波动作为建模的依据来修正模型如下。

1. 条件异方差模型的基本形式

$$Y_t = f(X_1, X_2, \cdots, X_K) + \sigma(u_t) + \varepsilon_t \tag{6-21}$$

其中，Y 为被解释变量；$f(X_1, X_2, \cdots, X_K)$ 为基本回归方程；$\sigma(u_t)$ 为异方差波动函数；ε_t 为符合基本假设的残差项（即 $\varepsilon \sim \sigma^2 I$）。$\sigma(u)$ 相当于基本回归方程的残差的函数，其具体形式常以残差自身的滞后期为解释变量来描述，所以称为自回归条件异方差 ARCH 模型。

2. 适应的条件

该方法适用于呈高峰厚尾分布特征的现象，即现象的概率分布在均值附近与两端尾区的概率值都比正态分布大，而其余区域的概率值较正态分布小。这种极端值较多的高峰厚尾分布图例如图 6-13 所示。

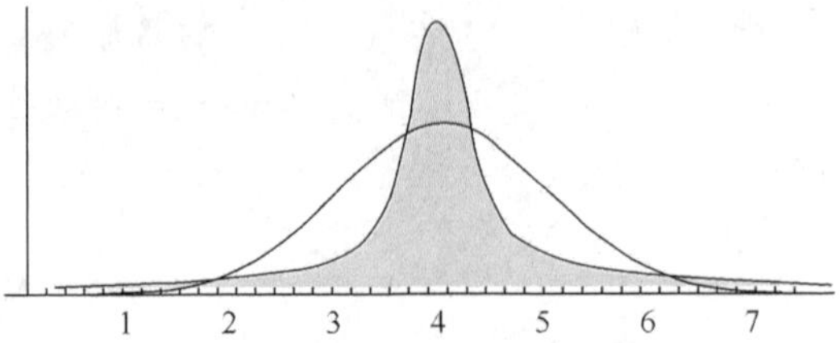

图 6-13 高峰厚尾（阴影）与正态比较图

对该类现象建立普通回归模型后，其残差往往表现为波动性集聚特征，即残差的方差在一定时段中比较小，而在另一时段中比较大。虽然波动使残差的方差不大平稳，但是也没有趋向无穷，或出现间断的跳动，即仍保持整体上的相对平稳和连续性。

该类模型是在基本回归方程中，找不到具体的波动因素时，以残差的波动来修正模型异方差的变通方法。只有在经济预测等活动分析中可能有效，并不适合经济结构性分析。

本章小结

本章主要内容是针对传统的模型残差项基本假设所进行的各种检验。根据第1章对模型的误差项从不同视角提出的基本假设，分节介绍其检验的思想和方法。首先，对残差进行正态性和平稳性检验，主要方法是qq图和JB统计量的检验，以及PP.test函数的平稳性检验；其次，对同方差假设进行检验，其主要内容是异方差及检验和修正方法，主要使用怀特检验的方法来实现；最后，对无自相关假设进行检验，其内容是自相关及其检验和修正方法，主要采用LM检验等手段来实现。为了体会这些内容的学习，本章最后以前述各例中的残差为对象，做出残差项检验的总结。

作业与练习

1. 使用本章所学的知识，对第3章作业与练习中所估算的模型M1的残差项做相关的检验。并根据检验的结果，对模型进行进一步的修正。

2. 试编模型残差项常规检验的一般性R程序，使我们的建模工作变得更为方便。

第7章

变量的性质及其检验

计量经济模型中有关变量性质的假设，主要是解释变量的确定性与被解释变量的随机性。由此而引起的检验和处理技术却非常多而复杂，为此将分两章来介绍。本章主要针对变量自身的属性，及其在模型中的作用等基础性分析；第 8 章主要就变量之间的关系等系统性内容做进一步的分析和学习。

7.1 经济模型中的变量及处理技术

各类经济变量是构成计量经济模型的主体，而经济变量则是我们对经济社会现象观察记录所得到的数据集合，不同的社会经济现象往往使用各自独特的计量方式来表达。这样经济变量最常见的形式就是以实数来度量的实数集合，且一般多在正实数范围内取值的定距尺度的数据，其经过标准化等计算可以转化为定比数据。同时，反映复杂的社会经济问题，还会经常使用到定类或定序尺度的数据集合，这就需要分类和因子标注了，这虽然较麻烦，确是可行的。然而因事物间的特殊性体现，有些事情本身就只能使用定类或定序的尺度来表述，这时需要较为特殊的变量表达方式，其取值的范围会受到某些限制，使得常规的分析法失效。所以处理一些特殊的变量是我们必备的知识，主要内容如下。

7.1.1 顺序变量

不论是截面数据还是时序数据，其排列顺序经常反映着事物的等级或水平，不论被解释变量还是解释变量，都有可能使用顺序变量来表述。顺序变量实质上是分类变量和趋势变量的总称，当模型中含有顺序变量时，整个模型中的所有变量，实质上都是有顺序的。该类变量的使用注意事项如下。

1. 顺序变量的表达方式

在 R 软件中生成顺序变量的方式很多，常用的基本方式如下。

（1）一般以 $a:b$ 来表述并自动生成等差为 1 的序列变量。

（2）使用 seq(起点，终点，等差长度)函数，生成一个等差数列，作为顺序变量。

（3）使用 log(1：N)或 exp(1：N)来生成不等距的梯度序列变量等。

作为截面顺序的下角标，往往以 1：M 表明不同的类型，即分类变量的标注；而时间顺序的下角标，则往往使用 1：T 表示不同的时期，即趋势变量的标注。

2. 顺序变量做解释变量

在分析系统中，如果所选择的经济变量都有着比较明确的变化趋势，且模型的解释效果有限，则可以选择一个反映其顺序的变量作为解释变量，加入模型中。尤其是以时间顺序来解释的部分，称为长期趋势，是经济分析中常见的做法。对顺序变量的检验与普通的变量相同，只是这种情况往往产生于研究对象主要受上级系统影响时，而我们所观察的范围只是在子系统内部的情况。

3. 顺序变量做被解释变量

当顺序变量作为被解释变量时，多数情况是对分类的研究，并多表现为各类事物发生的可能性的研究。这类研究的常见模型就是以虚拟变量为被解释变量的二元选择模型，及以多个虚拟变量或多组的分类变量构建的多元选择模型。多元选择的含义是指被解释变量隶属关系的选择，一般情况下回归的结果是给出各分类顺序的概率分布，即各解释变量的作用使得被解释变量在各种分类之间选择的可能性分析。

7.1.2 虚拟变量

虚拟变量是常见的专业术语，是指分类变量只有两种类型时，人们常使用 0 或 1 来表示的顺序变量，所以也常称为 0-1 变量、是非变量、伯努利变量、二项分布变量或哑变量等。主要用于反映影响经济变量的干扰因素，或难以使用定量尺度表示的事物。其使用和检验内容如下。

1. 虚拟变量的基本引入方式

一般情况下设置虚拟变量要根据需要，将基础类型或肯定类型取值为 1；而将比较类型或否定类型取值为 0。其引入模型的基本方式有以下两种。

1）加法式引入虚拟变量会改变模型的截距

引入虚拟变量的最简单方式就是在模型中加上该虚拟变量项，这样在线性模型中的截距就将因此而改变。例如，在工龄决定薪金水平的模型中，将描述性别的虚拟变量 D 以加法的形式引入模型，则有

$$Y_i = \beta_0 + \beta_1 X_i + \beta_2 D_i + \varepsilon_i \tag{7-1}$$

其中，Y_i 为企业职工的薪金；X_i 为工龄，若职工是男性则 $D_i = 1$，若是女性则 $D_i = 0$。

在该模型中，如果仍假定 $E(\varepsilon_i) = 0$，则企业男职工的最低薪金为下式中的括号部分：

$$Y_i = (\beta_0 + \beta_2) + \beta_1 X_i + \varepsilon_i$$

而女职工的最低薪金则只是下式中的 β_0：

$$Y_i = \beta_0 + \beta_1 X_i + \varepsilon_i$$

可见，男女职工平均薪金对工龄的变化率是一样的，只是两者的平均水平相差 β_2。虚拟变量的显著性判断与普通变量没有任何区别，可通过传统的 T 检验判断。

模型中可以同时引入多个虚拟变量，以考察多种定性因素的影响。如上面模型中除了以 D_1 表示的性别，再加入学历虚拟变量 D_2 有

$$E(Y_i \mid X_i, D_1, D_2) = \beta_0 + \beta_2 D_1 + \beta_3 D_2 + \beta_1 X_i$$

学历虚拟变量 $D_2 = 0$ 表明是低学历的职工，$D_2 = 1$ 表明是高学历的职工。则在有两

个虚拟变量的模型中，不同性别、学历的差别使模型变为如下四个回归方程。

$$E(Y_i \mid X_i, D_1 = 0, D_2 = 0) = \beta_0 + \beta_1 X_i$$

表明没有上过大学的女职工的平均工资水平为 β_0；

$$E(Y_i \mid X_i, D_1 = 0, D_2 = 1) = \beta_0 + \beta_3 + \beta_1 X_i$$

表明上过大学的女职工的平均工资水平为 $\beta_0 + \beta_3$；

$$E(Y_i \mid X_i, D_1 = 1, D_2 = 0) = \beta_0 + \beta_2 + \beta_1 X_i$$

表明没有上过大学的男职工的平均工资水平为 $\beta_0 + \beta_2$；

$$E(Y_i \mid X_i, D_1 = 1, D_2 = 1) = \beta_0 + \beta_2 + \beta_3 + \beta_1 X_i$$

表明上过大学的男职工的平均工资水平为 $\beta_0 + \beta_2 + \beta_3$。可见，增加一个虚拟变量，实质上使方程的数量增加了一倍。

2）乘法式引入虚拟变量会改变模型的斜率

通过以乘法的方式引入虚拟变量会引起模型的斜率改变。例如，根据消费理论，消费水平 C 主要取决于收入水平 X，但在不同的地区、不同的收入区域或在自然灾害、战争等反常年份，消费倾向往往会出现变化。这种消费倾向的变化可在模型中加入收入与虚拟变量乘积项来反映。设 $D = 1$ 表示高收入地区，$D = 0$ 表示低收入地区，则消费方程为

$$C = \beta_0 + \beta_1 X + \beta_2 DX + \varepsilon \tag{7-2}$$

在 $E(\varepsilon_i) = 0$ 的假设下，模型所表示的函数可化为如下两个不同消费倾向的方程。

$$E(C \mid X, D = 1) = \beta_0 + (\beta_2 + \beta_1) X$$

$D = 1$，属于高收入地区的消费方程。其中边际消费倾向为 $\beta_2 + \beta_1$；

$$E(C \mid X, D = 0) = \beta_0 + \beta_1 X$$

$D = 0$，属于低收入地区的消费方程。其边际消费倾向只有 β_1。

2. 虚拟变量的使用原则

将虚拟变量加入模型中可以解决很多现实中不好计量的问题，所以加入的方法也不只是上述简单的两种基本形式。可以在实际估算和检验方程中，灵活地使用虚拟变量，达到有效分析的目的。在使用虚拟变量时要注意如下几点。

1）避免虚拟变量陷阱

作为解释变量引入虚拟变量时，要依据定类事物的类别数量，如在对一年中的四季使用虚拟变量表达时，就需要使用三个虚拟变量。即在每两类定性事物之间进行选择时，就需要使用一个虚拟变量，而区分四个季度时就是 4–1 个虚拟变量了。因此，如果有 m 个定性类型，就需要在模型中引入 m–1 个虚拟变量。否则会引起完全共线性，使模型无法求解，这就是所谓的虚拟变量陷阱。

2）虚拟被解释变量改变模型的性质

虚拟变量可以作为被解释变量引入模型，这时的模型是多元选择模型的特例，称为二元响应模型，即被解释变量的条件期望是以概率分布的形式来表述的。

3）虚拟变量是对复杂问题的简化

一个虚拟变量同时以加法方式和乘法方式引入同一个模型时，会使一个方程变为不

同内容的四个方程。也就是原来需要四个方程来表达的复杂现象，只需加入一个虚拟变量就可以解释了，这不仅是一种概括，更是一种简化。

4）临界值与虚拟变量的使用

在经济发生转折或突变等情况时，可通过建立临界指标的虚拟变量模型来反映。例如，消费品数量 Y 主要取决于可支配收入 X，但是在高收入与低收入家庭之间其消费倾向明显不同。现以 A 表示高低收入水平的临界指标值，$X_i \geqslant A$ 为高收入家庭，$X_i < A$ 为低收入家庭。设虚拟变量：$D_i=1$ 表示高收入家庭，$D_i=0$ 表示低收入家庭。则消费回归模型可建立如下：

$$Y_i = b_0 + b_1 X_i + b_2(X_i - A)D_i + e_i \tag{7-3}$$

该方程如图 7-1 所示。

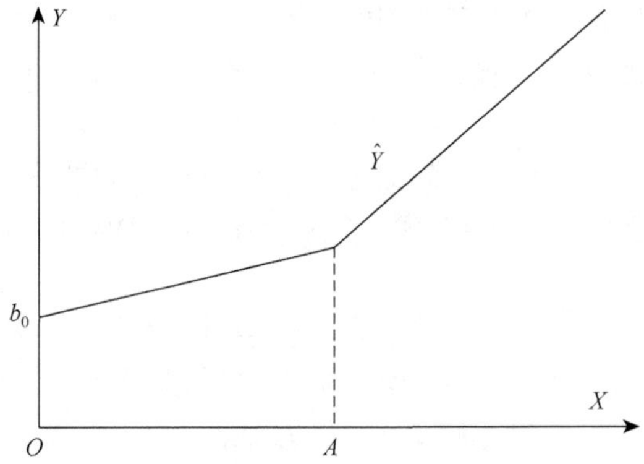

图 7-1　解释变量临界值与虚拟变量乘积效果图

5）交互作用的虚拟变量

在一般的模型中，假定解释变量之间是相互独立的，即各回归系数是该解释变量自身单独对被解释变量的影响程度。而在加入虚拟变量时，可能会产生两个虚拟变量相关的情况，即产生其交互作用。则反映交互作用的模型为

$$Y_i = \alpha_0 + \alpha_1 D_1 + \alpha_2 D_2 + \alpha_3(D_1 D_2) + \sum \beta_i X_i + \varepsilon_i \tag{7-4}$$

对参数 α_3 做 T 检验来判断交互作用的存在，并结合其他检验来决定模型的形式。

7.1.3　滞后及差分变量

通常把过去具有跨期影响作用的变量称为滞后变量，含有滞后变量的模型就是动态模型。而反映变动或差异的程度的变量称为差分变量，滞后变量和差分变量都是动态作用效应的反映，其 R 语言处理方法及使用过程的主要事项如下。

1. 滞后变量存在的客观性

滞后变量在经济分析中普遍使用，其产生的主要原因有如下几个方面。

1）心理因素

人们的心理定势，使其行为方式滞后于经济形势的变化，如中彩票的人不可能很快改变其生活方式。

2）技术原因

由于生产周期等技术因素的客观存在，必然存在滞后问题。如当年的产出在某种程度上依赖过去若干期内投资形成的固定资产，所以投资性分析往往要考虑滞后期。

3）制度原因

法律规章的制定、执行、修正、改进的过程都需要一段时间的观察、实践、实验等过程，都会在时间上表现出滞后的特点，这种客观的滞后规律应该在模型设计中有所反映。

具有反映动态作用因子的模型就称为动态模型，不论是 ARIMA 系列的单变量模型，还是多变量动态回归模型都可以存在动态因子。一般情况下将被解释变量存在滞后作用的模型称为自回归模型（缩写为 AR），而将解释变量存在滞后因子的模型称为分布滞后模型（distributed lag model，DL），同时拥有解释变量和被解释变量的滞后因子的模型则称为自回归分布滞后模型，简记为 ADL。

2. 滞后变量的处理技术

在动态分析中，对变量的动态处理主要有两类常见的变量，即滞后变量和差分变量。

1）滞后变量

在 R 软件中依据已有的序列生成其滞后变量的函数命令如下：

$$\text{embed}(x, P) \tag{7-5}$$

该命令将产生从 0 到 $P-1$ 阶滞后的 P 个变量，其中各个变量都是 x 的顺序取值，第 $p(p=1,2,\cdots,P)$ 个变量表明是从 0 到 $P-1$ 阶的滞后期，即第 1 个变量是 t 期数据，第 2 个变量是 $t-1$ 期数据，第 p 个变量就是 $t-p+1$ 期数据，最后的第 P 个变量就是 $t-P+1$ 期的滞后变量。

2）差分变量

差分是指通过动态或相邻若干期的数据增减量计算结果所构成的新序列，对于非平稳的 d 阶单整变量经过 d 次差分所获得的新变量就必然是平稳的变量。在 R 中生成差分变量的命令函数为 diff(x, n, m)，其运行结果是产生一个符合参数要求的新序列。其中第 1 个参数是长度为 T 的原始序列；第 2 个参数是进行差分的阶数，即相隔 n 期的增减量，n 的默认值为 1；第 3 个参数是差分的次数，即在差分序列的基础上再进行 $m-1$ 次差分计算的要求。

7.2　解释变量的确定性检验

7.1 节所述的全部变量都可以作为解释变量来使用，但是要基本符合其基本假设的要求，即确定性变量的特点。但是由于经济变量很难像自然科学那样进行试验性控制，其随机性往往是客观存在的，为此我们需要对解释变量的随机性问题做系统的剖析。

7.2.1　产生随机解释变量的客观性及其危害

随机性解释变量就是建模中以随机变量作为解释变量的情况，这是现实中也是经常遇到的情况。有关其存在的可能性及其判断法介绍如下。

1. 随机解释变量的客观性

如果建模中我们要系统安排模型的结构和变量的选择，那么还会将随机变量纳入解释变量中吗？为此首先要对其产生的可能性分析如下。

1）对社会经济现象观察的随机性

在对社会经济现象进行观察记录的过程中，我们能对全部经济现象逐一不重不漏地进行调查吗，显然是不能的。且不论地下的隐形经济你很难观察到，就是各个居民家庭的日常消费（如例 2.1 中的千户社区）的数据调查，就不可能全面获得，只能采取抽样调查等方式来获取代表性数据。这样获得样本数据的过程就是随机性产生数据的过程，在这一过程中所形成的数据都具有随机性的特征，这是我们目前的技术所无法避免的事实。

2）对模型的动态化处理

因前后各期数据之间的关联性普遍存在，所以在建模过程中会经常考虑到动态决定因素的作用，并将模型设定为动态模型。不论是 ARIMA 还是 ADL 类的模型都可能是在解释变量中包含被解释变量的滞后变量，而被解释变量是随机性的，其滞后变量也必然是随机性的，这样随机解释变量就不可避免地产生在模型中了。

3）建模中对变量的省略原则

经济建模的过程就是抓主要矛盾的过程，这必然要将重要的解释变量纳入模型中，而将次要的不起决定性作用的变量省略掉。但是哪些是主要的决定变量，又往往是未知的。虽然有着一定的理论指导，但是在真正证实之前，理论也是未知的。这样在未知的探索中所选择的解释变量，未必就是重要的决定因素，这种不确定性也属于一类随机问题，使得解释变量具有随机性的特点。

4）联立偏差

前面所介绍的模型多属于单方程模型，后面还会介绍联立方程组构成的多方程模型。用以反映复杂系统的不同侧面相互制约和均衡发展的关系模型，在多方程模型中会经常看到某变量在某个方程中是被解释变量，而在另一个方程中却又成为解释变量。这样在作被解释变量时它是随机性变量，而作为解释变量时不可能又变为确定性变量了。从这一意义上看，在联立方程模型中随机解释变量又是客观的必然存在的问题。

面临上述各方面所提到的，解释变量的随机性是不可避免的常见现象，因此建立经济模型时的解释变量确定性假设，就很大成分上是脱离现实的，也是通常情况下较难避免的。

2. 随机性解释变量的危害

解释变量的确定性保证了其与随机误差项之间的独立性，即不会因解释变量而产生异方差问题。但是当解释变量具有随机性特征时，其与误差项的关系就变得复杂了。因此就随机解释变量与随机扰动项的关系，可由最小二乘法的估计公式演变为

$$B=(X'X)^{-1}X'Y=(X'X)^{-1}X'(X\beta+\varepsilon)=\beta+(X'X)^{-1}X'\varepsilon=\beta+A\varepsilon \tag{7-6}$$

所以在考虑 X 给定且属于随机性解释变量的条件下，该估计可表述为

$$E(B\mid X)=E(\beta+A\varepsilon\mid X)=\beta+A\cdot E(\varepsilon\mid X) \tag{7-7}$$

该式的可能结果有如下几种。

1）随机解释变量独立于残差时的无偏估计

由式（7-8）可知，在随机解释变量与残差独立时，残差的条件期望等于无条件期望，且等于零，即 $E(\varepsilon\mid X)=E(\varepsilon)=0$；这时有 $E(B\mid X)=\beta$；属于无偏估计。可见只要随机

性解释变量与残差项无关，即不存在异方差，模型的参数估计是无偏的。

2）随机解释变量与残差项相关时的有偏估计

当随机解释变量与残差不独立时，即 $E(\varepsilon \mid X) \neq 0$，对式（7-8）做进一步分析如下。

将参数求解公式两边依概率取极限有

$$\text{Plim}B = \beta + \text{Plim}[(X'X)^{-1}X'\varepsilon] = \beta + \text{Plim}[(X'X/n)^{-1}(X'\varepsilon/n)] = \beta + Q^{-1}\Sigma_{X\varepsilon} \quad (7\text{-}8)$$

其中，Q^{-1} 为正定矩阵；$\Sigma_{X\varepsilon} \neq 0$ 为协方差矩阵（即 X 与 ε 不独立），这时随机解释变量与误差项的关系又可以分为如下两种情况。

（1）同期无关而异期相关时，其协方差可能不为零，但将依概率而趋近于零。这时回归估计量将是有偏的，但是依然具有一致性的特征。

（2）当同期相关时，其协方差必不等于零，且不依概率趋近于零。所以估计量是有偏的，同时也是非一致的。

通过上述分析可知，如果解释变量具有随机性，则要看其与残差项之间的关系来衡量其危害程度，当其独立于残差（没有异方差）时对模型的估计是无害的；但是当其与残差项不独立时，如果同期不相关还可以得到一致性的估计，但是同期相关时就会严重影响估计的科学性了。所以当进行残差项的相关检验时，如果出现了异方差问题，则模型不可使用，必须进一步查清缘由，首先要考虑是否解释变量的随机性造成的。而解释变量的随机性判断方法及其解决方案都是我们接下来要学习的内容。

7.2.2　随机解释变量的判断

由经济学家吴德明和统计学家 Durbin 提出，并由豪斯曼（Hausman）规范的检验随机性解释变量的主要方法，常称为 Durbin-Wu-Hausman（DWH）检验法。

1. DWH 检验的原理

DWH 检验的基本原理和具体步骤如下。

1）估算内生变化信息

以可能的内生变量为被解释变量，以可能相关的其他确定性解释变量为解释变量，建立辅助回归方程，并直接估计得到其残差 E，将剔除确定性作用的残差变量 E 作为包含全部内生变化的信息变量。

2）建立判断回归方程

进一步构建如下随机性检验模型

$$Y = XB + EA + u \quad (7\text{-}9)$$

其中，X 为全部解释变量矩阵；E 为各辅助回归的残差变量矩阵；u 为随机干扰项。

3）随机性判断

以 $\text{H}_0: A = 0$；$\text{H}_1: A \neq 0$ 的假设形式，采用 T 或 F 检验进行随机性判断。如果接受原假设，则说明该检验变量是外生的；如果拒绝原假设，则说明该检验变量是内生的。

2. R 命令程序

依据 DWH 检验的原理和步骤，编制 R 命令的参考程序如下：

```
Hausman.test<-function(gs,sj,jybl,gjbl){as.character(gs[3])->zf
```

```
;gregexpr('+',zf,fixed=T)->jhwz;
length(jhwz[[1]])->jhs;if(regexpr('0+',zf,fixed=T)[[1]]==-1){jj
x<-1}
else{if(regexpr('+0',zf,fixed=T)[[1]]==-1){jjx<-1}else{jjx<-0}}
length(jybl)->bls;1:bls->JGZ;1:bls->jgm;for(i  in  1:bls){paste0
(jybl[i],'~',gjbl)->gsf;resid(lm(gsf,sj))->ef;
paste0(as.character(gs[2]),'~',as.character(gs[3]),'+ef')-> xgs;
data.frame(sj,ef)->xsj;
lm(xgs,xsj)->xhg;jybl[i]->jgm[i];summary(xhg)$coefficients->tjy;
if(jjx==0){tjy[(jhs+1)*4]->JGZ[i]}else{tjy[(jhs+3)*4]->JGZ[i]}}
;names(JGZ)<-jgm;JGZ}
```

该程序的函数名为Hausman.test(原回归公式，数据，可能的随机性解释变量，确定性变量)；使用中对多个变量进行检验时，可以c(可疑变量字符列表)和c(确定变量字符列表)的一一对应的方式给出；当确定性相关变量不止一个时，将各变量间以“+”连接形成一个字符串。同时，要注意该程序仅限于使用“+”连接的线性公式时使用。

【例7.1】 使用自编的Hausman.test.R程序，对回归对象HG2和SCHG中的各个解释变量，XFHG中的GDPBD进行随机性、判断性检验。

（1）对HG2检验，其中各个解释变量都怀疑具有随机性，为每个变量寻找一个相关的确定性变量分别是就业人口、净出口、固定资本投资、专利申请，检验如下：

```
>Hausman.test(gs2,JMSJ,c('LC','SCS','GZ','YY'),c('JYRS','JCK','
GT','ZLSQ'))
   LC        SCS        GZ         YY
0.5077103  0.5077103  0.5077103  0.5077103
```

检验的结果是各概率都大于0.05，说明各解释变量都属于符合基本假设的确定性变量。

（2）对SCHG检验，考虑到二产就业是人为的选择，具有一定的确定性，检验如下：

```
>SJ<-data.frame(sj,'ECJY'=RKSJ$ECJY[-1])
>Hausman.test(scgs,SJ,'LD','ECJY')
LD
4.135027e-06
```

检验结果表明，LD是确定性变量的可能性很小，即该解释变量是内生性的不符合基本假设。

（3）对XFHG检验，考虑资本变动是人为确定的数据序列，具有确定性特点，所以检验如下：

```
>Hausman.test(xfgs,xfsj,'GDPBD','ZBBD')
GDPBD
NA
```

检验结果表明，GDPBD 与 ZBBD 相互独立，且是确定性的解释变量，符合基本假设。

7.2.3　工具变量法解决解释变量的内生性问题

随机解释变量的出现严重影响了模型估计的质量，为此必须解决这一问题。比较常见的方法就是将该解释变量替换掉，但是这又有可能影响建模的理论和后续的模型使用。因此人们采取了部分替换的方法，即工具变量法。

1. 工具变量及其选择

解决随机解释变量的常规做法是寻找能够代表它的确定性变量，替代该变量的部分工作。这种作为工具使用的做法称为工具变量法，起替代作用的变量就称为工具变量。对工具变量的具体要求和选择方法介绍如下。

1）工具变量及其要求

工具变量是指在模型估计过程中，用于替代随机性解释变量的特殊变量，其必须满足以下三个条件。

（1）工具变量 Z 与其所替代的随机解释变量 Xs 要高度相关，即 $\mathrm{cov}(Xs,Z)\neq 0$。

（2）工具变量 Z 要与随机误差项 ε 不相关，即 $\mathrm{cov}(Z,\varepsilon)=0$。

（3）工具变量 Z 要与模型中其他解释变量 Xq 无共线性，即 $aZ+bXq\neq c;a,b,c$ 为常数。

2）工具变量的选取原则

满足上述三个条件的变量并不好找，选择工具变量的经验原则如下。

（1）选择随机解释变量的滞后变量为原解释变量的工具变量。

（2）要选择本方程中所不包含的、系统内的其他外生变量。

（3）如果模型中有两个以上的随机解释变量与随机误差项相关，就必须找到两个以上的工具变量。工具变量在矩阵中的位置不影响估计。

（4）以系统内的外生和工具变量决定的内生解释变量的回归值作为工具变量，再以外生变量和该工具变量为解释变量的回归估计，就是二阶段最小二乘法（2 Stage Least Square，2SLS）。

2. 工具变量法及其性质

使用工具变量对模型进行估计，就称为工具变量法（instrumental variable，IV）。其是将普通最小二乘估计中的随机解释变量，在构建矩函数的过程中以工具变量替换。具体做法如下。

设回归模型的矩阵形式表述为：$Y=XB+e$；假设 X 中的 X_2 与随机项 e 相关，选择工具变量 Z_2 替代 X_2，则可得到的正规方程组为

$$Z'Y=Z'XB \tag{7-10}$$

则参数估计式为

$$B=(Z'X)^{-1}Z'Y \tag{7-11}$$

其中，Z 与 X 的矩阵结构相同，只是 X 中与误差相关的随机解释变量，都在 Z 中换为工具变量，即 Z 称为工具变量矩阵。该方法实质是一种两步回归的过程。

第一步，用普通最小二乘法进行 X 关于工具变量 Z 的回归：$X_G = a_0 + a_1 Z$。

第二步，使用 X_G 为解释变量，再对 Y 进行回归：$Y_G = b_0 + b_1 X_G$。

利用工具变量法进行的参数估计量具有如下性质。

（1）工具变量法估计量仍是有偏的，但属于一致的估计量。即

$$E(B) = E[(Z'X)^{-1}Z'Y] = E[(Z'X)^{-1}Z'(X\beta + \varepsilon)] = \beta + E((Z'X)^{-1}Z'\varepsilon) \neq \beta$$

$$\text{Plim}B = \beta + \text{Plim}(Z'X)^{-1}Z'\varepsilon = \beta + [\text{Plim}(Z'X)^{-1}/n][\text{Plim}Z'\varepsilon/n] = \beta$$

（2）如果一个随机解释变量可以找到多个互相独立的工具变量，人们希望充分利用这些工具变量的信息，就形成了广义矩方法。所以普通最小二乘是工具变量法的特例，而工具变量法又是广义矩方法的特例。

（3）残差的方差、协方差的估计量都是一致性的。

（4）工具变量并没有替代模型中的解释变量，只是在估计过程中作为工具使用。

【例 7.2】 在例 7.1 中我们发现 SCHG 回归的解释变量 LD 属于内生解释变量，为此使用工具变量法对该模型进行重新估计如下。

（1）观察 SCHG 的原始估计系数如下：

```
>SCHG
Call:lm(formula=scgs,data=sj)
Coefficients:
(Intercept)log(LD)
    17.906       -1.479
```

（2）使用人口数 RK 为劳动 LD 的工具变量，构成原始矩阵和工具变量矩阵如下：

```
>matrix(NA,26,2)->GJX;GJX[,1]<-1;GJX[,2]<-log(SJ$LD)
>GJX->GJZ;GJZ[,2]<-log(SJ$RK)
```

（3）使用工具变量法估算模型对象如下：

```
>GJB<-solve(t(GJZ)%*%GJX)%*%t(GJZ)%*%log(SJ$GDP/SJ$ZBZY+1)
>GJB
         [,1]
[1,] 19.07271
[2,] -1.58336
```

（4）采用二阶段最小二乘法，计算所得结果如下：

```
>yjsj<-lm(log(LD)~log(RK),SJ)$f
>lm(log(SJ$GDP/SJ$ZBZY+1)~yjsj,SJ)
Call:lm(formula=log(SJ$GDP/SJ$ZBZY+1)~yjsj,data=SJ)
Coefficients:
(Intercept)yjsj
    19.073       -1.583
```

从上述各视角计算的结果上看，工具变量法实质上就是二阶段最小二乘法，其估算的结果较简单回归的结果不同。但是使用豪斯曼检验，对工具变量的第二阶段的回归方程做解释变量的随机性检验，结果如下：

```
>Hausman.test(GJGS,GJSJ,'yjsj','ECJY')
     yjsj
0.0852235
```

可见工具变量法是有效改善解释变量随机性特征的估计方法，这在一定程度上解决了现实建模的可操作性问题。同时也可能反映出非社会化的劳动对社会财富的作用的显著性。

7.3　被解释变量的随机分布问题

被解释变量是本书研究的核心对象，所以有关它的信息最少，一般都假定其属于随机性的状态分布变量，这一点可以通过前面介绍的对残差项的正态性检验的方法进行分布特征的检验。但是当它不服从正态分布时，该如何处理呢？这是本节要重点解决的问题。

7.3.1　被解释变量的分布问题

在现实的社会经济研究中，研究对象是服从什么分布的，往往都是未知的信息。所以多数人都以中心极限定理为依据，而假设其是服从正态分布的。这对非正态总体而言是很粗暴的假设，因为不同概率分布类型的特征差异很大，如果都按照正态概率来估算其发展演变规律，将产生较大的偏差，从而使我们的工作判断产生较大的错误。为此在研究现实问题时，一定要了解你所研究的对象的统计分布规律。

1. 被解释变量非正态对模型的影响

以二项分布为例，即研究对象是只有“是与非”或“有与无”等两类选择结果时，即以虚拟变量为被解释变量的计量经济模型，常称为二元选择模型。当选择项目在两种以上且有限时，所建模型就称为多元选择模型。当然多元选择模型可以看作并列的多个虚拟变量构成的被解释变量的计量分析问题，所以虚拟变量也就成了多元选择模型的分析基础。如前所述虚拟变量作为解释变量对回归模型的影响不大，在建模中直接使用时，只是改变模型的截距或斜率等特征。但是，如果虚拟变量作为被解释变量来使用，则会产生很多问题，需要进一步分析。

1）线性概率模型及其含义的改变

当被解释变量为虚拟变量，而解释变量仍以最基础的线性关系表达时，所建立起来的线性模型常称为线性概率模型（linear probability model，LPM）。该模型的基本形式如下：

$$Y = X\beta + \varepsilon \tag{7-12}$$

其中，Y 为一系列 0 和 1 元素构成的列向量；X 为确定性变量构成的矩阵；β 为回归系数；$X\beta$ 仍然是在 X 条件下的期望值，即 $E(Y_i \mid X_i) = X_i\beta$；$\varepsilon$ 为误差项。由于虚拟变量只取 0 和 1，则对应于不同的 X_i 会有不同的 $Y=1$ 的条件概率 P_i，即有

$$E(Y_i \mid X_i) = 1 \times P_i + 0 \times (1 - P_i) = P_i \tag{7-13}$$

可见，该条件期望所对应的向量，即回归的理论值将是一系列的概率值，即介于 0 和 1 之间的数值构成的列向量。而各概率的大小取决于 X_i 条件的限定，即各影响因素对

$Y=1$ 的决定程度 $X\beta$，因此也就有了理论值：

$$P = XB \tag{7-14}$$

从而在 Y 取 0 或 1 的具体向量与 XB 决定的概率 P 向量之间，就建立起了一一对应的关系。

2）二项选择模型的经济意义问题

被解释变量是以 0 或 1 表示的选择结果，而回归估计的结果是概率 P，即回归的理论值不再是人们选择 0 或 1 了，而是两者的折中所表明的 $Y=1$ 的可能性概率。因为 $Y=0$ 是人们不选择的结果，而 $Y=1$ 是人们选择的结果，所以人们选择与否要取决于选择所产生的效用是否大于不选择的效用。即当选择的效用大于不选择的效用时，人们会选择 $Y=1$，这时选择的概率也将大于不选择的概率。只有当两者的效用相同时，其概率才各占 0.5，这时是否选择，将取决于随机因素的作用。

由于解释变量的作用会体现在随着解释变量的改变，被解释变量选择某类行为的可能性的调整，因此该模型的概率期望将伴随解释变量的改变而单调变化。反映这种变化特征的概率分布函数，就是累积概率分布。而在线性概率模型中，该分布函数呈线性累积分布的特征。这种分布特征说明其对应的概率密度函数是均匀分布的，这又与现实的 0 和 1 并非均匀产生的矛盾，是我们所不能接受的。

由于干扰性随机因素的作用，这一概率分布并非始终符合其规范性的意义要求，时常表现出回归拟合值会有可能产生大于 1 或小于 0 的非概率意义的数值，所以它不是理想的概率计量模型。

3）二项选择模型的残差属性问题

当被解释变量是虚拟变量时，线性概率模型的回归残差分别为

$$u_1 = 1 - XB = 1 - P_1 \text{ 或 } u_0 = -XB = -P_1 \tag{7-15}$$

其可能存在如下主要问题。

（1）残差的非正态性。由于被解释变量的概率分布等同于残差项的概率分布，所以线性概率模型的残差不能符合正态分布的基本假设。

（2）残差存在异方差性。由于被解释变量为 1 时，其残差为$1-XB$，此时的条件期望表现为P_i；当被解释变量为 0 时，其残差为$-XB$，其概率为$1-P_i$；因此，残差的方差将为

$$\begin{aligned}\mathrm{Var}(u_i) &= E[u_i - E(u_i)]^2 = E(u_i^{\ 2}) = (-P_i)^2(1-P_i) + (1-P_i)^2(P_i) \\ &= P_i(1-P_i)(P_i + 1 - P_i) = P_i(1-P_i)\end{aligned} \tag{7-16}$$

即随着 X_i 的不同而表现为 P_i 的不同，所以此时的回归残差具有异方差性。

（3）可决系数（判定系数）R^2 通常较小，即拟合优度较低。由于虚拟变量只取 0 和 1 这两个值，而拟合值又都在两者之间，所以拟合的优度较普通变量要低出很多。

鉴于上述问题，建立计量经济模型时，不能一味假定被解释变量是正态的，一定要依据其分布特征分别对待。

2. 变量分布的检验方法

有关正态性检验的方法，在对残差项的检验中都已经学过了，这里就其他常用分布的方法介绍如下。

1）图示法

与正态性检验的 qq 图相近的其他分布的 qq 图的绘制，可用

$$\text{qqplot(x, y,} \cdots \text{)} \tag{7-17}$$

$$\text{qqline(x, y,} \cdots \text{)} \tag{7-18}$$

函数来实现，其中一个变量是要检验的未知分布的数据，另一个变量是以某已知分布的随机数据生成函数模拟的参照分布数据。

2）统计量检验法

在 R 中 ks.test()函数是进行一个或两个样品的 Kolmogorov-Smirnov 试验函数，主要用于检验样本数据 x 是否服从 y 分布的常用函数，该函数的基本形式及使用方法介绍如下：

ks.test(x, y, ..., alternative = c("two.sided", "less", "greater"), exact = NULL)　　（7-19）

函数中各参数的使用注意事项如下。

x 为需要判断其分布的样本数据序列。

y 为参照分布数据值或数字向量，是以各种分布的累积分布函数或实际累积分布函数（如 pnorm）的字符串表述的信息。如果是数据序列则判断 x 与 y 是否属于同一分布。在指定的分布名后还需要给出必要的参数。

alternative 为表示备择替代假设（否定域），必须是双边（默认）、较小或较大之一。可以只指定值的初始字母，但参数名称 alternative 必须是完整的。

exact 默认为空值或逻辑值，指示是否应计算精确的 p 值。

【例 7.3】　使用 ks.test 函数对支出法 GDP 是否服从正态分布做如下检验：

```
>ks.test(ZCFGDP$ZCFGDP,pnorm,mean(ZCFGDP$ZCFGDP),sd(ZCFGDP$ZCFGDP))
      One-sample Kolmogorov-Smirnov test
data: ZCFGDP$ZCFGDP
D=0.18813,p-value=0.2604
alternative hypothesis:two-sided
```

检验结果是正态分布的可能性很大，即不能否定 GDP 是正态分布的假设。

7.3.2　广义线性回归模型

正如二项选择模型一样，被解释变量的不同分布都会影响经济计量模型的质量，所以我们需要适合于不同分布的回归分析方法，即广义线性模型。

1. 广义线性模型的原理与形式

被解释虚拟变量 Y 的取值为 0 或 1，是我们可以观察到的现实选择的结果，其选择的动力来自回归方程中的各解释变量。然而在各解释变量与选择结果之间，却很难找到其恰当的显性函数关系，为此我们需要构建一个过渡函数，反映解释变量各因素与人们所选择结果的决定概率 P 之间的对应关系。这个过渡函数一方面要连接解释变量各因素，另一方面要连接二元选择的结果。可见使用一个什么样的函数来表达这一隐含关系，是离散的二元选择模型要解决的关键问题。

1）基本解决思路

当选择 1 的效用较大时，人们就会选择 1，而不会选择 0；当选择 1 的效用较小时，就选择 0。这种选择行为的分布如图 7-2 的曲线所描述的规律一样，即概率的取值在 0～1，其总和为 1，所以人们根据这两个特点使用从 0 到 1 递增的累积概率分布函数，来反映这一选择过程的方程形式。这种形式的模拟效果，明显好于图中直线所描绘的线性概率模型的结果。

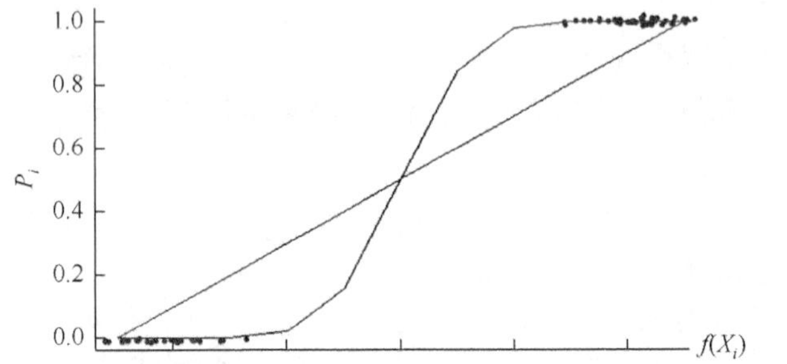

图 7-2 正态累积概率分布与线性累积概率的模拟效果对比图

图 7-2 的横轴是正态分布的随机变量取值，它应该与选择模型中的各解释变量相对应，即可以看作各解释变量的降维结果，是将回归方程的回归值与该随机变量对应的概率值对应连接的结果。而图的纵轴则是概率的分布函数值，作为依效用而进行的二项选择值的模拟描绘曲线，这样该曲线就成为各回归解释变量与选择结果的对应关系描述。其中横轴的降维函数是由解释变量的线性对应关系决定的结果，其大小方向也与纵轴的效用选择呈单调的对应关系。即线性函数取值趋近负方向时，其效用趋近于 0；而当线性函数取值趋近正方向时，其效用趋近于 1。可见这种处理方式是将解释变量与被解释变量的对应关系通过一个中间的过渡函数连接起来，因此这里的关键技术就是寻找恰当合适的连接函数。

2）连接函数的常规形式

由于现实问题的复杂性，往往不知其分布的具体形式，且更难寻找到恰当的解释变量线性关系与被解释变量的分布之间的连接函数。在统计学中存在着很多已知的经验分布类型，可以参考相关的特征信息，将可能的将近的分布作为连接函数的备选方案，进行测算评价，以检验出合适的连接函数，实现解释变量与被解释变量的合理对接。这些统计分布模型都属于单调递增的非线性形式，作为广义线性模型的连接函数，常应用于现实的经济建模活动中。

2. 二元选择模型的连接函数

现实中人们对二元选择模型所使用的连接函数主要有两个：一是概率分布函数描绘的 Probit 模型；二是 Logistic 函数描绘的 Logit 模型。

1）Probit 连接函数

该做法是以累积概率分布函数作为连接函数，来估算二项选择模型的。其构建思路及其过渡关系如下。

设人们在二元选择时效用函数为线性的形式，且选择 1 或 0 时的效用函数分别为

$$U_1 = XA_1 + \varepsilon_1 \text{和} U_0 = XA_0 + \varepsilon_0 \tag{7-20}$$

即 X 取不同值时，人们依据效用的大小做出选择 1 或 0 的决策。其效用大小的比较为

$$U_1 - U_0 = X(A_1 - A_0) + (\varepsilon_1 - \varepsilon_0) \tag{7-21}$$

设选择 1 与 0 的效用差为比较效用 $U = U_1 - U_0$，即当比较效用 $U > 0$ 时选择 1；当比较效用 $U < 0$ 时选择 0。这样选择 1 的回归系数 $B = (A_1 - A_0)$ 就是选择 1 的边际效用与选择 0 的边际效用之差。所以二项选择模型为

$$U = XB + E \tag{7-22}$$

这样，选择 1 的概率将为比较效用 U 的函数有

$$P(Y=1) = P(U > 0) = P(E > -XB) \tag{7-23}$$

将其标准化，有

$$P_i = P(U < Z_i) = F(Z_i)\text{，} -\infty \leqslant Z < \infty \tag{7-24}$$

即 F 表明临界值 Z 的较小值概率分布函数，则在 E 为对称假设下有

$$P(E > -XB) = 1 - F(-XB) = F(XB) \tag{7-25}$$

所以有

$$P_i = P(U > 0) = F(XB) \tag{7-26}$$

由 $U > 0$ 选择 1，则 $F(XB)$ 对应的概率为 P_i，就是 $Y = 1$ 对应的概率，即 P_i 的大小又取决于线性回归值 XB。这种方法可以使用多种概率分布函数来模拟二元选择的概率分布，并从中选择残差最小的分布来最终描绘其选择行为。

2）Logit 连接函数

Logistic 曲线描绘了生命成长的过程，应用中常简写为 Logit，其形态接近正态的累积概率分布曲线，只是计算较正态简单一些，所以历史上应用较为广泛。描述 Logit 分布函数的常见形式为

$$p_i = F(z_i) = \frac{1}{1 + \mathrm{e}^{-z_i}} \tag{7-27}$$

其中，z_i 为一个具体的函数，一般取线性函数的形式 XB，它是各回归解释变量的函数，即二项选择模型是以解释变量的函数作为解释变量，而以累积概率分布函数 P_i 为被解释变量的计量经济模型，该模型具有如下性质。

（1）当 X_i 趋向较大取值时 P_i 趋向于 1，当 X_i 趋向较小取值时 P_i 趋向于 0，且变化速度趋缓。即该累积概率函数所对应的效用值是以 0 和 1 为极限的，这也保证了回归结果所对应的概率取值 P_i 在 0～1。

（2）当 X_i 在平均水平附近时，P_i 趋向于 0.5，且变化速度趋快；所以，P_i 将随着 X_i 跨越中间值变化，而迅速地呈非线性的跳跃性改变，如图 7-2 的 S 形曲线分布图。

由 Logit 曲线形状可知，与各累计概率值相对应的随机变量 $f(X)$ 的取值是由线性组合 XB 决定的，而为了求解各概率对应的 XB 的参数值 B，需要采取如下处理办法：

设 $Z_i = f(X_i)$，且 $P_i = \frac{1}{1 + \mathrm{e}^{-z_i}}$；则有 $1 - P_i = 1 - \frac{1}{1 + \mathrm{e}^{-z_i}} = \frac{1}{1 + \mathrm{e}^{z_i}}$。

构建概率比关系式有 $\frac{P_i}{1-P_i}=\frac{1+e^{z_i}}{1+e^{-z_i}}=e^{z_i}$；对该式两边取对数，则有

$$\ln\left(\frac{P_i}{1-P_i}\right)=z_i=X\beta \tag{7-28}$$

这就是 Logit 模型经过变量置换后的基本形式，当概率比为正时，随着 X 的增加，选择 1 的可能性也增大了；当概率比为负时，随着 X 的减少，而选择 1 的可能性也在减少。这说明该变换与 Logit 原始形式的求解是等价的。

3. 广义线性模型估计的 R 实现

求解广义线性模型可以使用 R 中提供的求解函数，其命令格式如下：

glm(线性公式，连接选择，数据源)　　　　(7-29)

其中，各参数使用方法如下：线性公式 formula 为回归方程的公式，基本列示方法与线性回归相同；连接选择 family 是分布函数的选择参数，默认时是正态分布模型，估算结果将与 lm 函数相同。而选择其他分布时需要以 family 函数给出，具体用法后续说明；数据框 data 为指定公式中使用的数据来源。关键技术说明如下。

1）线性公式的用法

线性和广义线性模型的公式相同，都以“～”来区别被解释变量与解释变量的关系。各解释变量之间使用“+”连接，即变量的表线性可加。而表明删除关系使用“–”，如使模型穿过原点的无截距项限定方法有两种：一是在公式中加入“0”项；二是在公式中减“1”；如 y～x + 0、y～0 + x 或 y～x–1 三者是等价的。对于复杂的公式表达式，可能还要使用如下规范表述方式。

运算符“：”表示交互作用。

运算符“*”表示因子相加及其交叉，如 a*b 解释为 a + b + a：b。

运算符“^”表示达到指定程度的交叉，如(a + b)^2 与(a + b)*(a + b)及 a*b 都是相同。

运算符“%in%”为某因子包含于另一因子中，如 a + b %in% a 等同于 a + a：b。

运算符“–”为删除指定的项，如(a + b + c)^2–a：b 与 a + b + c + b：c + a：c 相同。

运算符“/”为包含交叉的关系，如 a/b 等同于 a + b %in% a。

运算符“.”为指定数据框中除被解释变量外的所有变量。

2）连接函数的选择与用法

根据你对被解释变量的分布的判断，选择相应的分布函数作为连接函数，其使用中默认选项为正态分布。而使用其他分布时，必须以“family = 分布名”的形式指定分布的类型。各分布的名称及参数要求如表 7-1 所示。

表 7-1　主要连接函数及其选项名

指数分布族的分布名	family 的各分布名字符	link 连接函数名
正态分布	gaussian	identity
二项分布	binomial	logit，probit，cloglog

续表

指数分布族的分布名	family 的各分布名字符	link 连接函数名
伽马分布	Gamma	identity，inverse，log
逆正态分布	inverse.gaussian	1/mu^2
泊松分布	poisson	identity，log，sqrt
类似分布	quasi	logit，probit，cloglog，identity，inverse，log，1/mu^2，sqrt

在表 7-1 中排列在前的各连接函数选项为 glm 函数的默认选项，使用中可以不写。其他连接函数必须以“link = 连接函数名”的形式，套用在相应的统计分布函数中，如在二项分布中选择使用累积概率分布的“probit”项的格式为：family = binomial (link = probit)。

【例 7.4】 对某社区的 28 位被调查者是否使用某产品的情况调查，得到如表 7-2 所示的 dcsj 数据框，其中，年龄为 X1、周收入为 X2、性别为 X3、是否使用为 Y。

表 7-2　社区使用 Y 产品的调查表

序号	X1	X2	X3	Y
1	18	850	0	0
2	21	1 200	0	0
3	23	850	0	1
4	23	950	0	1
5	28	1 200	0	1
6	31	850	0	0
7	36	1 500	0	1
8	42	1 000	0	1
9	46	950	0	1
10	48	1 200	0	0
11	55	1 800	0	1
12	56	2 100	0	1
13	58	1 800	0	1
14	18	850	1	0
15	20	1 000	1	0
16	25	1 200	1	0
17	27	1 300	1	0
18	28	1 500	1	0
19	30	950	1	1
20	32	1 000	1	0
21	33	1 800	1	0
22	33	1 000	1	0
23	38	1 200	1	0
24	41	1 500	1	0
25	45	1 800	1	1

续表

序号	X1	X2	X3	Y
26	48	1 000	1	0
27	52	1 500	1	1
28	56	1 800	1	1

使用 R 命令如下：

```
>gyxxhg<-glm(Y~X1+X2+X3,family=binomial(link=probit),data=dcsj)
```

检验结果是 X2 不显著，剔除 X2 后常数项不显著，再剔除常数项后的估计结果如下：

```
>glm(formula=Y~X1+X3+0,family=binomial(link=probit),data=dcsj)
Coefficients:
  Estimate         Std. Error    z value    Pr(>|z|)
X1    0.02225      0.01017       2.188      0.02870 *
X3  -1.44034       0.51109      -2.818      0.00483 **
Signif. codes: 0 '***' 0.001    '**' 0.01 '*' 0.05 '.' 0.1 ' ' 1
(Dispersion parameter for binomial family taken to be 1)
    Null deviance: 38.816  on 28  degrees of freedom
Residual deviance: 29.764  on 26  degrees of freedom
AIC: 33.764
Number of Fisher Scoring iterations: 4
```

可见对该产品消费的决定因素，不是收入的多少，而是性别和年龄。由于上述估计只得到了模型的参数，还需要像普通线性回归一样做相关的检验。要注意估算的结果只是连接函数的内容，还需要使用 predict(回归对象)–>Pre 得到该估计的预测结果，并需要进一步使用各种分布函数换算概率模拟值。如以正态分布换算，则有 Pi<–pnorm(Pre)为估算 Probit 模型的最终结果。同样，如果使用 Logit 连接函数，则其最终结果为：Pi<–exp(Pre)/(1 + exp(Pre))。

综合实训案例

【例 7.5】 结合附表三和附表五的数据，得知中国历史数千年的人口数据，存放在 lsrk 数据框对象中，并据此构建一个中国人口规模描述的计量模型。

考虑到人口增长是生物增长过程，应该符合 Logistic Pearl-Reed 曲线分布（常简记为 Logistic 模型），其形式为

$$Y_t = \frac{k}{1+\mathrm{e}^{f(t)+u_t}} \tag{7-30}$$

其中，k 和 0 分别为 Y_t 的生长上限和下限，即 $\lim\limits_{t\to\infty} Y_t = k$ 和 $\lim\limits_{t\to-\infty} Y_t = 0$； $f(t) = a + bt + ct^2 + dt^3 + \cdots$，常见形式为线性部分 $f(t) = a - bt$；所以原模型的常见形式为

$$Y_t = \frac{K}{1+e^{(a-bt)+u}} = \frac{K}{1+e^{a}e^{-bt+u}}$$

该模型中的 a，b 为待估参数。

该函数描绘成图像如图 7-3 所示，曲线的对称拐点坐标为（a/b，$K/2$）。

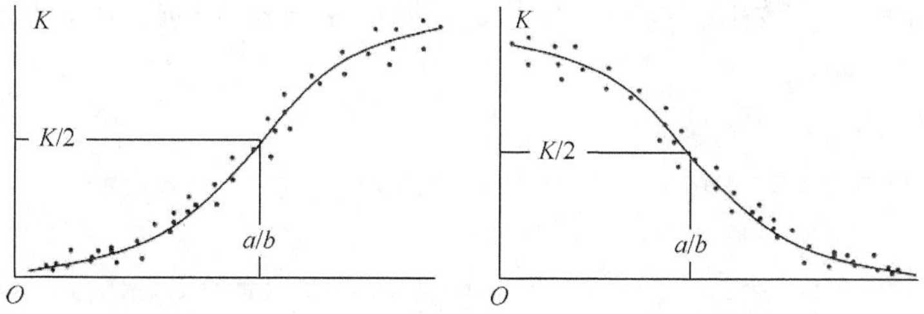

(a) $Y_t = K/(1+be^{-at+u_t})$　　(b) $Y_t = K/(1+be^{at+u_t})$

图 7-3　生长曲线图

为能运用最小二乘法估计参数 a，b，必须事先估计出生长上极限值 K。线性化过程如下：当 K 已知时，$K/Y = 1+e^{a}e^{-bt+u}$；移项有 $K/Y-1 = e^{a}e^{-bt+u}$；取自然对数有 $\ln(K/Y-1) = a-bt+u$。

令 $y^{*}=\ln(K/Y-1)$，则 $y^{*} = a-b\,t+u$；此时可用最小二乘法估计 a 和 b。

本例中利用已有的国土承载总人口的乐观估计量为 30 亿人，即 $K=30$。初步测算所得方程的统计检验效果很好，但是残差项的各项检验中，只有正态性通过，其他检验都未能通过。且在异方差的检验中发现高次方项显著，所以就将解释变量的二次方和三次方项纳入模型之中。然而能够通过异方差性检验，就很难通过自相关性检验，当增加计划生育和二胎政策性虚拟变量后，移动回归和递归最小二乘的结果表明，高次方的系数稳定在零水平分布。如此经过数十次的模拟实验，结果都不理想。为此需要转变模型的估算条件和方案，考虑到人口极限值的主观性，所以将该极限值做调整，发现调低时模型的检验趋向好转。因此将极限值 K 从 30 逐渐调低到 16，模型的各种检验才基本上达标。最终结果如下：

```
>rkgs<-log(16/popu-1)~t+jhsy+fkzc
>lm(rkgs,lsrk)->rkhg
>summary(rkhg)
Call:lm(formula=rkgs,data=lsrk)
Residuals:
   Min        1Q       Median       3Q         Max
-0.94113  -0.24222  -0.05267    0.23742    1.30433
Coefficients:
              Estimate     Std. Error    t value    Pr(>|t|)
(Intercept)4.139e+00     1.101e-01     37.58      <2e-16***
I(t)        -1.584e-03   8.708e-05     -18.19     <2e-16***
jhsy        -2.363e+00   1.532e-01     -15.42     <2e-16***
fkzc        -2.830e+00   2.721e-01     -10.40     4.21e-14***
```

```
Signif. codes:0 '***' 0.001 '**' 0.01 '*' 0.05 '.' 0.1 ' ' 1
Residual standard error:0.4142 on 50 degrees of freedom
Multiple R-squared:0.9721,Adjusted R-squared:0.9705
F-statistic: 581.3 on 3 and 50 DF,p-value:<2.2e-16
```

估计和统计检验的效果都很好，且各负的回归系数都表明使增长速度减缓的情况。

```
>resid(rkhg)->rkcc
>PP.test(rkcc)
     Phillips-Perron Unit Root Test
data:rkcc
Dickey-Fuller=-5.0899,Truncation lag parameter=3,p-value=0.01
>JB(rkcc)
[1] 1
```

可见，残差的分布不但平稳，还服从正态分布。

```
>CCYFC.test(rkhg)
[1] 0.07844598
>CCZXG.test(rkgs,3,lsrk)
[1] 0.06854689
```

可见，残差的自相关性和异方差性都不存在，即残差符合基本假设。进一步检验其参数的稳定性如图 7-4 所示。

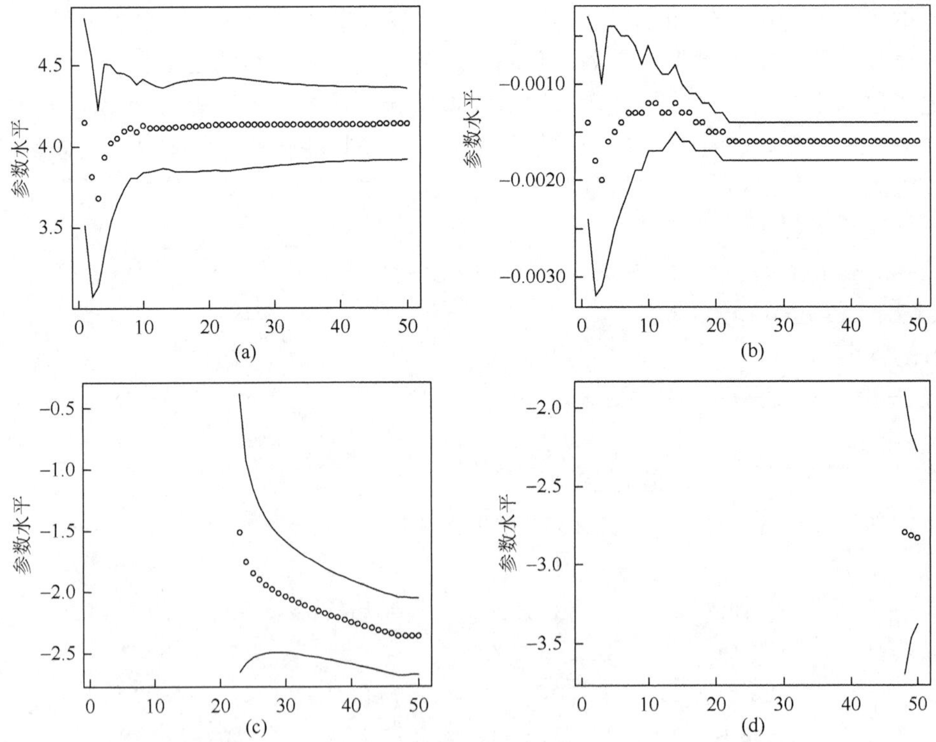

图 7-4 递归系数趋势图

从图 7-4 可以看出，常数项稳定在 4.13 左右，趋势项稳定在–0.0016 左右，计划生育政策的作用在逐渐加强，且稳定在–2.36 左右，二胎政策刚刚起步，作用在–2.83 左右。将各参数还原到一般的原始数据形式模型为

$$\text{popu}=\frac{16}{1+4.138\,749\exp(-0.001\,584t-2.362\,679\text{jhsy}-2.830\,483\text{fkzc})}$$

据此预测 2020 年人口数将是：16/（exp（–0/0016*2020–2.8305）*4.1388 + 1）= 12.8605 亿人。

阅读与思考

对量化分析的现实可行性思考

经常遇到身边人在指导学生论文写作时，对难以量化的现象灌输给学生的论断："这是不可量化的问题，不要在此浪费精力了。"每当听到他们的论调，都有一种按捺不住的冲动，总想告诉他们："这个世界的万事万物的存在形式，都是质与量的辩证统一体，不可能没有质的量，也不可能没有量的质。因此说'不可量化'是过于武断的处理方式。"尤其是在指导论文中，是锻炼学生的批判性思维、创新发现及逻辑推理能力的最为重要的场合，我们的武断和惯性的思维会潜移默化地影响未来的社会进步与发展。

我们现在的成绩与学生时代的思维训练是分不开的，记得著名的"钱学森之问"吗？这是我们所不愿意提及的事情，但是你观察一下那一段时间的社会主流的管理者，他们的学生时代都在什么样的思维环境下成长的，你就会找到根源了，一个思想僵化的时代，不会培养出真正的大师。同样在实践真理讨论及其之后的年轻人成长为社会主流之后，我们的大师在逐渐增加，我们的社会也在以史无前例的速度前进着。所以为师者的责任与素养，关乎着民族的兴衰与生死存亡。

同样，在指导学生大创项目中，类似的事情也是时常遇到的。记得一位同学想要知道每年房地产的竣工数量，但是统计部门的数据只有房地产的在建数量、产值、产量和价格等数据，我也没有好的办法来弥补这一数据缺口。后来该同学的处理方法很令人赞赏，她考虑到房地产竣工的工序往往是以安装了玻璃为明显标志的，而我国的玻璃产量是有数据的，于是以两者的相关关系为依据，使用玻璃产量推算出房地产的竣工数量。类似的实例很多，同学的创造和发现的能力也是很令我欣慰的，而这一切又多是从他们的某些初衷开始，逐渐引导出来的做法。虽然有着水到渠成的感觉，但是这种思维方式的培养是潜移默化、润物无声的。

本章小结

变量是模型的主体，也是我们能够观察到的各类现实的记录，而记录和表达的方式则因人因事的不同，表现出差异性的特征。不同的变量将起着分工表达各类事物的作用，所以对模型中的变量性质要求也不一样，即解释变量是确定性的，被解释变量是随机性的正态分布。这样，对解释变量的随机性的检验，以及被解释变量的分析类型的检验等

内容的学习，就成了本章的主要任务。在检验的基础上，针对解释变量的随机性采取工具变量法；对被解释变量的不同分布，采取广义线性回归法来完善计量经济分析的内容。

✍作业与练习

1. 依据例 7.4 中的数据资料，采用 Logit 连接函数，进行该产品消费的二元选择模型的估算。并将估算的结果与例题估算的结果进行对比分析，以判断哪一种方法更适合该例。

2. 对解释变量随机性检验的案例 Hausman.test.R 程序进行修改，以便用于更宽泛的环境。

第8章

参数的稳定性检验

参数是反映现象之间关系特征的统计指标，在经济模型中是人们所欲求的经济规律，而规律性的东西是稳定不变的，或者说越稳定的现象，其规律性就越强。所以模型中的参数应该是稳定的，以常数的形态出现在模型中。这样在评价模型质量时，就可以从参数稳定的视角来观察和诊断了。

8.1 邹氏参数稳定性检验

在一个成功的计量经济模型中，经济参数应该恰当地反映出变量间的规律性内容，即参数值应该在一定范围内相对稳定。所以在模型估算及统计检验后，还要对模型的回归系数进行稳定性检验。为此经济学家邹至庄提出了一系列的有关检验方法。

8.1.1 邹氏突变点检验

在实证建模中，经常会遇到在观察的样本区间内，包含着某些可能改变模型参数的事件。例如，观察样本包含着某个重要的历史转折点，或明显的区域化管理的分界线，都可能引发回归参数的改变。我们将这种使参数改变的分界点称为突变点，邹至庄有关突变点的检验（邹氏突变点检验）方法如下。

1. 邹氏突变点检验的基本原理

邹至庄将可能的突变点作为检验点，并在参数应该是稳定的理念下，提出该点之前和该点之后的某参数是相同的假设。即有

$$\mathrm{H}_0: \beta_A = \beta_B \tag{8-1}$$

该假设是指在该检验点之前的方程回归系数与在该检验点之后的方程回归系数没有发生改变，即模型参数在该点上是稳定不变的。其检验的基本原理如下。

设需要建立的模型为

$$Y = \beta_0 + \beta_1 X_1 + \beta_2 X_2 + \cdots + \beta_K X_K + \varepsilon$$

要检验某一数据点是否为突变点，就要以该数据点为分界点，将原回归建模的数据分为 A 和 B 两个连续的部分，即 A 是检验点之前的数据区间，分别标记为$1 \sim n_A$；B 是检验点及其之后的数据区间，分别标记为$n_A + 1 \sim n_A + n_B$。两部分模型相应的变量和参数

也可以下角标 A 和 B 来标注，则相应的各部分模型分别为

$$Y_A = \beta_{A0} + \beta_{A1}X_{A1} + \beta_{A2}X_{A2} + \cdots + \beta_{AK}X_{AK} + \varepsilon_{At}$$

$$Y_B = \beta_{B0} + \beta_{B1}X_{B1} + \beta_{B2}X_{B2} + \cdots + \beta_{BK}X_{BK} + \varepsilon_{Bt}$$

为保证各方程可解，必须要求 n_A 和 n_B 都大于 $K+1$；则以矩阵形式表述各模型如下：

$$\begin{pmatrix} Y_A \\ Y_B \end{pmatrix} = \begin{pmatrix} X_A & 0_A \\ 0_B & X_B \end{pmatrix} \begin{pmatrix} \beta_A \\ \beta_B \end{pmatrix} + \begin{pmatrix} \varepsilon_A \\ \varepsilon_B \end{pmatrix} \tag{8-2}$$

这样，原混合模型 $Y = X\beta + \varepsilon$ 就可以看作对式（8-2）分块模型施加约束后的结果，即约束为回归系数向量 $\beta_A = \beta_B$，表示在 n_A 点前后的参数没有改变。即模型结构在该点没有发生变化，所以我们将没有分块的原模型称为受约束模型。而将分块式模型，实质上是将数据划分为 n_A 和 n_B 项后，分别估算的两个方程的参数各不相同，所以称为无约束的模型。这样根据两部分模型的残差或似然函数值，就可以进行 F 检验或卡方检验了。

2. 邹氏突变点检验的基本步骤

将分块无约束模型与混合受约束模型的残差或似然函数值对比进行的检验如下。

1）F 检验法

（1）在原假设 $\mathrm{H}_0 : \beta_A = \beta_B$ 的前提下，按照 F 检验的原理分别计算估计混合数据的回归方程及各部分的回归方程，并求得各方程的残差平方和。即不分区的原模型残差平方和记为 $\mathrm{RSS_R}$，并视为受约束的残差平方和；以 A 和 B 各组的数据分别建立回归方程，将其残差平方和分别记为 RSS_A 和 RSS_B。则无约束分块式模型的残差平方和为

$$\mathrm{RSS_U} = \mathrm{RSS}_A + \mathrm{RSS}_B \tag{8-3}$$

（2）构造检验的 F 统计量。即使用受约束的残差平方和 $\mathrm{RSS_R}$ 及约束数量、无约束的残差平方和 $\mathrm{RSS_U}$ 及其自由度来构成 F 统计量如下：

$$F = \frac{(\mathrm{RSS_R} - \mathrm{RSS_U})/(K+1)}{\mathrm{RSS_U}/(n_A + n_B - 2K - 2)} \sim F(K+1, n_A + n_B - 2K - 2) \tag{8-4}$$

（3）依据显著性水平和 F 统计量的计算值，来判断检验原假设是否成立。判断方法可以从如下两个角度进行。

①依据显著性水平计算临界值 F_α，以 $F > F_\alpha$ 为否定域。

②以 F 值右侧的累计概率 F_α 是否小于显著性水平 α 为依据，来判断原假设是否成立。即当 $F_\alpha < \alpha$ 时否定原假设，认为该点是突变点。

2）似然比检验法

（1）依据卡方分布来计算对数似然函数比的检验统计量。其 R 程序的计算公式如下：

$$\chi^2 = 2 * (\mathrm{logLik}(M_A) + \mathrm{logLik}(M_B) - \mathrm{logLik}(M_R)) \tag{8-5}$$

其中，M_A 和 M_B 为检验点前后的两个回归方程的 R 对象；M_R 为混合数据的受约束回归方程的回归对象。

（2）分析判断也可以从如下两个角度进行。

①依据显著性水平 α 计算检验临界值 χ^2_α，当 $\chi^2 > \chi^2_\alpha$ 时否定原假设。

②依据卡方统计量 χ^2 右侧的累计概率 Ka 是否小于 α，来判断参数的稳定性，即

$Ka < \alpha$ 时否定原假设，认为参数不稳定。较大值的累计概率计算公式为

$$Ka = \text{pchisq}(\chi^2, K+1, \text{low} = F) \tag{8-6}$$

其中，K 为解释变量的数量。

3. 检验的程序与案例

按照 F 检验和似然比检验的原理，编制突变点检验的 R 程序如下。

1）对具体时点进行突变点检验

针对某具体点位进行是否突变点的判断程序编制如下：

```
ZTa<-function(GS,SJ,BD){M<-lm(GS,data=SJ);MA<-lm(GS,data=SJ[1:B
D-1,]);
MB<-lm(GS,data=SJ[-(1:BD-1),]);RSSR<-sum(resid(M)^2);
RSSU<-sum(resid(MA)^2)+sum(resid(MB)^2);
K<-length(M$coef);UDF<-MA$df+MB$df;
Fa<-pf(((RSSR-RSSU)/K)/(RSSU/UDF),K,UDF,low=F);
LRa<-pchisq(2*(logLik(MA)+logLik(MB)-logLik(M)),K,low=F);
c(Fa,LRa,(Fa+LRa)/2)}
```

该程序中的 GS 为模型结构公式，SJ 为计算数据框，BD 为检验的突变点位置。

该程序给出的结果是以检验统计量的较大值累积概率给出的，且按照 F 检验、LR 检验的概率，以及两概率的平均值顺序显示。当计算结果小于等于 0.05 时，可以判断该时间点为突变点。

【例 8.1】　使用例 6.8 中的回归对象 XFHG，分别采用 F 和 LR 检验，对 2000 年是否为突变点进行邹氏检验有：

```
>source("D:\\自编程序\\ZTa.R")
>ZTa(xfgs,xfsj,8)
[1] 0.8019854  0.1701251  0.4860553
```

可见，三个概率都大于 0.05，因此不能否定稳定性原假设，即参数在 2000 年是稳定的。

2）夸特-安德鲁斯（Quandt-Andrews）突变检验

邹氏突变点检验需要明确具体的分区时点，而在历史不是太了解时，具体的突变点往往都是未知的，为解决这一问题，夸特-安德鲁斯提出了他们对突变点检验改进思路。即在时序期间设定两个观测点 L_1 和 L_2，对两点之间的每一个观察期都要进行邹氏突变点检验，并将各检验统计量整合而进行的检验。它主要适合于未知的突变点的查找，是可以代替邹氏检验的一般方法。

由于自由度和方程的求解要求，在观测点 L_1 之前的期数一般要与 L_2 之后的期数相同，且不参与检验。在参数稳定的原假设下，可以分别采用 F 统计量、LR 统计量、沃尔德统计量等进行检验。并可以将这些统计量的最大值、指数值、平均值等作为检验判断和分析的依据，程序中多数都给出原假设成立的概率 P 值。

为了实现夸特-安德鲁斯的检验思路，依据邹氏的做法，编制了下面的参考程序。即以 F 检验和 LR 检验的平均结果为判定依据给出的做法，使用中需要将回归方程的结

构公式给出，同时要指定数据框。具体的参考程序如下：

```
#夸特-安德鲁斯突变点检验，其中 GS 为回归方程的结构公式，SJ 为计算数据框。
QAa<function(GS,SJ){
Mr<-lm(GS,SJ);RSSR<-sum(resid(Mr)^2);#先估算约束方程获得残差平方和的信息
N<-length(resid(Mr));jg<-matrix(rep(1,3*N),N,3);#获有效长度并设计结果显示结构
K<-length(Mr$coef);SC<-length(SJ[,1]);ZH<-SC-N;I<-K+ZH;J<-SC-K;#计算各控制变量
for(L in I:J){MA<-lm(GS,SJ[1:L,]);MB<-lm(GS,SJ[-(1:L),]);#分别计算分组回归
RSSU<-sum(resid(MA)^2)+sum(resid(MB)^2);ZUD<-MA$df+MB$df;#求无约束残差平方和
Fa<-pf(((RSSR-RSSU)/K)/(RSSU/ZUD),K,ZUD,low=F);#计算 F 检验的累积概率
LRa<-pchisq(2*(logLik(MA)+logLik(MB)-logLik(Mr)),K,low=F);#计算 LR 检验的累积概率
Fa->jg[L+1,1];LRa->jg[L+1,2];(Fa+LRa)/2->jg[L+1,3]};将结果逐一加入结果矩阵中
round(jg,5)}#以 5 位的四舍五入值显示全部计算结果，其中 Fa 为 F 检验的大于累计概率
#LRa 为卡方检验的右侧累计概率，第 3 列结果是前两列的均值。
```

该程序在调用时的格式为

$$\text{QAa(回归公式，数据框名)} \tag{8-7}$$

输出结果是一个 $N\times 3$ 的矩阵，前两列分别是 F 和 LR 的较大值概率，第 3 列是前两列的均值。

使用时只要某行的 3 个数值都小于 0.05，就可以认为此处的参数为突变点。

一般情况下，使用 QAa（）程序完全可以取代 ZTa（）程序，所以直接进行夸特-安德鲁斯检验可以全阶段地观察现象的参数是否稳定。

【例 8.2】 使用例 6.8 中的回归对象 XFHG，运行自编的 F 和 LR 检验程序，进行夸特-安德鲁斯的突变点检验。运行自编程序有：

```
>source("D:\\自编程序\\QAa.R")
>QAa(xfgs,xfsj)
```

结果如下：

```
     [,1]    [,2]    [,3]
[1,] 0.72746 0.00000 0.36373
[2,] 0.61132 0.00311 0.30722
[3,] 0.61129 0.00119 0.30624
[4,] 0.83177 0.22749 0.52963
[5,] 0.80199 0.17013 0.48606
```

```
 [6,] 0.80171 0.09047 0.44609
 [7,] 0.84531 0.06935 0.45733
 [8,] 0.79959 0.03032 0.41496
 [9,] 0.81907 0.01910 0.41908
[10,] 0.82760 0.01100 0.41930
[11,] 0.89743 0.00997 0.45370
[12,] 0.84424 0.00813 0.42619
[13,] 0.84688 0.00332 0.42510
[14,] 0.89125 0.00203 0.44664
[15,] 0.90684 0.00128 0.45406
[16,] 0.81969 0.00040 0.41004
[17,] 0.73867 0.00013 0.36940
[18,] 0.66590 0.00004 0.33297
[19,] 0.52933 0.00001 0.26467
[20,] 0.00140 0.00001 0.00070
[21,] 0.00603 0.00000 0.00302
```

可见，第 20 和 21 期是可能的突变点。

由于数据从 1992 年开始，经过一次差分，加之模型有三个参数，所以计算结果对应的第 1 行对应的是 1995 年，即第 20 和 21 行就是 2014 年和 2015 年。这两年成为可能突变点的原因，还需要进一步研究。可能是扩大内需等经济政策使得人们的消费倾向发生改变，也可能是处于数据的边缘造成的短期波动效果，所以需要做进一步的分析。

8.1.2 预测的稳定性检验

一个模型的参数稳定时，其预测也将是稳定而准确的。因此，按照这种思想进行的参数稳定性检验，称为参数稳定性的预测检验。通过模型的预测能力进行的参数稳定性检验，也是邹至庄提出的，简称为邹氏预测检验。它与邹氏突变点检验的不同之处，是对数据分类时不要求分界点两侧的样本数据量都大于 $K+1$，其检验的基本思想是先用 n_A 组数据估计原模型，再用估计出的模型对另一部分 n_B 组数（小于 $K+1$ 项）做预测性分析。如果预测误差较大，则说明参数发生了变化，否则说明参数是稳定的。具体内容如下。

1. 预测检验的基本原理

分别以 β 和 ρ 表示 A 和 B 两个部分的方程参数，第一个方程（即数据 $n_A > K+1$ 部分）的回归系数是 β，而第二部分数据（即数据 $n_B < K+1$ 部分）对应的方程参数为 ρ，则两部分数据所对应的两个方程分别设定为

$$Y_A = X_A\beta + \varepsilon_A \text{ 和 } Y_B = X_B\rho + \varepsilon_B$$

在以第一个方程为基准进行预测时，对其系数偏差及预测残差等情况，可表述如下：

$$Y_B = X_B\beta + X_B(\rho - \beta) + \varepsilon_B = X_B\beta + \gamma + \varepsilon_B$$

将上述两个方程用矩阵表述如下：

$$\begin{pmatrix} Y_A \\ Y_B \end{pmatrix} = \begin{pmatrix} X_A & 0_A \\ X_B & X_B \end{pmatrix} \begin{pmatrix} \beta \\ \rho - \beta \end{pmatrix} + \begin{pmatrix} \varepsilon_A \\ \varepsilon_B \end{pmatrix} \tag{8-8}$$

在该方程组中以 γ 表明两个方程的系数之差，及其在方程 B 中的作用程度，其内容为

$$\gamma = X_B\ (\rho - \beta)$$

由于解释变量为非零向量，所以要使 $\gamma = 0$，则必要求两个方程的系数相等，即 $\rho = \beta$，这表明参数在估计期与预测期相同。邹氏预测检验就是以 $\gamma = 0$，进而要求两个方程的系数稳定为假设进行的。

如果将 A 方程视为无约束的方程，则其残差平方和为 RSS_U；而将系数不变的假设作为方程中的约束，则全部数据参与计算的方程为受约束方程，其残差记为 RSS_R；根据对方程参数约束的 F 检验原理，构建 F 检验统计量有

$$F = \frac{(\text{RSS}_\text{R} - \text{RSS}_\text{U}) / n_B}{\text{RSS}_\text{U} / (n_A - K - 1)}$$

根据 F 分布规律，在显著性水平 α 给定的前提下，确定否定域的临界值 F_α，当 $F > F_\alpha$ 时，即 F 值右侧的概率值小于 α 时，否定原假设，认为方程的参数不稳定。

2. 预测性检验的基本步骤

依据预测性检验的基本原理，归纳出具体的检验步骤如下。

（1）提出原假设 $\text{H}_0: \rho = \beta$； $\text{H}_1: \rho \neq \beta$。

（2）在两部分数据混合的样本下做普通最小二乘回归，并将其视为受约束的模型，其残差平方和记为 RSS_R。

（3）利用第一部分 n_A 组数据构成的子样做普通最小二乘回归，视为无约束的方程，得到的残差平方和记为 RSS_U。

（4）计算检验统计量 F 值，临界值 qf($1-\alpha$, n_B, n_A-K-1)，或概率 pf(F, n_B, n_A-K-1, low = F)。

（5）做出判断：在显著性水平 α 下，如果 $F > F_\alpha$，即 F 值右侧的概率小于 α，则拒绝原假设，认为预测期发生了结构变化。否则，参数是稳定的。

3. 自编 R 语言的检验程序

根据上述原理，使用 R 语言编制参数稳定的预测性检验的参考程序如下：

```
ZYa<-function(GS,SJ,YT){MR<-lm(GS,SJ);RSSR<-sum(MR$resid^2);
MU<-lm(GS,SJ[1:YT,]);RSSU<-sum(resid(MU)^2);
ZUD<-MU$df;SC<-length(SJ[,1]);
FZ<-pf(((RSSR-RSSU)/(SC-YT))/(RSSU/ZUD),SC-YT,ZUD,low=F);
LR<-pchisq(2*(logLik(MU)-logLik(MR)),SC-YT,low=F);
jg<-matrix(NA,2,3);"Fa"->jg[1,1];"LRa"->jg[1,2];"平均"->jg[1,3];
round(FZ,4)->jg[2,1];round(LR,4)->jg[2,2];round((FZ+LR)/2,4)->j
g[2,3];jg}
```

一般情况下，当该检验的结果都小于 0.05 时，就否定预测稳定的原假设。

【例 8.3】 使用案例 6.8 中的数据资料，以及自编的 F 和 LR 检验程序，以前 23 项

数据为建模依据，以后 3 项数据作为预测检验的对象，则进行邹氏预测性检验如下：

```
>source("D:\\自编程序\\ZYa.R")
>ZYa(xfgs,xfsj,23)
     [,1]    [,2]  [,3]
[1,] "Fa""LRa""平均"
[2,] "0.006""0""0.003"
>ZYa(xfgs,xfsj,24)
     [,1]     [,2]  [,3]
[1,] "Fa""LRa""平均"
[2,] "0.0017""0""9e-04"
>ZYa(xfgs,xfsj,25)
     [,1]     [,2]     [,3]
[1,] "Fa""LRa""平均"
[2,] "0.3256""1e-04""0.1628"
```

后 3 项对应的是 2016 年、2017 年、2018 年，计算结果表明 2016 年和 2017 年是不稳定的，而 2018 年又是稳定的了。

8.2　对参数稳定趋势的观察

对参数的客观要求是稳定的，但是样本观察的随机性等因素往往促使参数在时间或空间分布上产生一定的波动。如果该波动不大，且趋于平稳则模型属于稳定的；如果参数的波动趋向不定或发散，则模型是不稳定的。基于这种思想，对模型参数进行趋势稳定性观察，不但可以评价模型的质量，还可能从中发现模型设计的漏洞及改进的方向。

8.2.1　对模型参数的趋势观察

从动态或空间分布上对模型参数变化趋势的观察，需要依据数据特征来进行。即当我们对所掌握的数据资料以某种顺序进行排列时，就可以依序分阶来估算模型，以观察参数的分布特点，主要的观测方法有如下两种。

1. 递归最小二乘的参数趋势观察

递归最小二乘法是一个不断扩大样本，不断增加自由度和参数相同的约束，并逐次重新估计模型的动态估算方法。利用这种方法不但可以估计模型，还可以在估算过程中观察到模型中各要素的稳定性。

1）基本原理说明

利用递归最小二乘法可以得到逐期扩展的递归回归系数序列，以图形的方式能够更加形象地反映出参数的稳定趋势。如果参数的逐期变化不大，基本维持在一定的水平线上，说明该参数较为稳定，其作用程度固定；如果某回归系数有着明显的趋势，说明该解释变量的作用呈规律性变化，就要进一步分析其成因，并在模型中修正其作用方式。

2）R 语言的参考程序

为将该检验方便实现，可参考如下程序进行测试：

```
DGLS<-function(GS,SJ,XF='XX'){if(XF=="XX"){MT<-lm(GS,SJ)}else{M
T<-nls(GS,SJ,XF)};
K<-length(coef(MT));
#初算整体参数,如果是线性模型 XF="XX";如果是非线性模型要给出初始参数列单
list(a=1 等列表)。
N<-length(resid(MT));SC<-length(SJ[,1]);I<-K+SC-N;xz<-1:(SC-I);
#估算整体模型测算参数个数，有效预测长度，数据长度，开始计算的方程数据长度，
递归的次数等。
Bl<-array(NA,c(K,2,(SC-I)));B<-matrix(NA,K,(SC-I));
#建立一个存放系数的矩阵 B(参数个数 K 为行,递归次数 xz 为列)和存放区间的三维数
组 Bl(K,2,xz)。
for(Ls  in(I+1):SC){if(XF=="XX"){Ma<-lm(GS,SJ[1:Ls,])}else{Ma<-
nls(GS,SJ[1:Ls,],XF)};
Bl[,,(Ls-I)]<-round(confint(Ma),4);B[,(Ls-I)]<-round(coef(Ma),4)};
#求解递归方程，并将各系数及区间值赋给 B 和 Bl。
YSXX<-matrix(NA,K,2);
for(LL in 1: K){YSXX[LL,1]<-min(Bl[LL,1,],na.rm=T);YSXX[LL,2]<
-max(Bl[LL,2,],na.rm=T)};
#创建一个存放极的矩阵，并将各区间的极值赋给矩阵。
for(LSZ in 1: K){plot(xz,B[LSZ,],ylab="参数水平",xlab=LSZ,ylim=c
(YSXX[LSZ,1],YSXX[LSZ,2]));
lines(xz,Bl[LSZ,1,]);lines(xz,Bl[LSZ,2,]);scan()}}
#按系数逐一绘图，回车后显示下一张图。
```

该程序将参数 b_k 保存在 B 矩阵中，其中行为参数顺序 k 列为逐步顺序；将参数的上下限保存在三维数组 Bl 中，其中：

第 1 维表明回归系数顺序 k;

第 2 维表明各回归系数的 0.025 和 0.975 的下限和上限，即 95%把握的区间估计；

第 3 维为逐步顺序。

图形是据这两个数组绘制的。

【例 8.4】 利用案例 6.8 的资料，使用 DGLS.R 检验 SCHG 对象的系数稳定情况有：

```
>source("D:\\自编程序\\DGLS.R");
>DGLS(xfgs, xfsj)
```

其运行结果如图 8-1 所示。

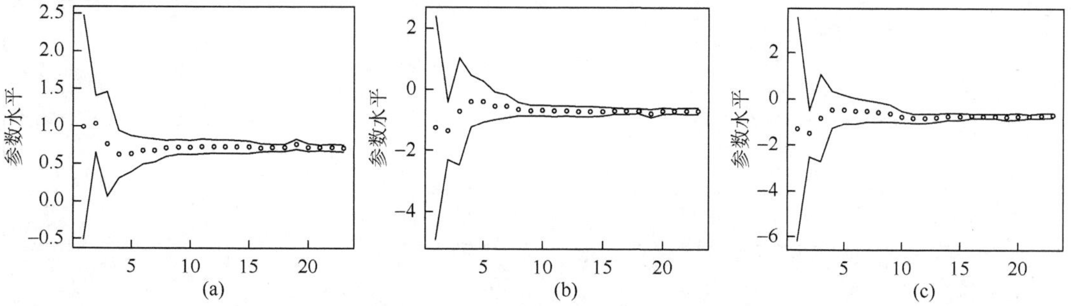

图 8-1　回归对象 XFHG 的系数递归分布图

从程序给出的结果图上看，三个参数的分布都越来越趋于稳定，前几年是市场经济实施的初期波动较大，同时要注意在分析中结合纵轴的计量单位，来比较各系数的波动幅度。

2. *移动回归系数观察*

按照递归的思想，我们也可以编制一个移动回归的程序，获得各经济参数的变化分布情况，并从中发现参数的稳定性，以及变化的突变等特殊情况。

1）移动回归系数的程序

从回归方程可解的基本要求出发，以相邻的 $K+1$ 组数据来求解回归方程，且逐项移动，则可获得各回归系数的分布数列。与递归方法类似，其 R 程序参考如下：

```
YDLS<-function(GS,SJ,XF='XX'){if(XF=="XX"){MT<-lm(GS,SJ)}else{MT<
-nls(GS,SJ,XF)};
K<-length(coef(MT));
N < -length(resid(MT));SC < -length(SJ[,1]);I < -K+SC-N;xz < -1:
(SC-I);
Bl<-array(NA,c(K,2,(SC-I)));B<-matrix(NA,K,(SC-I));i<-0;
for(Ls in(I+1):SC){if(XF=="XX"){Ma<-lm(GS,SJ[(i+1):Ls,]);i<-i+1}
else{Ma<-nls(GS,SJ[(i+1):Ls,],XF);i<-i+1};
Bl[,,(Ls-I)]<-confint(Ma);B[,(Ls-I)]<-coef(Ma)};
YSXX<-matrix(NA,K,2);
for(LL in 1: K){YSXX[LL,1]<-min(Bl[LL,1,],na.rm=T);YSXX[LL,2]<-
max(Bl[LL,2,],na.rm=T)};
for(LSZ in 1:K){plot(xz,B[LSZ,],ylab="参数水平",xlab=LSZ,ylim=c
(YSXX[LSZ,1],YSXX[LSZ,2]));
lines(xz,Bl[LSZ,1,]);lines(xz,Bl[LSZ,2,]);scan()}}
```

【例 8.5】　使用 YDLS.R 程序，对 XFHG 的移动回归系数稳定性观测如下：

```
>source("D:\\自编程序\\YDLS.R");YDLS(xfgs,xfsj)
```

运行结果如图 8-2 所示。

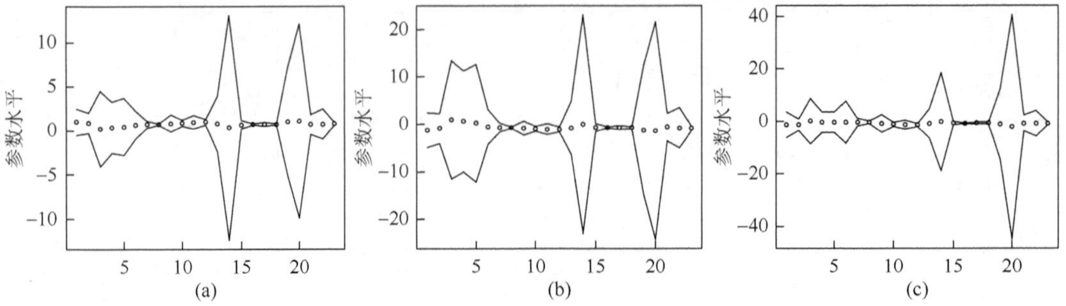

图 8-2 XFHG 的移动回归系数分布

2）回归系数分布的含义

通过回归系数的分布特征，可能会得到如下结论。

（1）在某一水平线上分布。如果回归系数在同一水平线上分布，可以说明其是相对稳定的。如果这一水平线是 0，则该回归系数所对应的解释变量对被解释变量没有显著影响。如图 8-2 的各系数所反映情况，虽有部分远离零的点，但是整体上是在零的附近波动，说明其作用并不大；而如果系数较稳定地分布在某非零点，则其作用必定是显著的。

（2）存在有规律的变动。如果回归系数不在某一水平线上分布，则说明其作用的变化情况，这是所谓的变参数问题，也可能是模型设定的不恰当，具体参见 8.2.2 节的内容。

上述递归和移动回归的应用前提是模型正确合理，所以在没有确定其合理性之前，只能作为估算和检验的参考。

8.2.2 变参数模型及其诊断

在经典的计量分析中，假定模型的参数是固定不变的常数。但是现实的情况并非如此，随着环境的改变参数也往往会产生变化。

如果在模型中参数是个变量，则称为变参数模型。但是这种变参数模型的背后，却暗含着模型设定所存在的问题。

1. 模型截距项为变参数的问题

如果模型中的截距项参数不是稳定的，则称为截距项变参数模型或漂移模型。对这类问题的分析，可以分为如下两种情况。

1）截距变参数存在确定性变化趋势

如果不稳定的截距项有着确定性的变化趋势，则说明该参数是随着数据序列的顺序，或某一变量的变化而有规律地改变的。这说明在模型所选择的解释变量之外，有一作用变量在明显起作用，即模型遗漏了重要的解释变量。这种情况在普通回归上，会反映在残差上，并出现残差项的自相关或异方差，这时的截距项会与政策性变量的控制方向及数据的大小呈较高的相关性。为此，我们可以查找与该截距参数分布相近或相反的经济因素，并纳入模型进行估算与检验。具体做法如下。

以一元回归模型：$Y_t = \alpha_t + \beta X_t + \varepsilon_t$ 为例，设 P_t 为一政策性变量或者虚拟变量（只取

0 和 1 的变量），而模型的截距项 α_t 是变参数，则变参数模型的形式如下：

$$Y_t = (a_0 + a_1 P_t) + \beta X_t + \varepsilon_t \tag{8-9}$$

其中，a_0、a_1、β 为常数；确定性政策变量 P_t 与误差项不相关。

当 P_t 为虚拟变量时，如果 $t \notin A$ 就使用 $P_t = 0$ 来表述，如果 $t \in A$ 就使用 $P_t = 1$ 来表述，该虚拟变量的作用可以通过 a_1 的显著性检验来判断，这相当于以加法的方式在模型中引入一个虚拟变量，它只改变模型的截距项，使截距项要么是 a_0，要么是 $a_0 + a_1$。

当 P_t 为数值序列时，a_1 的显著性会使回归方程增加一个解释变量，同时截距项也会因 a_1 在 a_0 中的作用扣除，使得 a_0 也将有所改变。

2）截距变参数呈随机性分布

当截距参数的分布体现出不确定性（随机性）的特征时，称为随机变参数模型。仍以一元线性模型 $Y_t = \alpha_t + \beta X_t + \varepsilon_t$ 为例，如果截距项呈随机性在某一常数附近波动，则其参数将为如下形式：

$$\alpha_t = a + \eta_t$$

其中，η 为零均值的随机变量时，必有

$$Y_t = a + bX_t + \omega_t$$

其中，$\omega_t = \varepsilon_t + \eta_t$；$E(\omega_t) = 0$；$\mathrm{Var}(\omega_t) = E(\varepsilon_t + \eta_t)^2 = E(\varepsilon_t^{\ 2}) + E(\eta_t^{\ 2}) + 0 = \sigma^2 + \sigma^2 = 2\sigma^2$。

可见，该随机项 ω_t 与基本假设相同，只是增大了一倍的同方差，因此不会影响我们的分析效果。

2. 斜率存在变参数问题

在移动回归中如果发现斜率项存在动态的规律性，则在普通最小二乘估计中，也会表现出残差项的自相关性等违背基本假设的情况。仍以一元线性模型 $Y_t = \alpha + \beta_t X_t + \varepsilon_t$ 为例，如果斜率项 β_t 不是常数，则可能有如下几种情况。

1）斜率项有确定性的变化方向问题

如果移动回归模型中的斜率项参数是确定性的变化方向，则说明该回归系数所反映的该解释变量的作用在逐渐加强或逐渐减弱。设 P_t 为依附于该解释变量的使其作用不断改变的因素变量（或政策性虚拟变量），则将该作用因子纳入模型的形式如下：

$$Y_t = \alpha + (\beta_0 + \beta_1 P_t) X_t + \varepsilon_t \tag{8-10}$$

其中，α、β_0、β_1 为常数；如果 P_t 为虚拟变量，则当 $t \notin A$ 时 $P_t = 0$，并不改变解释变量 X 对被解释变量 Y 的影响程度；而当 $t \in A$ 时 $P_t = 1$，则 P_t 的作用将改变解释变量对被解释变量的边际倾向。该虚拟变量的作用，可以通过 β_1 的显著性检验来判断。如果 P 是递增或递减的变量，则在 β_1 显著的情况下，使得解释变量 X 对被解释变量 Y 的边际倾向递增或递减。这类模型的求解，可以通过查找政策性相关变量，改变模型为如下形式来实现：

$$Y_t = \alpha + \beta_0 X_t + \beta_1 P_t X_t + \varepsilon_t$$

其中，PX 交叉项可以看作变量替换，则该式就是一个普通的多元线性模型了。

2）回归系数有随机性的变化问题

如果模型中的斜率参数变量没有确定性的变化方向，则是随机性变量。这时可能存在如下两种情况。

（1）参数的变化是围绕某一水平线波动。这时的参数可以表述为如下形式：

$$\beta_t = b + \xi_t$$

其中，ξ 为零均值的随机项；则必有

$$Y_t = a + bX_t + \xi_t X_t + \varepsilon_t = a + bX_t + \omega_t \tag{8-11}$$

其中，$\omega_t = \varepsilon_t + \xi_t X_t$；可见 ξ 与 X 的关系决定该模型存在如下性质和问题。

①由于 X 是确定性变量，ξ 是随机性变量，两者的乘积的期望为零，则残差的期望仍然为零，即 $E(\omega_t) = E(\varepsilon_t + \xi_t X_t) = 0$。

②残差存在异方差。因为

$$\mathrm{Var}(\omega_t) = E(\varepsilon_t + \xi_t X_t)^2 = E(\varepsilon_t{}^2) + E(\xi_t X_t{}^2) + 2E(\varepsilon_t \xi_t X_t) = \sigma^2 + X^2\sigma^2 = (1 + X^2)\sigma^2$$

可见，该模型的随机项 ω_t 必然存在异方差。这种情况往往是由于我们没有找到恰当的与解释变量有交互作用的周期性因素。

（2）回归系数不在某一水平线上波动。这时可能的形式可以表述为

$$\beta_t = b + \rho P_t + \xi_t$$

则模型变为

$$Y_t = a + (b + \rho P_t + \xi_t)X_t + \varepsilon_t = a + bX_t + \rho P_t X_t + \xi_t X_t + \varepsilon_t = a + bX_t + \omega_t \tag{8-12}$$

同样，由于 P 是不确定的变量，所以残差中包含着 P 和 X 的作用，即必然引起异方差。这也说明在我们的模型中，遗漏了与解释变量有交互作用的某项重要因素的测定。

3. 参数的变化是由其自身因素决定的问题

如果变参数模型是由参数或解释变量的动态因素引起的，常称为自适应模型。我们从如下两方面做分析。

1）截距项的自回归问题

如果变参数模型是由截距项的自回归引起的，则其基本形式为

$$\alpha_t = a + \rho\alpha_{t-1} + \eta_t$$

则原模型变为

$$\begin{aligned} Y_t &= a + \rho\alpha_{t-1} + \eta_t + bX_t = a + \rho(a + \rho\alpha_{t-2} + \eta_{t-1}) + \eta_t + bX_t + \varepsilon_t \\ &= a + \rho a + \rho^2(a + \rho\alpha_{t-3} + \eta_{t-2}) + \rho\eta_{t-1} + \eta_t + bX_t + \varepsilon_t = \cdots \\ &= a/(1-\rho) + (\rho\eta_{t-1} + \rho^2\eta_{t-2} + \cdots + \rho^\infty\eta_{t-\infty}) + bX_t + \varepsilon_t = a/(1-\rho) + bX_t + \varepsilon_t \end{aligned} \tag{8-13}$$

可见在 $\rho<1$ 时，存在周期性波动的参数估计是无偏有效的。

2）斜率的自回归问题

如果模型的斜率存在自相关，则其基本形式为

$$\beta_t = b + \rho\beta_{t-1} + \xi_t$$

原模型将变为

$$\begin{aligned} Y_t &= a + bX_t + \rho\beta_{t-1}X_t + \xi_t X_t = a + bX_t + \rho(b + \rho\beta_{t-2} + \xi_{t-1})X_t + \varepsilon_t \\ &= a + (b + \rho b)X_t + \rho^2(b + \rho\beta_{t-3} + \xi_{t-2})X_t + (\xi_t + \rho\xi_{t-1})X_t + \varepsilon_t \\ &= a + bX_t/(1-\rho) + \varepsilon_t = \cdots \\ &= a + (b + \rho b + \rho^2 b + \cdots)X_t + \rho^\infty\beta_{-\infty}X_t + (\xi_t + \rho\xi_{t-1} + \rho^2\xi_{t-2} + \cdots)X_t + \varepsilon_t \end{aligned} \tag{8-14}$$

上两个式子都是在 $\rho<1$ 的假设下得到的，即变参数是个平稳的周期性因素时，我们的估计是长期稳定的无偏估计。然而在 $\rho=1$ 时，说明 β 是不平稳的，若这时我们还是采用普通最小二乘估计线性模型，将会得到方差无穷的有偏的估计。

8.3　面板数据线性模型的检验

在数据的时空特征上，人们常将其分为截面数据、时序数据和面板数据三类。前面所学的建模知识多是以截面数据或时序数据为主，都属于单向排序数据，而面板数据则存在复合排序问题。即在面板数据建模中需要判断时空分布上是否存在明显差异等相关问题，并在模型中体现出来。

8.3.1　面板数据模型的设定

在面板数据经济计量模型的设计中，因数据同时包含了时间和空间上的属性，所以模型就应该考虑到可能表现为截距或斜率等回归系数上的差异。所以可将包含这些差异的模型看作面板数据的基本模型，其具体形式如下：

$$Y_{it}=X_{it}\beta_{it}+\varepsilon_{it} \tag{8-15}$$

该基本模型也可以称为变参数模型，其参数的求解过程很困难，因模型中不同时间和不同空间个体的各回归系数都不同时，求解其系数的数据自由度不够，所以常需要对其进行各种系数相同的约束性检验，并借此判断不同的模型形式。同时，根据造成各系数改变的原因是否明确，还可以将模型进一步划分为固定影响、随机影响、自回归的影响等各类模型，其中常见的形式可划分为如下几种。

1. 变截距模型

变截距模型是指面板数据模型中各解释变量的偏回归系数在时空上都相同，只有截距项在时间或空间上表现不同的模型。如：

$$Y_{it}=\beta_{0i}+X_{it}\beta+\varepsilon_{it}\text{ 或 }Y_{it}=\beta_{0t}+X_{it}\beta+\varepsilon_{it} \tag{8-16}$$

其中，β_{0i} 为不随时间改变的不同空间单位的截距；β_{0t} 为不随空间改变的不同时间的截距；β 为不随时间也不随空间改变的回归系数列向量，其第 k 个元素 β_k 为 X_k 变量的偏回归系数。

2. 变系数模型

变系数模型是指面板数据模型中各截距项在时空上都相同，只有某些偏回归系数表现为时间或空间单位上的差异。其形式如下：

$$Y_{it}=\beta_0+X_{it}\beta_i+\varepsilon_{it}\text{ 或 }Y_{it}=\beta_0+X_{it}\beta_t+\varepsilon_{it} \tag{8-17}$$

其中，β_i 为不随时间而改变的各空间单位的回归系数列向量，其第 k 个元素 β_{ik} 为第 i 个单位变量 X_k 的偏回归系数；β_t 为不随空间改变而随时间变化的回归系数列向量，其第 k 个元素 β_{kt} 为第 t 期变量 X_k 的偏回归系数；β_0 为不随时空改变的常数截距项。

3. 混合回归模型

混合回归模型是指面板数据模型中，各回归系数都不随时空的改变而变化的模型。其基本形式为

```
Coefficients:
     Estimate    Std. Error  t-value   Pr(>|t|)
wds  0.0090510   0.0028308   3.1973    0.003261**
jys  -0.3473507  0.1286665   -2.6996   0.011295*
zfb  -1.0314545  0.0804643   -12.8188  1.054e-13***
Signif. codes: 0 '***' 0.001 '**' 0.01 '*' 0.05 '.' 0.1 ' ' 1
Total Sum of Squares: 0.045756     Residual Sum of Squares:0.0050343
R-Squared: 0.88997              Adj. R-Squared: 0.87164
F-statistic: 80.8875 on 3 and 30 DF,     p-value: 1.778e-14
>fixef(mbi)
  HLJ        JL          LN
0.4555009  0.4404816  0.4502269
```

从估算的固定效应截距上看黑龙江最大，吉林最小，说明生活水平是黑龙江省最低。同时平均气温、住房支出和就业规模都显著地影响各家庭的生活水平。

2）变斜率模型的估计

对于变斜率的模型估计可以使用 plm 包中的 pvcm 函数来实现，具体形式如下：

pvcm(formula，data，subset，na.action，effect = c("individual"，"time")，
model = c("within"，"random")，index = NULL，...)　（8-20）

函数中的各参数使用说明如下。

formula：待估算模型的符号说明。

data：模型所用的数据框。

effect：个体“individual”或时间“time”效应的选择。

model：固定效应“within”或随机效应“random”的选择。

index：指明索引变量，默认是个体在前时间在后。

【例 8.7】　使用例 8.6 的公式和数据，采用变参数模型估计如下：

```
>bchg<-pvcm(mbgs,DSSST,model="within",effect="ind",index=c('dq','n
f'))
>print(bchg)
Model Formula:egr~wds+jys+zfb
Coefficients:
(Intercept)  wds        jys       zfb
HLJ 0.44148  0.0068324  0.17393   -1.01602
JL  0.45054  0.0044374  -0.70004  -0.73427
LN  0.48492  0.0074284  -0.80820  -0.85231
>summary(bchg)
Oneway(individual)effect No-pooling model
Call:
pvcm(formula=mbgs,data=DSSST,effect="ind",model="within",index=
```

```
c("dq","nf"))
Balanced Panel: n=3,T=12,N=36
Residuals:
     Min.     1st Qu.       Median       3rd Qu.       Max.
-0.0216415202 -0.0065787095 0.0004051899 0.0045455105 0.0171075997
Coefficients:
(Intercept)wds                  jys                zfb
 Min.: 0.4415   Min.: 0.004437   Min.: -0.8082   Min.: -1.0160
 1st Qu.: 0.4460   1st Qu.: 0.005635   1st Qu.: -0.7541   1st Qu.:
-0.9342
 Median: 0.4505   Median: 0.006832   Median: -0.7000   Median:
-0.8523
 Mean: 0.4590   Mean: 0.006233   Mean: -0.4448   Mean: -0.8675
 3rd Qu.: 0.4677   3rd Qu.: 0.007130   3rd Qu.: -0.2631   3rd Qu.:
-0.7933
 Max.: 0.4849   Max.: 0.007428   Max.: 0.1739   Max.: -0.7343
Total Sum of Squares: 1286
Residual Sum of Squares: 0.003113
Multiple R-Squared:1
```

pvcm 函数给出了各回归系数的变动情况，即各参数的最小值、1/4 位数、中位数、算术平均数、3/4 位数、最大值等信息，而 print 函数给出了各单位个体的不同参数。

8.3.3 协变分析检验法

协变分析检验法是用于检验面板数据模型形式的方法。该检验是针对面板数据模型的基本形式，以及考虑模型中的参数变动与否所进行的相关检验。

1. 假设的基本形式

与一般的统计假设检验不同，协变分析的假设采用了多阶段假设的形式如下：

$$H_1:\beta_{itk}=\beta_k\text{；}\quad H_2:\beta_{0i}\neq\beta_0\text{；}\quad H_3:\beta_{itk}\neq\beta_k$$

这是一个分阶段的假设，即首先假设各回归系数是稳定不变的常数。

如果不能否定假设 H_1 则说明该模型的截距和斜率的差异都不明显，即经济结构一致的可能性较大，没有必要做进一步的检验。

如果拒绝假设 H_1，则要有截距不同的假设 H_2，在斜率相同的备择假设下做进一步检验。

如果假设 H_2 不能被否定，则表明模型存在一般水平上的差异。

如果假设 H_2 被否定，则说明有偏回归系数不一致的问题存在。

2. 检验的方法

按照上述假设的形式，该检验的基本步骤可归纳如下。

首先，要以 H_1 的混合回归模型为最初的约束方程，然后以某一回归系数（如截距项）不同的 H_2 假设形式的模型为无约束的方程，进行第一环节的约束性 F 检验。不能否定 H_1 时采取混合模型；而否定 H_1，则说明 H_2 有可能成立；则需要做以 H_2 为原假设的进一步检验。

其次，以 H_2 为原假设，以 H_3 为备择假设，进行第 2 轮的检验。如果不能否定 H_2，则确定了 H_2 的结论；如果 H_2 不成立，有可能是 H_3 成立。

对上述过程的重复进行，只是更改 H_2 的设定，同时考虑到否定 H_1 的各种情况，就可以确定面板数据模型的最终形式了。

1）个体或时间效应的检验函数 pFtest {plm}

这是一个采用 F 检验统计量对面板数据的个体或时间差异的显著性进行检验的函数，具体形式为

$$\text{pFtest(面板数据类对象, plm 对象)} \tag{8-21}$$

以两个对象相同为原假设，还要注意只适合于变截距的检验方法。

【例 8.8】 利用例 8.7 的相关资料，进一步对效应模型进行检验和筛选如下：

```
>mbt<-plm(mbgs,DSSST,model="within",effect="time",index=c('dq',
'nf'))
>pFtest(mbt,mbhg)
       F test for individual effects
data:mbgs
F=1.3389,df1=11,df2=21,p-value=0.2715
alternative hypothesis:significant effects
```

该结果表明不能否定各参数都相同的混合模型原假设，还需要做进一步的检验如下：

```
>pFtest(mbi,mbhg)
       F test for time effects
data: mbgs
F=4.0697,df1=2,df2=30,p-value=0.0273
alternative hypothesis: significant effects
```

检验的结果是否定原假设，说明个体固定效应影响显著，所以应该区分不同的省份来分析生活状态问题。

2）面板数据的豪斯曼检验 phtest{plm}

这是针对面板数据进行的规范性检验方法，豪斯曼检验函数形式为

$$\text{phtest(x, x2 = NULL, model = c("within", "random"),)} \tag{8-22}$$

各参数说明：x 为面板数据的公式或模型对象；x2 为面板数据模型对象，与 x 模型对比时使用；data 为面板数据框；model 为检验对比的模型效应属性（使用 c 函数元素必须是两个）；method 的默认选项为“chisq”是基于二次型计算，如果选择“aux”则是基于辅助回归测算（这时需要提供协方差）。

【例 8.9】 利用例 8.6～例 8.8 的信息，采用 phtest 函数进行检验如下：

```
>phtest(mbt,mbh)
```

```
        Hausman Test
data: mbgs
chisq=4.8571,df=3,p-value=0.1826
alternative hypothesis: one model is inconsistent
>phtest(mbi,mbh)
        Hausman Test
data:mbgs
chisq=0.0024289,df=3,p-value=1
alternative hypothesis: one model is inconsistent
```

检验的结果是不能否定这几个模型相同的原假设，可以认为混合模型就已经较好地模拟现实的情况了。不过犯错的可能性也都不小，因为其与 F 检验的结论不同，可根据分析的需要采取混合模型或个体固定效应模型。

上述对面板数据进行估计的基础程序，主要是从参数稳定性时间进行估算和检验的。而对于更复杂的情况，就是从协整等视角进行的动态面板数据分析和空间面板数据分析等内容，已经超出了本书的范围。

综合实训案例

【例 8.10】 利用例 8.6～例 8.9 所选出的混合模型和个体固定效应模型，做进一步残差项的检验如下。

首先，残差分布的检验

```
>resid(mbi)->ei;resid(mbh)->eh
>JB(ei)
[1] 1
>JB(eh)
[1] 1
>PP.test(ts(eh))
        Phillips-Perron Unit Root Test
data: ts(eh)
Dickey-Fuller=-4.4124,Truncation lag parameter=3,p-value=0.01
>PP.test(ts(ei))
        Phillips-Perron Unit Root Test
data: ts(ei)
Dickey-Fuller=-5.483,Truncation lag parameter=3,p-value=0.01
```

结果表明符合基本假设，进一步做异方差检验

```
>WhiteTest(mbh)
[1] 0.8232358
>WhiteTest(mbi)
```

```
[1] 0.4838656
```

结果说明不存在异方差，模型符合基本假设，进一步做自相关性检验，如图 8-3 所示。

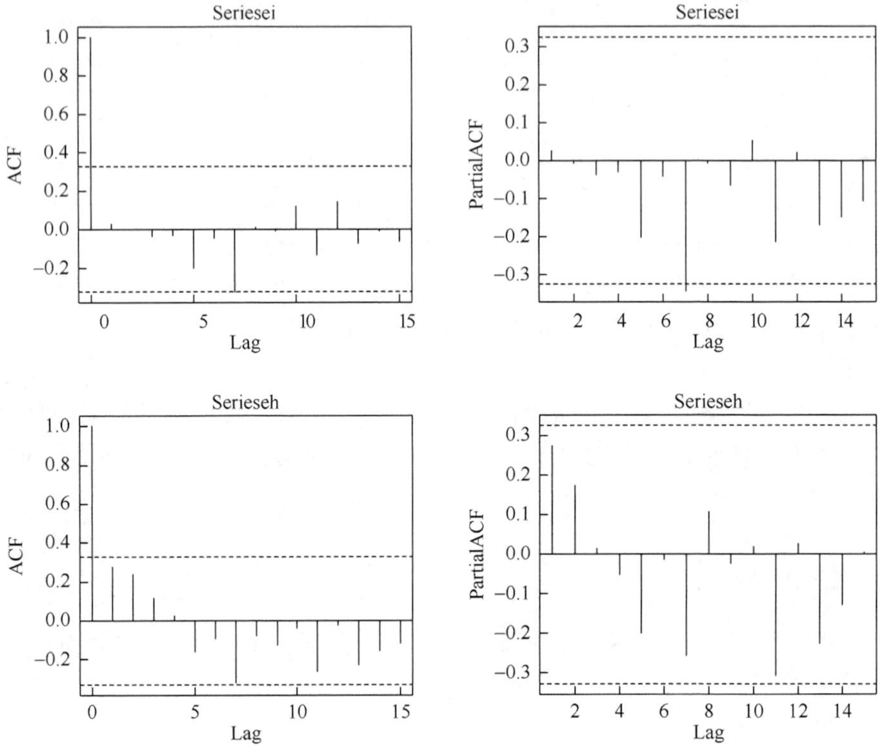

图 8-3　回归对象 mbh 和 mbi 的残差自相关和偏自相关图

从图 8-3 可见，只有 mbi 的 7 期偏自相关略微高一点，其他各期都不显著。

综合上述统计检验和残差项的各项检验，全部通过检验的模型就是混合回归模型了，所以认为东北三省的住房、就业和气温对家庭生活水平的影响是基本一致的。

阅读与思考

你所走的方向对吗

记得网上有个关于苍蝇的耳朵长在哪里的讨论，有人说他做了剪掉翅膀后的苍蝇不再对声音反应而飞掉的实验，并得出苍蝇的耳朵长在翅膀上的结论；也有人说苍蝇的耳朵长在腿上，因为他剪掉了苍蝇的腿后，其对声音也是没有反应。这些所谓的实验的真实性就值得怀疑，更何况没有翅膀的苍蝇会不会跑，没有腿的苍蝇能不能飞等都是实验的影响因素，所以其研究的方法和观察问题的视角都是不科学的。

在人类进行科学研究的历程中类似的现象很多，如天文学中为了证明托勒密地心说是科学的，当初的很多科学家甚至花费了毕生的心血去研究太阳等星球围绕地球运行的轨道。从现在的知识出发，在椭圆轨道的星际之间，不存在的轨道是得不到实际观察值的，即使是巧合也必然要产生偏差。所以地心说的维护者进行了大量的推测，即假定那些偏差是由于太阳在公转的同时，还在进行着螺旋式的自转，为此花费大量的时间和精力去研究公转与螺旋式自转叠加的方程。这种努力必然是无效的，其产生于并不科学的地心说理论，这类基础理论的不科学而导致的无效劳动，在科学史上经常遇到，是科学研究工作的大忌。

在计量经济学的研究中也是如此：为了简化研究对象的复杂关系而假定其是线性的，在线性假设下发现参数是不稳定的，甚至是由规律改变的，于是变参数理论产生了；既然存在变参数及其相关的理论，则参数稳定性检验就是伪命题，没有必要学习了；同时，参数的不稳定，又取决于什么，于是就产生了经济理论逐步内生化的不断深化研究的演进过程；这些理论的不断演进，使得经济学很难有创新性和突破性的研究成果。

本章小结

本章主要介绍了有关经济参数的计量性检验，即恰当的模型的经济参数应该是稳定的，如果所建模型的参数并不稳定，就说明该模型存在某方面的缺陷。为此我们以突变点、预测效果、递归最小二乘法、移动回归法等手段来判断所估算的方程的各经济参数的稳定性。并在判断分析中发现产生不稳定的决定因子，以修正模型的形式或追加遗漏的重要经济变量。这一检验内容对提高建模质量很有必要。而应用最为广泛的地方就是面板数据分析，传统的面板数据分析是针对各截面单位的动态分析及各时间点上的截面分析。缺乏时空各维度的相关性等特征的分析，所以空间面板数据分析和面板数据的动态分析等内容都是目前的研究热点。

作业与练习

1. 综合上述各章的作业与练习，对 M1 模型进行参数稳定性检验，并评价出较为理想的模型形式。

2. 试编模型参数稳定性检验的综合性 R 程序。

第9章

计量经济模型的形式检验

计量经济模型之间的差别主要体现在模型的形式上，而形式的确定却是没有规范或标准的。依据理论、经验、检验的信息等来确定模型是线性的还是非线性的，应该包含三个解释变量还是四个解释变量，是哪些部分之间的组合，以及变量之间的关联方式应该是怎样的等问题，都可以归结为模型的形式问题。为此我们要从变量之间的选择，以及变量组合的选择等视角来分析、检验，并确定模型的形式。

9.1 解释变量间关系及错误表现

计量经济建模中的回归分析，还隐藏着一个重要的基本假设，即各解释变量之间是相互独立的，至少是没有多重共线性的。这一假设也是现实中很好实现的问题，其常见的表现就是很难保证多元解释变量之间的独立关系，而这种非独立的关系又对模型的质量存在较大的影响，因此需要我们对其作出适当的检验和必要的技术处理。

9.1.1 解释变量之间的关系问题

当回归模型为多元时，各解释变量之间的关系就可能影响到模型的质量，为此有必要对解释变量之间的关系及其影响做具体的分析。

1. 解释变量之间的关系特征

必须是我们分析的对象之一，一般情况下，各解释变量之间的关系可以划分为如下三类。

1）解释变量的独立关系

这时各解释变量两两之间的变化都将没有任何关联。从几何意义上讲，空间上分布的变量两两之间是垂直的，这种垂直的关系就称为正交关系，其具有如下主要特点。

（1）两个变量之间的关系为独立时，其数据向量之间将没有任何关联信息。所以其向量的乘积为零，即从几何意义上两者是正交的。设 X_k 和 X_f 是正交的，则有 $X_kX_f=0$；当两者都是向量时其乘积的矩阵为

$$X'X=\begin{pmatrix}\sum_{i=1}^{n}X_{ik}^2 & 0\\ 0 & \sum_{i=1}^{n}X_{if}^2\end{pmatrix} \tag{9-1}$$

可见主对角线是各变量的平方和，而非主对角线是两向量的乘积，而乘积为零是正交积矩阵的特点。

（2）正交积矩阵为满秩阵。当两个变量是正交的时，其乘积矩阵的秩为$\text{rank}(X_k'X_f)=2$；而多变量之间是正交时，其主对角线平方和大于 0，而非主对角线上各元素为 0，即$\text{rank}(X'X)$将是满秩的方阵。

（3）两变量是正交时，其相关系数必为零。因两个独立变量间的简单相关系数必定为零，而在多元回归中，各解释变量之间的两两独立的相关系数必然表现为$\text{cor}(X_k,X_f)=0$。

（4）正交阵方阵的行列式等于各变量平方和的连乘积。当两个变量是正交的时，其构成的平方和矩阵，将是以各变量的平方和为主对角线，而非主对角线各元素都为零的情况。所以这时矩阵的行列式只能是各主对角线元素的乘积。

（5）正交积阵是可逆阵。由于解释变量之间是独立的，$X'X$阵的主对角线就是各自变量平方和，而主对角线各元素的倒数所构成的对角矩阵就是逆阵$(X'X)^{-1}$。

2）解释变量之间的共线性关系

如果两个变量之间的关系是对应成比例的，即$X_k=aX_f$，则称其构成的矩阵为共线性矩阵或称两个变量是完全相关的。这种X_k与X_f之间的线性函数关系，几何意义就是两变量在某一视角上是重合的（其夹角为 0°或 180°）。而在多元函数中各解释变量构成的矩阵特征如下。

（1）两变量共线的平方和矩阵的行列成比例。设X_k和X_f是共线性的，则有$X_k=aX_f$，这样由X的乘方构成的矩阵如下：

$$X'X=\begin{pmatrix}a^2\sum_{i=1}^{n}X_{if}^2 & a\sum_{i=1}^{n}X_{if}^2\\ a\sum_{i=1}^{n}X_{if}^2 & \sum_{i=1}^{n}X_{if}^2\end{pmatrix}=\sum_{i=1}^{n}X_{if}^2\begin{pmatrix}a^2 & a\\ a & 1\end{pmatrix} \tag{9-2}$$

可见各行列间的关系也是相差a倍的。

（2）共线性变量的平方和阵不是满秩。在两个对应成比例的变量间的$\text{rank}(X_k'X_f)<2$，而在由多变量构成的矩阵中，存在部分变量之间的共线性时，其平方和矩阵必将是降秩的。

（3）共线的两个变量的相关系数为 1。这是在简单相关系数计算中，就可以观察到的现象，相关系数等于 1 属于函数关系。

（4）共线的两变量的平方和矩阵的行列式将等于零。由于平方和矩阵$X'X$的各行列对应成比例，而必然使其行列式的值为零。

（5）两变量是共线的其平方和阵的逆阵将不存在。如果两变量是共线的，其平方和矩阵 $X'X$ 将因其行列式为零，而造成求逆式的分母为零，所以其逆阵不存在。

3）不完全共线的关系

解释变量的正交或共线是其关系的两个极端，其中正交属于独立关系，而共线又属于线性函数关系。这两种情况常称为确定性关系，而处于这两种情况之间的关系，常称为统计相关关系，并视为随机性关系。在经济模型中解释变量被假设为确定性的变量，即非随机性的变量。在此假设下，确定性的变量之间就应该是确定性的关系，所以为了模型估计的无偏和有效性等要求，需要控制各解释变量保持其间的正交性，或接近于正交性。然而，现实中的绝大多数现象都是不能控制的处于两种极端之间的关系，即不完全共线或近似正交状态。

由于解释变量的随机性很普遍，建模中的近似正交性也是很普遍的现象，所以就近似正交性的特点分析如下。

（1）两变量近似正交时，其解释变量的平方和矩阵是满秩的。

（2）两变量之间的关系往往可以描绘为 $X_k = aX_f + u$；其中随机性误差的绝对值 $|u|$ 越大，其随机性越强；而 $|u|$ 越小，则随机性就越弱。

（3）近似正交的两个变量之间相关系数的绝对值大于 0 小于 1。

（4）两变量近似正交时，其平方和阵的逆阵将会很敏感。

2. 解释变量间近似相关问题

解释变量间虽然不存在共线性，但是存在一定程度的近似相关，是我们经常遇到的现象。而对这种情况的分析可以借助分部回归来观察，即将各解释变量划分为两个部分，然后就两个部分之间的关系，及其对回归方程的影响做系统如下。

1）分部回归及其特征的表述

将多元模型 $Y = X\beta + \varepsilon$ 中的 X 矩阵分为不同的两部分 $X = (X_k, X_f)$；其中 X_f 为 X_k 之外的某个或某些解释变量矩阵；X 的转置 $X' = (X'_k, X'_f)'$，则分部模型为

$$Y = X_k\beta_k + X_f\beta_f + \varepsilon \tag{9-3}$$

利用 $B = (X'Xs)^{-1} X'Y$ 可得正规方程组 $(X'X)B = X'Y$；该正规方程组可以分块矩阵表示为

$$\begin{pmatrix} X'_k X_k & X'_k X_f \\ X'_f X_k & X'_f X_f \end{pmatrix} \begin{pmatrix} B_k \\ B_f \end{pmatrix} = \begin{pmatrix} X'_k Y \\ X'_f Y \end{pmatrix} \tag{9-4}$$

则分块式正规方程组可分别表述为

$$X'_k X_k B_k + X'_k X_f B_f = X'_k Y \text{和} X'_f X_k B_k + X'_f X_f B_f = X'_f Y \tag{9-5}$$

则参数估计量的算式分别为

$$B_k = (X'_k X_k)^{-1} X'_k Y - (X'_k X_k)^{-1} (X'_k X_f) B_f \text{和} B_f = (X'_f X_f)^{-1} X'_f Y - (X'_f X_f)^{-1} (X'_f X_k) B_k \tag{9-6}$$

依据这两个式子，可以获得参数估计的无偏性及其条件，即由分部式可以得如下期望式：

$$
\begin{aligned}
E(b_k) &= (X_k'X_k)^{-1}X_k'(\beta_k X_k + \beta_f X_f + \varepsilon) - (X_k'X_k)^{-1}(X_k'X_f)b_f \\
&= \beta_k (X_k'X_k)^{-1}X_k'X_k + \beta_f (X_k'X_k)^{-1}X_k'X_f - (X_k'X_k)^{-1}X_k X_f b_f \\
&= \beta_k + (\beta_f - b_f)(X_k'X_k)^{-1}X_k'X_f \\
&= \beta_k + (\beta_f - b_f)b_{kf} \qquad (9\text{-}7)
\end{aligned}
$$

该期望式说明：

（1）当 X_k 与 X_f 不相关时，两者之间的回归系数 $b_{kf} = (X_k'X_k)^{-1}X_k'X_f$ 将为零，则有 $E(b_k) = \beta_k$，即 b_k 属于无偏估计。

（2）当 X_k 与 X_f 相关时，因 b_{kf} 不为零，$(\beta_f - b_f)$ 也将不为零，即 b_k 是有偏的估计。而 b_k 的偏倚程度也由 b_f 与 β_f 的相关程度和 b_{kf} 的大小决定。

由此可见在回归方程中，如果将相关的变量同时纳入同一方程的解释变量中，则会产生回归系数的有偏估计，其偏倚程度就是两个相关变量之间的回归系数与其对被解释变量的回归系数的估计偏差之间的乘积。因此，人们常常主张建模中要求各解释变量之间要相互独立，而这一要求并不现实，因为完全独立的解释变量是很难找到的。

2）回归的偏回归系数

模型 $Y = XB + e$ 的参数 B 的估计式可以使用残差表述如下：

$$e = Y - XB = Y - X(X'X)^{-1}X'Y = (I - X(X'X)^{-1}X')Y = MY \qquad (9\text{-}8)$$

其中，$M = I - X(X'X)^{-1}X'$ 是对称的幂等矩阵，即 $M = M'M$。表示 X 的变化所不能决定的程度，即残差的相对程度。同理，我们可以用 M_kY 表示 Y 对 X_k 回归后的残差，即 $M_kY = e_{Yk}$；M_kX_f 是 X_f 对 X_k 回归后的残差，即 $M_kX_f = e_{fk}$。则将分部回归式以相对残差表示为

$$X_f'X_k[(X_k'X_k)^{-1}X_k'Y - (X_k'X_k)^{-1}X_k'X_fB_f] + X_f'X_fB_f = X_f'Y$$

$$X_f'X_k(X_k'X_k)^{-1}X_k'Y - X_fX_k(X_k'X_k)^{-1}X_k'X_fB_f + X_f'X_fB_f = X_f'Y$$

移项并提取公因式有

$$X_f'[I - X_k(X_k'X_k)^{-1}X_k']X_fB_f = X_f'[I - X_k(X_k'X_k)^{-1}X_k']Y$$

以 $I - X_k(X_k'X_k)^{-1}X_k' = M_k$ 的幂等形式表示，则分部回归式为

$$X_f'M_kX_fB_f = X_f'M_kY$$

又因为 M_k 是对称幂等矩阵，即有 $M_k = M_k'M_k$；所以参数估计量 B_f 的正规方程可写为

$$X_f'M_k'M_kX_fB_f = X_f'M_k'M_kY$$

即分部回归的参数估计式为

$$B_f = (X_f'M_k'M_kX_f)^{-1}X_f'M_k'M_kY \qquad (9\text{-}9)$$

同样以残差的形式表述，则参数估计量为

$$B_f = (e_{fk}'e_{fk})^{-1}e_{fk}'e_{Yk} \qquad (9\text{-}10)$$

说明多元各回归系数都属于偏回归系数，即 b_f 是在扣除 X_k 对 X_f 和 Y 的影响之后，

测算 X_f 对 Y 的决定程度。同时也说明 B_f 的大小，不只取决于 X_f 对 Y 的决定程度，还要受到 X_k 对 X_f 的决定，同时也要受到 X_k 对 Y 的影响。

3）参数估计的方差

根据式（3-16）参数的条件方差-协方差阵为

$$V(B \mid X) = \sigma^2 (X'X)^{-1}$$

则剔除 X_f 的影响后的偏回归 b_k 的方差可具体表述为

$$\text{Var}b_k \mid X(b_k \mid X) = \sigma^2 (e'_{kf} e_{kf})^{-1} \tag{9-11}$$

又因为 X_f 对 X_k 的可决系数为： ${R^2}_{kf} = 1 - (e'_{kf} e_{kf}) / (X'_k M'_f M_f X_k)$；即有

$$1 - R^2_{kf} = (e'_{kf} e_{kf}) / (X'_k M'_f M_f X_k) \to (e'_{kf} e_{kf})^{-1} = [(1 - R^2_{kf})(X'_k M'_f M_f X_k)]^{-1}$$

所以有

$$\text{Var}(b_k \big| X) = \sigma^2 (e'_{kf} e_{kf})^{-1} = \frac{\sigma^2}{(1 - R^2_{kf})(X'_k M'_f M_f X_k)} \tag{9-12}$$

可见根据上式对该方差的分析也存在如下两种情况。

（1）当 X_k 与 X_f 独立时。由于 $R^2_{kf} = 0$，或 $X_k X_f = 0$，则有

$$\text{Var}(B_k \mid X_k) = \sigma^2 (X'_k X_k)^{-1}$$

对于具体某个解释变量而言则有 $\text{Var}(b_k) = \sigma^2 / C_{kk}$；这一结论的推导使用了 X_k 与 X_f 都是相互独立的假设条件。

（2）当 X_k 与 X_f 相关时。通过方差式（9-12）可以看出：X_k 与 X_f 的相关程度越高，b_k 的方差就越大，即趋向无穷。可见在建模过程中不能将相关的因素纳入一个方程中，而要尽量融入不相关的各因素。

9.1.2 模型的形式错误及其表现

从上述分析可知，同一模型中的各解释变量之间的关系越独立越好，而这种情况很难遇到，同样最糟糕的共线性也不常见，一定的相关性才是常态。因此在现实的建模中，就很容易产生错选解释变量而导致的形式错误等问题。主要表现如下。

1. 遗漏重要解释变量问题

设真实的最佳模型为 $Y = \beta_0 + \beta_k X_k + \beta_f X_f + \varepsilon$；而我们遗漏了重要的解释变量 X_f 所建立的模型却是 $Y = b_0 + b_k X_k + e$；则残差 $e = \beta_f X_f + \varepsilon$；往往会表现出自相关或异方差性等情况，具体分析如下。

1）独立解释变量的回归系数是无偏估计

当 X_k 与 X_f 独立时 b_{kf} 为零，则有 $E(b_k) = \beta_k$，即回归系数是无偏估计。但是遗漏的重要变量 X_f 的作用将会体现在截距项和残差项之中，这时的截距和残差都将是有偏的。

2）有偏估计产生的原因

当 X_k 与 X_f 不独立时，因 b_{kf} 不再为零，则有 $E(b_k) \neq \beta_k$。其偏倚程度为 $\beta_f b_{kf}$，即 X_f 引起的 X_k 的改变程度与 X_f 引起的 Y 的改变之积。这说明：

（1）在 X_k 与 X_f 相关时，b_k 的估计是有偏的，且在大样本下非一致。

（2）如果偏倚程度很大，则 X_k 不如 X_f 对 Y 的作用，要以 X_f 来替换 X_k。

（3）真正决定因素 X_f 往往是在一定程度上决定着被解释变量 Y，同时也部分程度上决定着 X_k。且决定 Y 的程度要大于通过 X_k 再决定 Y 的程度，所以才在残差项中表现为异方差或自相关等问题。

3）方差的估计性质

当遗漏 X_f 与所选择的 X_k 独立时，估计量的方差也属于无偏估计；而当两者相关时，则也是有偏的估计，且其偏倚程度随着相关程度增加而趋向无穷，这样常规的关于回归系数的 T 检验也是无效了。

遗漏了重要 X_f 后的残差为

$$e = M_k Y = M_k(X_k\beta_k + X_f\beta_f + \varepsilon) = M_k X_f \beta_f + M_k\varepsilon$$

则有残差平方和为

$$e'e = \beta_f' X_f' M_k X_f \beta_f + \beta_f' X_f' M_k \varepsilon + \varepsilon' M_k X_f \beta_f + \varepsilon' M_k \varepsilon$$

又因 $\sum\varepsilon = 0$，则有残差平方和的期望值为

$$E(e'e) = \beta_f' X_f' M_k X_f \beta_f + E(\varepsilon' M_k \varepsilon) = \beta_f' X_f' M_k X_f \beta_f + (n-K)\sigma^2 = \text{RSS}_k$$

即有估计标准误差：

$$S_k^2 = \text{RSS}_k / (n-K) = \beta_f' X_f' M_k X_f \beta_f / (n-K) + \sigma^2$$

可见，估计标准误差的偏倚度为

$$S_k^2 - \sigma^2 = \beta_f' X_f' M_k X_f \beta_f / (n-K)$$

即当 $M_k X_f \neq 0$ 时，误差项所产生的平均偏倚程度，这也说明估计量 S_k^2 在 X_k 与 X_f 相关时是有偏的估计。

2. 选择无关的解释变量

参考分析遗漏重要解释变量的做法，逆序分析变量的多选问题，并结合表 9-1 可知，一方面引入无关解释变量比遗漏重要解释变量所犯的错误要轻，所以宁多勿少为好；另一方面从方差上看解释变量的数目过多，估计量的条件方差将变大，有效性会降低。因此解决这一矛盾，要建立一套可供参考的基本原则。

表 9-1　错选解释变量的后果分析表

对比内容	遗漏重要解释变量	引入无关解释变量
回归系数的普通最小二乘估计量	有偏	无偏
误差的方差普通最小二乘估计量	有偏	无偏
统计推断性检验	失效	有效
回归系数估计的条件方差	变小	变大

由于上述推断性问题的存在，亨德里（Hendry）和伦敦经济学院的众多计量经济学家提出了从全部变量构成的一般经济模型出发，经过各类检验逐渐精炼出最终的具体形

式。这种方法的优点是解释变量逐个减少，会增加自由度，降低标准差，同时也避免了估计的无效性问题。但是因为在包含无关变量时，统计估计仍然是无偏有效的，只是估计的方差会大一些，有效性会差一些。可随着解释变量的减少，无效性的损失会逐渐减少。所以这种方法越来越受到人们的重视，只是在实践中受到自由度的限制。为此我们要在自由度允许的条件下，尽量多选解释变量，并注意结合对模型的全面检验，使用该种方法将会更加有效。

3. 多重共线性问题

在建模中各解释变量之间独立是较为理想的状态，多重共线性会产生较严重的后果。虽然这两种情况都不常见，但是其对计量经济建模的影响是我们必须清楚的内容。如果存在共线性，而依然采用回归方法求解模型，必将产生如下后果。

1）完全共线性下参数估计量不存在

如果解释变量之间存在共线性，$X'X$ 的行列式必然为零，这使逆阵 $(X'X)^{-1}$ 不存在，这时无法得到参数估计。

2）不完全的近似共线性下普通最小二乘估计量非有效

不完全共线性时虽然行列式 $|X'X| \neq 0$，但会引起 $(X'X)^{-1}$ 主对角线元素较大，使参数估计值的方差增大，普通最小二乘参数估计量非有效。

3）近似共线性下模型的统计检验失效

在近似共线性下，由于估计量的方差加大，会使 T 检验和 F 检验失效，可能会将重要的解释变量遗漏在模型之外。

4）模型的预测失效

近似共线性下估计量的方差变大，容易使区间预测的“区间”变大，使预测也失去意义。

5）模型的经济意义不合理

如果模型中两个解释变量具有线性相关性，会使回归系数失去应有的经济含义，于是经常表现出似乎反常的现象，如本来应该是正的，结果却是负的等不正常问题。

4. 伪回归问题

在传统的回归分析中，隐含着一个重要的基本假设，即各变量都是平稳的。而在非平稳的时序间建立回归模型，很可能将本来与被解释变量没有因果关系的现象，纳入回归方程的解释变量中，且通过 T 检验认为是显著的，这种情况就是伪回归。它是由格兰杰（Granger）和纽博尔德（Newbold）在 1974 年提出的，对其理论解释与完善是由菲利普斯（Phillips）在 1986 年完成的。格兰杰和纽博尔德做了一个实验，将回归方程 $Y_t = \beta_0 + \beta_1 X_t + \varepsilon_t$ 的数据由随机游走系统生成如下：$X_t = X_{t-1} + u_t$，$X_0 = 0$，$u_t \sim IN(0,1)$；$Y_t = Y_{t-1} + v_t$，$Y_0 = 0$，$v_t \sim IN(0,1)$；其中 $E(u_i, v_j) = 0$，表示 u_i 和 v_j 服从相互独立的标准正态分布，由此可知 X_t 和 Y_t 为相互独立的一阶单整 $I(1)$ 变量。

基于两个独立的随机游走变量建立的回归方程，应该是毫无意义的，即它们所体现的任何关系都具有欺骗性。更令人惊奇的是在 5%的显著性水平上，有近 75%的可能性会拒绝 $\beta_1 = 0$ 的原假设。且回归的 R^2 值通常都很大，但其残差却常表现为高度的自相关性，即当时间序列非平稳时，若仍然使用 T 检验，则拒绝 $\beta_1=0$ 的概率将大大增加。而且随着样本容量 $T\to\infty$，回归系数的 t 统计量的分布将是发散的，所以拒绝 $\beta_1=0$ 的概率将会越来越大，从而必将产生模型中引入无关解释变量而造成虚假回归的问题。这种伪回归的后果如下。

（1）回归残差 e 将不再平稳，回归没有任何现实意义。

（2）由于残差序列含有随机性趋势，其分布易产生偏离 0 的永久性偏差，且其作用也不会衰减，以至于模型在进行预测时都不能使用。

（3）当残差序列非平稳时，由于方差会变得无穷大，使自相关系数趋近于 1。所以，任何 T 检验、F 检验和 R^2 等统计检验都是不可信的。

（4）菲利普斯在 1986 年证明了，即使在大样本的情况下，由于 Y 是非平稳的过程，而残差 e 也是非平稳的过程，采用普通最小二乘法就可以得到 $\beta_1\neq 0$ 的错误结论。

9.2　模型形式的诊断与修正

针对模型组成等存在的问题，需要建立一套诊断和修正模型的方法，来完善所构建的模型，以达到我们分析使用的目的。人们的相关努力主要归纳如下。

9.2.1　多重共线性的诊断与修正

由于严重的共线性会使模型的估计很困难，特别是存在完全共线性时，变量参数无法求解，则软件会报告出错误信息，或以 NA 来代替估算的结果，所以共线性是很容易被发现的。因此，有人不主张花费精力去判断共线性问题。但是现实中的多数经济变量之间都属于不完全共线性或近似正交的，这会一定程度上影响模型估计的结果，还需要对此情况有所判断，以避免产生相关的过错。

1. 共线性的主要诊断方法

发现共线性的途径很多，常用的方法归纳如下。

1）经验判断法

存在近似多重共线性时，最小二乘估计值常会出现一些反常的现象。主要表现如下。

（1）模型的经济意义不合理，如回归系数的符号与理论不符等不合理。

（2）模型的决定系数较大，F 检验能通过，可是有些系数的 T 检验却不能通过，或 T 检验的情况不稳定。

（3）有时自变量间的简单相关系数会很高。

（4）参数估计值的稳定性很差，即增加或减少样本量参数的变化较大，甚至回归系数出现 NA 或 Inf 等情况。

2）辅助回归法

辅助回归法是通过原模型的检验统计量与辅助回归模型的检验统计量的对比进行分析的方法。设原回归模型的可决系数为 R^2，分别以某解释变量作为被解释变量，以其余解释变量作为解释变量，构建辅助回归方程，并分布计算其可决系数 R_K^2 和 F 检验统计量 F_K。然后采用如下两种判断准则。

（1）如果辅助某回归方程的F检验证明回归显著，就可以认定该解释变量与其他解释变量存在共线性。

（2）且该辅助回归的被解释变量就是共线性最强的解释变量，同时也可能是随机性的解释变量。因此要根据分析的需要，在这一回归系统中选取具有代表性的，可确定性的变量保留在模型之中。

（3）如果所有的辅助回归的可决系数都大于原回归的可决系数，即 $R_K^2 > R^2$，就可以认定原模型存在多重共线性。如果只有部分辅助回归的可决系数大于原回归的可决系数，只能说明存在共线性的可能，需要进一步减少变量进行具体测试。

3）方差膨胀因子法

方差膨胀因子（variance inflation factor，VIF）是指多元回归中的某回归系数 b_k 的条件方差 $\mathrm{Var}(b_k \mid X)$ 与以该变量建立的一元回归的回归系数的条件方差 $\mathrm{Var}(b_k \mid X_k)$ 的比值，表明解释变量的扩大所带来的回归系数方程的膨胀程度。即有

$$\mathrm{VIF}(b_k) = \frac{\mathrm{Var}(b_k \mid X)}{\mathrm{Var}(b_k \mid X_k)} \approx \frac{1}{1 - R_k^2} \tag{9-13}$$

其中，R_k^2 为第 k 个解释变量 X_k 与其他解释变量的复相关系数。复相关程度越强，共线性就越强。注意该复相关系数就是以某解释变量为被解释变量，以其他解释变量为解释变量的辅助回归方程的可决系数。

由于 $R_k^2 = 0$ 时，$\mathrm{VIF} = 1$；而 $R_k^2 = 1$ 时，$\mathrm{VIF} = \infty$；所以依据这一特性观察所有 VIF 的均值远大于1时，就可断定存在严重的多重共线性。但是远大于1的标准并不具体，所以一般的可操作的判别标准是当 VIF＞5 时，即对应的 $R_k^2 > 0.8$ 时，就认定存在较为严重的共线性。

【例 9.1】 利用 HG2 的数据，采用 VIF 法判断其共线性的可能情况。

（1）计算各辅助回归的判断系数 R_k^2；可使用 summary（lm（LC～SCS + GZ + YY，JMSJ））等方式来分别获得，结果为0.9431、0.9681、0.9795、0.9566。

（2）使用 $1/(1-R_k^2)$ 计算各 VIF 为 17.574 69、31.347 96、48.780 49、23.041 47；可见所有的 VIF 都大于5，认为他们之间可能存在较为严重的共线性问题。

4）相关特征根条件指数判断法

如果模型存在共线性，则 $X'X$ 方阵的特征根至少有一个为零。所以可以计算条件指数（condition index，CI），并通过 CI 判断共线性程度。CI 的定义如下：

$$\mathrm{CI} = (\lambda_{\max} / \lambda_i)^{1/2} \tag{9-14}$$

其中，$\lambda_{\max}$ 为最大的特征根；λ_i 为第 i 个特征根。一般情况下，参考的判断依据为：

0＜CI＜10 时，不存在多重共线性；

10≤CI＜100 时，具有较强的多重共线性；

CI≥100 时，为严重的多重共线性。

使用 R 软件计算 $X'X$ 特征根的函数如下：

```
Tzg<-eigen(t(X)%*%X)$values
CI<-sqrt(max(Tzg)/Tzg)。
```

【例 9.2】 利用 HG2 的数据，采用特征根法判断其共线性的可能情况。

首先，将数据框中的相关数据计算相关系数矩阵，并据此计算相关矩阵的特征根如下：

```
>Tzg<-eigen(t(cor(JMSJ[,3:6]))%*%cor(JMSJ[,3:6]))$values
```

其次，计算 CI 如下：

```
>sqrt(max(Tzg)/Tzg)
[1]   1.0000  70.8721  141.5373   257.7799
```

从计算结果上看，除了截距项，其他各变量之间都可能存在共线性，且越向后其共线性的程度就越大。

2. 多重共线性产生的可能原因

（1）经济变量相同的变化趋势。一般在经济繁荣时期，多数经济变量都趋于增长；而在经济衰退时期，又同时趋于下降；在某些地区也会出现投入和产出等各方面都大，而某些地区各方面都小等现象。

从一般经验上看，由时间序列数据样本构建的简单线性模型，往往会存在一定程度的多重共线性；而截面数据样本之间的共线性问题不那么严重，但仍然存在多重共线性的可能性。

（2）滞后变量的引入易引起多重共线性。在经济计量模型中，往往需要引入滞后经济变量来反映动态的经济关系。

例如，消费 = f(当期收入，前期收入)；显然，两期收入间常会有较强的线性相关性。

（3）样本资料的限制。由于完全符合理论模型所要求的样本数据较难收集，人们常以某些容易获得的统计指标来替代，这种做法很容易引起一定程度的多重共线性。

3. 多重共线性的处理技术

如果发现存在较为严重的多重共线性，则需要选择如下处理技术来消除这一问题。

1）改变数据样本

改变数据样本的做法是简单的，但是在社会经济现象中很难实现，而在大数据时代是有一定的可操作性的，具体做法如下。

（1）增加样本容量。

（2）增加数据的字长，或进行双精度运算等。

（3）将时间序列数据与横截面数据混合作为样本。

2）对解释变量的处理

从变量的角度入手，可以考虑如下做法。

（1）在共线性强的变量中选出代表性的指标留在模型中，其他相关变量不纳入模型。

（2）采用工具变量法。

（3）将变量差分后使用。

（4）采用主成分等统计方法，核算新的代表性变量。

（5）采用综合评价等方法，合并相关变量等。

3）采用逐步回归法建模

使用 step(回归对象)就可以完成逐步回归过程，该程序主要是以赤池信息准则为判断标准，对各变量进行的逐步筛选过程。要观察最终结果，还需要使用 summary()函数。

【例 9.3】 对 HG2 模型的共线性判断，认为其共线性的程度较为严重，所以采用逐步回归法对其进行重新估算如下：

```
>step(HG2)
Start: AIC=-367.18
GDP～0+LC+SCS+GZ+YY
      Df  Sum of Sq       RSS     AIC
<none>                      0  -367.18
- GZ    1   1917130   1917130  348.00
- SCS   1   4284338   4284338  372.93
- YY    1  19813180  19813180  420.40
- LC    1  60868638  60868638  455.20
Call:
lm(formula = GDP～0 + LC + SCS + GZ + YY, data = JMSJ)
Coefficients:
 LC  SCS  GZ  YY
  1    1   1   1
Warning message:对几乎是完全拟合再进行模型选择是没有用的。
```

这是一个非常极端的案例，即完全拟合的非随机情况。目的是通过它可以了解到随机现象的相关性是客观存在的，且以独立和完全相关为极端确定的情况。而处于两种极端之间的不完全贡献等情况，则是我们分析的重点。

9.2.2 线性模型的形式检验

在基础性的线性建模中，经常会遇到形式选择问题，主要表现为如下两类情况。

1. 嵌套形式

在两个有嵌套关系的模型之间进行选择的问题，也称为子母系统之间的选择问题，即设：

$$M_{\mathrm{I}}: Y=\beta_0+X_k\beta_k+X_f\beta_f+u \text{ 和 } M_{\mathrm{II}}: Y=\alpha_0+X_k\alpha_k+v$$

可以通过 $\mathrm{H}_0: \beta_f=0$；使用 T 检验或 F 检验来完成。注意：

（1）小样本时，若 β_f 为单元素则采用 T 检验，若 β_f 为向量则采用 F 检验。

（2）大样本时，可以使用 LR 检验进行判断。

（3）当否定原假设时，选择 I 模型；当接受原假设时，选择 II 模型。

2. 非嵌套模型

设可供选择的非嵌套模型 $M_{\mathrm{I}}: Y=X_k\beta+u$ 和 $M_{\mathrm{II}}: Y=X_f\alpha+v$；即模型 I 中的 X_k 不同于或部分不同于模型 II 中的 X_f，则在这两个模型中，选择哪一个模型更合理，需要以回归系数 δ 和 θ 将两个模型组合在一起，并通过其显著性检验来判断。

1981 年戴维森（Davidson）和麦金农（MacKinnon）提出的联合估计检验法，简称为 J 检验法。具体做法如下。

（1）对原来模型I和模型II分别采用普通最小二乘估计，以其各自的拟合值 $\hat{Y}$ 作为进一步检验使用的工具变量。

（2）估算 $Y=\delta\hat{Y}_k+X_f\alpha+e_k$ 模型的参数，并检验 $\mathrm{H}_0:\delta=0$ 是否成立。即小样本时采用 T 检验；大样本时采用渐近正态分布进行检验。若不能否定原假设，则选择模型II；若 δ 显著不为零，则选择模型I。

（3）估算 $Y=X_k\beta+\theta\hat{Y}_f+e_f$ 模型的参数，并检验 $\mathrm{H}_0:\theta=0$ 是否成立。若不能否定原假设，则选择模型I；若 θ 明显不为零，则选择模型II。

（4）综合判断如表 9-2 所示。

表 9-2 非嵌套模型选择参考表

假设结果	$\theta=0$	$\theta\neq0$
$\delta=0$	模型I和II都不可选	不选I，选II
$\delta\neq0$	选I，不选II	模型I和II都可选

一般情况下，都会有个明确的结果，两个假设同时肯定或否定的可能性都不大。

9.2.3 非线性可能性的判断

线性模型是基础，而非线性是常态。Lee、White、Granger 于 1993 年提出条件均值式非线性模型定义：

$$P[E(Y\mid X)=XB]=1$$

为条件均值是线性的表达。而当 $P[E(Y\mid X)=XB]<1$ 时条件均值表明为非线性的。人们对非线性判断进行了广泛的探索，并提出了许多的检验方法，主要方法介绍如下。

1. RESET 检验

拉姆齐（Ramsey）于 1969 年提出的回归设定误差检验法（regression specification error test，RESET），基本思想是在线性最小二乘方程中加入各解释变量的平方、立方等项数据进行估算并通过 T 检验和 F 检验来检验其显著性的基本检验方法。

Keennan 于 1985 年提出了以线性回归值的平方项纳入模型的简化的检验方法，但是易引起多重共线性。Tsay 于 1986 年又提出将交叉项放入回归方程中的检验。RESET 检验是将回归值的若干次幂作为工具变量的检验方法，它对平均的线性偏离程度较为敏感。所以用于检验“忽略非线性错误”较为合适。

1）基本步骤

（1）以线性回归为基本形式估计初始回归值 $\hat{Y}$、残差 e，并检验残差是否存在自相关或异方差，以判定非线性设定偏误的存在性。

（2）将 $\hat{Y}^2$、$\hat{Y}^3$ 或 $\hat{Y}^4$ 项作为解释变量纳入原模型中，并检验其偏回归系数是否显著。常采用联合显著性 F 检验来判断确定设定偏误。

2）主要优缺点

RESET 是以拟合值的高次幂为解释变量，可以避免多重共线性，并不损失自由度。但是它的缺点是不能直接获得对模型形式的纠正方案，只能作为模型设定时的判断性参考。

2. 非线性形式的 J 检验

设不同形式的两个可选择模型分别为

$$M_{\mathrm{I}}: Y = f(\beta, X_f) + u \text{ 和 } M_{\mathrm{II}}: Y = h(\alpha, X_h) + v$$

其中，$f(\beta, X)$ 和 $h(\alpha, X)$ 为两个不同形式的线性或非线性的连续可微的方程；β、α 为可估计的参数。

I中的 X_f 和II中的 X_h 可以是相同的也可以不同的解释变量矩阵，考虑应该将两个模型组合在一起进行检验。主要的检验方法依然是 J 检验法。具体步骤介绍如下。

1）测算线性组合方程

首先，使用 δ 和 $1-\delta$ 的权重分布来构造加权线性组合：

$$Y = \delta \cdot f(\beta, X_f) + (1-\delta) \cdot h(\alpha, X_h) + e_\delta = h(\alpha, X_h) + \delta[f(\beta, X_f) - h(\alpha, X_h)] + e_\delta$$

其次，使用 $1-\theta$ 和 θ 的权重分布来构造加权线性组合：

$$Y = (1-\theta) \cdot f(\beta, X_f) + \theta \cdot h(\alpha, X_h) + e_\theta = f(\beta, X_f) + \theta[h(\alpha, X_h) - f(\beta, X_f)] + e_\theta$$

2）对假设 $\delta = 0$ 的检验

对两个模型分别采用非线性 nls()等函数进行估计，以获得拟合值 $\hat{Y}_f$ 、$\hat{Y}_h$ 作为工具变量，代入组合方程中有

$$Y = h(\alpha, X_h) + \delta(\hat{Y}_f - \hat{Y}_h) + e_\delta$$

若不能否定 $\delta = 0$ 的假设，则选择模型II。

3）对假设 $\theta = 0$ 的检验

构造翻转形式的线性组合及工具变量形式模型有

$$Y = f(\beta, X_f) + \theta(\hat{Y}_h - \hat{Y}_f) + e_\theta$$

若不能否定 $\theta = 0$ 的假设，则选择模型I。

4）综合判断

综合上述两种情况，和 θ 同时显著或同时不显著的情况都不大可能，而当 δ 显著 θ 不显著时，选择模型I；当 θ 显著 δ 不显著时，选择模型II。

9.3 协整回归模型

在回归分析中隐含着一个更大的假设，就是回归方程的各个变量都是平稳的序列。而对于非平稳的序列，建立回归方程则易产生伪回归，即原本没有因果关系的现象，被

构建在一个回归模型之中，即使是经过了一系列的检验，但是其残差却很难平稳。说明如下。

9.3.1　非平稳时序的统计特征观察

许多概率统计知识是针对自然现象进行研究得到的，所以对自然界的平稳现象很有效。但是在社会经济活动中，很多的概率定理都失效了。

【例 9.4】　以相关系数为例来说明变量的平稳性与统计指标推算的关系。

（1）做平稳时序的试验：以 rnorm(200, 0, 1)的重复运行生成平稳独立的时序 u 和 v，并计算两者的相关系数 $\text{cor}(u,v)->R_i$；则 R_i 将必在 0 附近分布，这样重复 1 万次，形成 $i=1,2,\cdots,10\ 000$ 的相关系数，按照概率理论该 1 万个指标数值的分布将服从正态分布，结果也确实是服从正态分布的，如图 9-1（a）所示。

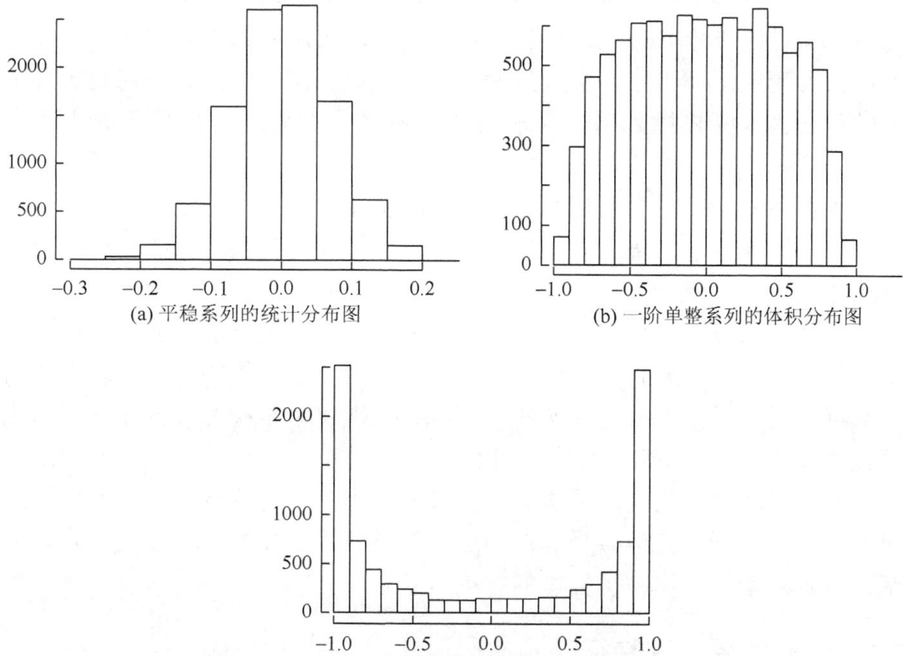

(a) 平稳系列的统计分布图

(b) 一阶单整系列的体积分布图

(c) 二阶单整过程的统计分布图

图 9-1　平稳与非平稳系列的统计分布对比图

（2）对 I（1）过程的试验：以 cumsum(u)->X；cumsum(v)->Y；cor(X，Y)->Ra_i；同样重复 1 万次，则 Ra_i 的分布也应该服从以“0”为中心的正态分布，但是结果如图 9-1（b）所示。虽然以“0”为中心，但是已经不再是正态分布了，即远离“0”的很多了，有的相关系数已经是“1”了，且方向不定有正有负。

（3）对 I（2）过程的试验：以 cumsum(X)->W；cumsum(Y)->M；cor(W，M)->Rb_i；仍重复 1 万次，则 Rb_i 的分布按道理仍然在“0”的附近呈正态分布。但是结果却是图 9-1（c）所示的情景，即在“0”附近的最少了，在“±1”附近的反而最多了。

通过该实验，说明如下事项。

1. 自然科学中的某些定理不适合社会经济规律

观察非平稳现象的统计指标的分布特征，发现中心极限定理已经不再起作用了。这是因为许多定理是基于自然现象观察得到的，在亿万光年都不改变轨迹的自然世界中，绝大多数现象都是平稳的。然而观察我们自身的行为表现，绝大多数的社会经济现象又都是非平稳的，即多数是 $I(1)$过程，部分是 $I(2)$过程，因此在社会经济问题研究中，简单借助平稳的概率统计理论是不妥当的，需要研究其适合的理论做分析的依据。

2. 社会经济研究中极易产生伪回归问题

传统回归隐含着变量平稳假设，用非平稳时序进行回归时，极易产生伪回归问题。这是格兰杰和纽博尔德于 1974 年提出的，对其理论解释与完善是由菲利普斯在 1986 年完成的。格兰杰和纽博尔德做了类似前面进行的实验，即将两个独立的随机游走变量建立的回归方程的大量观察，发现有近 75%的可能性会拒绝 $\beta_1 = 0$ 的原假设，且 R^2 值通常都很大，但残差常为自相关。这就是伪回归，其存在的后果如下。

（1）回归各变量 Y 非平稳，会导致残差 e 非平稳，使回归没有任何现实意义。

（2）残差 e 含有随机性趋势，使永久性偏差不会衰减，模型不能做预测等简单的使用。

（3）非平稳残差 e 会产生无穷大的方差，使统计检验不再可信。

（4）即使是大样本下，普通最小二乘估计量也很易得到显著性的错误结论。

3. 差分平稳法及其局限性

社会经济现象多数是非平稳的，很大程度上限制了数理方法的应用，也阻碍了社会科学自身的发展和研究。为此，人们曾经主张使用差分法，将不平稳的现象数据都转化为平稳的数据后再分析使用。这种做法是可以有效地将不平稳的数据序列平稳化，但是转化后的数据又产生了如下新问题：一是经济意义问题，数据的原始意义与差分后的增减量的意义产生了较大的差异，无法用于规模、范围、结构等意义表达和使用；二是在数据信息有限的情况下差分会减少其自由度，使得分析内容减少。三是二阶以上的差分的含义解释很难表达，且损失了很多的有用信息。

9.3.2 协整关系及其特征

协整是人们对非平稳现象之间的相对稳定状态的定义，即协调一致的系统性均衡体系。由于翻译的差异有人称为协同积分或协积，即运动过程中的各变量以其相同的步伐使彼此处于相对静止的状态。

1. 协整的定义

假定($n\times1$)向量 Y 的每个分量序列都是 d 阶单整过程，即 $Y_i \sim I(d)$。如果存在($n\times1$)向量 β，使得线性组合序列 $\beta'Y \sim I(d-b)$，则称 Y 的各分量之间是 d、b 阶协整的，并简记为 $Y \sim \mathrm{CI}(d, b)$；其中向量 β 称为协整向量，β 中的元素称为协整参数。

例如，若 $X_t \sim I(d)$，$Y_t \sim I(c)$，则应有 $Z_t = (\alpha X_t + \beta Y_t) \sim I(\max[d, c])$；因为

$$\Delta Z_t = \Delta(\alpha X_t + \beta Y_t) = (\alpha X_t + \beta Y_t) - (\alpha X_{t-1} + \beta Y_{t-1}) = (\alpha \Delta X_t + \beta \Delta Y_t)$$

所以当 $c>d$ 时，Z_t 只有差分 c 次才能平稳。一般若 $X_t \sim I(c)$，$Y_t \sim I(c)$，则 $Z_t=(\alpha X_t+\beta Y_t)\sim I(c)$；而当 Z_t 的单整阶数小于 c 时，往往是 X_t 与 Y_t 之间存在协整关系。可见，在由 N 个变量组成的协整系统中，协整关系不止一个，即协整向量最多有 N 个，而协整关系不会超过 $N\text{–}1$ 个。

2. 协整关系的特征

协整系统是步调一致的变量群，他们在运动中相对稳定地处于均衡状态，所以要具备如下主要特征。

1）协整关系存在于同阶单整变量之间

这是协整关系存在的充分条件，但是并非必要条件，具体表现如下。

（1）当系统只有两个变量时，两者的单整阶数相同，才可能产生协整关系。所以在一元回归分析中，要求两个变量必须是同阶单整的，例如，$[Y,X]'\sim \mathrm{CI}(1,1)$，即 $X\sim I(1)$，$Y\sim I(1)$。则在一元线性回归关系中，协整向量为 $\beta=(1,-b)$；这时只有 $e=Y-bX\sim I(0)$，才能说明该回归模型是有效的，如果残差 e 不平稳，则回归没意义。

（2）在多个变量构成的系统中，所有变量的单整阶数都相同，必然是一个协整系统。但是当各变量的单整阶数不同时，有两种情况要说明：一是部分变量的单整阶数相同，则可能存在局部或全部的协整关系；二是系统中各变量的单整阶数各不相同，则不存在协整系统。因此在进行多元回归分析时，要区分具体的情况来判断协整关系的可能性。

2）多阶协整关系的存在

在多个变量的协整关系判断中，如果单整阶数不等，需要进一步观察是否存在部分单整阶数相同的情况，即判断多阶协整的存在。如在两个解释变量的回归模型 $Y=bX$ 中；$X_1\sim I(2)$，$X_2\sim I(2)$，$Y\sim I(1)$；要想使回归有效，就必须使：$u=[Y,X]\beta\sim I(0)$成立，而其成立的条件就是 X 的协整阶数为 1，即 $X=[X_1,X_2]\sim \mathrm{CI}(2,1)$；这说明 $X=b_1X_1+b_2X_2\sim I(1)$；同时还要有 $[Y,X]\sim \mathrm{CI}(1,1)$ 成立，即 $u=Y-b_1X_1-b_2X_2\sim I(0)$；这时的协整向量为 $\beta=(1,-b_1,-b_2)$。因此在多元回归中，各变量的单整阶数可以不同，但必须符合如下几点要求。

（1）被解释变量的单整阶数不能高于解释变量的最高单整阶数。

（2）解释变量的单整阶数高于被解释变量时，最高阶的解释变量必须有两个及以上。

这两条至关重要，是我们判断是否存在协整关系的重要依据。

3）协整关系的多重性

在多变量的系统中，如果存在多阶协整，则协整关系将不止一个。例如，在 X、Y、Z 等三个变量构成的系统中，如果存在 X 与 Z 都是二阶单整的，即有如下协整关系：$u=X-\beta_0-\beta_1Z\sim \mathrm{CI}(2,1)$；而 Y 是一阶单整的；则 u 与 Y 的线性组合也是一种协整关系。即 $\varepsilon=X-\beta_0-\beta_1Z+\beta_3Y\sim I(0)$；可见多阶协整也是常见的现象，同时也反映出协整关系不具唯一性。

9.3.3　协整回归的特征与检验

协整不同于回归又包含着回归，因为协整只是协调一致的变量群，在指标体系中可能存在着很多的协整关系，但是其中的因果关系并不多。所以在协整关系中，寻找其中的因果关系才是我们经济建模的目的，这种反映因果关系的协整方程就是协整回归。

1. 协整回归的特征

对社会经济现象进行回归分析，会得到两种必然的结果，一是伪回归，二是真回归。真回归就是协整回归，其各自的特征说明如下。

1）真回归的特征

对非平稳变量进行回归，如果协整关系存在，则该回归方程为协整回归方程，它将具备如下四个特征。

（1）残差系列的平稳性，是最基本的特征要求。

（2）残差系列符合基本假设仍然是必备的条件。

（3）斯托克（Stock）于1987年证明了：如果该长期均衡存在，即存在协整回归，则协整系数b_i将是超一致的估计量，即协整回归的普通最小二乘估计量要比一般平稳变量普通最小二乘估计量收敛得更快。

（4）在N元协整系统中，协整关系不止一个，肯定小于N个。

2）伪回归的特征

对非平稳时序进行回归时，如果协整关系不存在，则其结果就是伪回归，它多出现在如下几类情况中。

（1）各回归元非平稳，且其各自的单整阶数不等。

（2）回归的残差时序中，仍然包含着明显的随机性趋势。

（3）各回归元中有的变量存在确定趋势，而有的变量同时存在随机性趋势。

2. 协整关系的确定与检验

当较为恰当的模型估算后，都要对协整关系是否确定进行相应的检验，主要方法如下。

1）残差平稳性检验

如果根据经济理论协整向量已知，则可以依理论构建协整回归方程，并检验回归方程的残差是否平稳。只是做单位根检验时要使用没有漂移项也没有趋势项的方程。且注意检验的显著性水平要较平常的单位根检验更小为好，如将0.05改为0.01，同时模型的残差必须服从基本假设的要求，即属于无自相关的同方差的白噪声过程。因此这一步检验才是真正的协整性检验，即狭义的协整检验。

2）注意事项

一般情况下在寻找因果关系的回归方程的过程中，要遵循如下两个原则。

（1）如果单整变量间不是协整的，且经差分变换后其经济意义合理，则可以建立差分后的经典回归模型。这是为了在非协整系统中，查找均衡关系的初步做法，这种做法一方面避免了伪回归的结果，另一方面可以获得可能的因果关系。

（2）如果单整变量间是协整的，则不能使用差分转换后的变量构建回归方程，而是使用原始数据来协整回归方程。如果使用差分变量，只能构建接下来要介绍的误差修正模型。

9.3.4　误差修正模型的构建

由格兰杰于 1987 年证明的，协整系统都可以表示为某种形式的误差修正模型的结论。使得我们对误差修正模型的作用有了崭新的认识，并在社会经济管理过程中得到了广泛的应用。所以对该类模型的构建和获得也就成为我们关心的重要学习内容。

1. 误差修正模型的形式及特征

即设 Y 为协整系统中的非平稳被解释变量，X 为协整系统中与 Y 同阶非平稳的解释变量，则误差修正模型的基本形式，可简单表述如下：

$$\Delta Y_t = C\Delta X_t + ABX_{t-k} + \varepsilon \tag{9-15}$$

其中，C 为平稳回归系数，即 X 和 Y 的差分是平稳的；A 和 B 都是 $n\times k$ 的矩阵；AB 为奇异矩阵；B 为协整系数；A 为误差修正系数。即误差修正模型是以被解释变量的增量为被解释变量，而以各解释变量的增量为解释变量，另加误差修正项和残差项构成的线性方程表示的。要认识和使用该模型就要弄清楚如下问题。

1）误差修正项

误差修正项是式（9-15）中的 $AB'Y_{t-k}$ 部分，其中系数 A 也称为速度调整系数，它反映的是在当期被解释变量的变动中，均衡机制的作用使被解释变量在上期的非均衡偏差基础上调整了 A 倍的修正量。其作用机理表明：

（1）A 的对值越大，均衡机制的作用越大，校正非均衡偏差的能力就越强。不存在误差修正项时，模型的解释变量是弱外生性的。

（2）误差修正模型可以削弱原模型中的多重共线性及自相关性。

（3）误差修正模型中的各个差分变量及非均衡误差修正项 BX（协整回归）都将是平稳的。

2）误差修正模型的滞后期与检验问题

误差修正模型是一个完整的协整回归的另一种表达，所以其要经得起各类计量经济学的检验，即该模型是需要通过各类检验的。检验中要注意如下主要问题。

（1）对于 T 检验不显著的差分变量可以剔除，但是不能剔除非均衡误差项中的任何滞后变量，否则会影响变量间的长期均衡关系。

（2）误差修正项中的滞后期是模型的最大滞后期。

2. 误差修正模型的构建步骤

恩格尔-格兰杰（E-G）的两步法是构建误差修正模型的经典案例，即在确定协整回归后，分为如下两步来构建误差修正模型。

（1）进行协整回归，估计长期均衡关系：$\hat{Y} = BX$；并获得其残差序列为 $e_t = Y_t - \hat{Y}_t = Y - BX$。

（2）直接利用协整变量长期均衡的残差 e 来估计误差修正模型。其基本形式为

$$\Delta Y_t = \delta\Delta X_t + \gamma e_{t-1} + v_t \tag{9-16}$$

可运用普通最小二乘估计参数 δ 和 γ，并过程检验达到质量要求。

综合实训案例

【例 9.5】 将 ZCFGDP 中的数据 JMXF 受 ZCFGDP 的影响分析为例，来认识单整、协整、协整方程、协整回归方程、误差修正模型等内容。

首先，对两个变量进行单位根检验有：

```
>PP.test(ZCFGDP$JMXF)
      Phillips-Perron Unit Root Test
data:ZCFGDP$JMXF
Dickey-Fuller=1.6818,Truncation lag parameter=2,p-value=0.99
>PP.test(ZCFGDP$ZCFGDP)
      Phillips-Perron Unit Root Test
data:ZCFGDP$ZCFGDP
Dickey-Fuller=0.15987,Truncation lag parameter=2,p-value=0.99
```

检验结果表明，两个变量都是非平稳的经济时序。所以差分后再检验如下：

```
>PP.test(diff(ZCFGDP$JMXF))
      Phillips-Perron Unit Root Test
data:diff(ZCFGDP$JMXF)
Dickey-Fuller=-2.5221,Truncation lag parameter=2,p-value=0.3735
>PP.test(diff(ZCFGDP$ZCFGDP))
      Phillips-Perron Unit Root Test
data:diff(ZCFGDP$ZCFGDP)
Dickey-Fuller=-2.8811,Truncation lag parameter=2,p-value=0.2367
```

检验结果表明，经过一次差分后的两个变量，仍然是非平稳的，所以再次差分计算如下：

```
>PP.test(diff(ZCFGDP$JMXF,1,2))
      Phillips-Perron Unit Root Test
data:diff(ZCFGDP$JMXF,1,2)
Dickey-Fuller=-6.0892,Truncation lag parameter=2,p-value=0.01
>PP.test(diff(ZCFGDP$ZCFGDP,1,2))
      Phillips-Perron Unit Root Test
data:diff(ZCFGDP$ZCFGDP,1,2)
Dickey-Fuller=-5.9712,Truncation lag parameter=2,p-value=0.01
```

结果表明，经过两次差分两个变量都平稳了，说明这两个变量都是二阶单整的。由于同阶单整的相关指标间可能存在协整关系，所以进一步估算回归方程，并检验残差如下：

```
>resid(lm(JMXF~ZCFGDP,ZCFGDP))->xfcc
>PP.test(xfcc)
 Phillips-Perron Unit Root Test
```

```
data:xfcc
Dickey-Fuller=-0.52881,Truncation lag parameter=2,p-value=0.9729
```

可见，残差并不平稳，为此对残差的差分再进行检验如下：

```
>PP.test(diff(xfcc))
      Phillips-Perron Unit Root Test
data:diff(xfcc)
Dickey-Fuller=-3.6624,Truncation lag parameter=2,p-value=0.04554
```

可见，残差是一阶单整的，即 JXXF 与 ZCFGDP 的回归残差的单整阶数为 1，说明两者是 CI(2，1)阶协整的。又因协整关系可以表达为误差修正模型，所以采用二步法构建和检验如下：

```
>PP.test(resid(lm(diff(JMXF)~diff(ZCFGDP)+xfcc[-27],ZCFGDP)))
      Phillips-Perron Unit Root Test
data:resid(lm(diff(JMXF)~diff(ZCFGDP)+xfcc[-27],ZCFGDP))
Dickey-Fuller=-3.6785,Truncation lag parameter=2,p-value= 0.04439
```

可见，误差修正模型的残差已经平稳了。说明两个变量之间是协整的，且是 CI(2,1)阶协整的。该模型的经验含义是：居民消费的改变是由其收入水平的改变决定的，同时上期的非均衡误差的改变也影响当期的消费变化。同时要注意的是，协整关系并非回归关系那样严密，协整方程不具唯一性，所以很难获得真正意义上的协整回归。

阅读与思考

发达地区对我们的影响有多大

所谓发达地区一般认为就是那些生活水平高于普通地区的地方，那为什么还称为发达地区呢？其实往往是那些地区的生产技术和市场结构优于其他地区，生产技术一般决定着生产能力，先进的技术会为本地带来超额利润，所以发达；而市场的结构往往是人们对产品选择形成的，高收入地区的市场结构特点也会体现为消费的档次结构；所以发达地区往往是生活水平较高的地区。

发达地区的示范作用，往往是促进欠发达地区思变的动力，然而有的地区会很快赶超，有的地区却很难追上。这引发人们考虑，是否可以借鉴某些地区的经验，复制到其他地区，促使大家能达到共同富裕呢？同样这种借鉴是否能够得到理论上的认证呢？这不但是区域经济学研究的核心，也是发展经济学研究的重点，那么在实证方法上是否有适应这类需求理论的工具呢？即动态上的自相关、偏自相关、互相关等一系列的方法，是否可以转变用于空间的研究上，如果应用又将怎样操作呢？这些具有现实应用价值的研究及计量经济学理论的发展和创新，是值得我们思考和研究的选题。

本章小结

变量是计量经济模型的主要构成因素，在构成模型的过程中会涉及很多变量。如果计量经济建模有较为针对性的理论，则变量会集中到与理论相对应的几个视角上；如果缺乏相应的理论，则会从不同的视角来观察研究对象的相关信息；这样，不论是验证理论还是发现理论，都需要系统性地观察研究对象的相关变量。而各个变量所携带的信息及其变量之间的关系，都会影响我们的建模质量。所以各解释变量之间的独立性，整个研究系统的协调性就显得尤为重要了。为此本章就共线性、协整关系等内容进行了较为详细的解释，并为经济建模提供了较为可行的变量选择技术。

✍作业与练习

1. 请将书后的人口数据和支出法国内生产总值的相关数据结合在一起，进行单整阶数的判断，并初步分析可能的协整关系。

2. 对书中已有的各案例，进行协整回归的判断，并进一步分析各模型的质量。

第 10 章

多方程计量经济模型

当研究对象很复杂时，往往使用一个方程很难表达完整，则需要使用多个方程构成联立方程组来系统反映。建立联立方程组的理论和实践经验，也是我们学习的重点，尤其是现代社会的经济研究，更为注重多方程系统的研究。

10.1 联立方程模型的特点

单一方程模型往往是反映某一理论的直接关联，而现实经济生活中不仅存在各类直接关系，还大量存在各种各样的间接关系，这些关系有机地结合在一起，便构成了较为复杂的系统性理论。反映系统性理论的模型就是结构性方程组，它由反映理论各侧面关系的单方程联立构成，因此也称为联立方程模型。

10.1.1 联立方程模型的构成要素及其关系

联立方程相对于单方程不只是方程的数目增加了，从变量上看一个变量可能在多个方程中使用，使得各方程之间的关系更加复杂了；从参数上看能否恰当地解释现实的规律，不仅取决于单一方程的合理性，还要受到其他方程的影响；从残差上看各方程之间不再相互独立，且容易产生系统性的偏差；从形式上看会因理论的不确定性而存在多样化的选择等问题。因此，联立方程模型在诸多方面都不会是单方程模型的简单罗列。具体说明如下。

1. 联立方程模型中的变量

变量是构成模型的主体，每个单方程模型都反映着解释变量与被解释变量之间的因果关系。而在联立方程中，经常存在某一方程中的被解释变量是另一个方程中的解释变量。这样就必然会产生随机性解释变量等问题，为此将变量重新分类如下。

1）内生变量与外生变量

内生变量是指影响联立方程系统的同时，还受系统内其他因素影响的经济变量，多以 Y 来表示。即 Y 的数值由系统内其他因素决定，并具有与系统内某些方程的残差项不独立的特性。例如，在第 g 个方程中的被解释变量 Y 是内生的，所以 Y 具有随机性的特点，而将该内生变量 Y 作为第 l 个方程中的解释变量，则 Y 与第 g 个方程的残差必然相关，且与方程 l 的残差项 u 都属于随机性的，两者也可能不独立了。这就会使 $\mathrm{cov}(Y,u)\neq 0$，即残差与解释变量相互独立的假设不再成立。

外生变量是指影响内生变量，但是其本身不受系统内各因素影响的经济变量，多以 X 来表示。由于 X 的外生确定性，X 与随机性的残差项 u 无关，即属于能够满足 $\mathrm{cov}(X, u)=0$ 要求的变量。

2）当期内生变量与前定变量

对于动态观察的内生变量而言，其观察研究的时期，常称为当期。而观察研究期之前的各时期常称为滞后期，在研究当期数据决定时，其滞后期的数据往往是给定的了。所以我们有必要将内生变量当期与滞后期的数据区分开，并将滞后内生变量与外生变量合并为在当期之前已经确定了的变量，简称为前定变量或先决变量。

2. 联立方程模型中的方程属性

在联立方程模型中，可以同时存在于系统中的单方程模型很多，其中按照方程的属性可以分为如下几类。

1）随机性方程

在联立方程模型中，包含随机残差项的单方程称为随机性方程。其主要是用以反映经济行为、统计规律、可能的技术关联、制度的作用模拟等方面存在不确定性的方程，在联立方程组中随机性方程实证上是一种相对稳定的软约束关系。

2）恒等式方程

在联立方程中，以恒等式的形式出现的单方程，即不包含残差项的方程。其主要作用是描述经济均衡、关系定义、对等因素、制度规定等确定性经济关系的方程式。由于其确定性特征，方程中不包含随机残差项，在方程组中起着硬约束的作用。

3. 联立方程模型中的参数属性

在联立方程组中，各单方程是同时出现的。某些内生变量是在多个方程中同时出现的，就必然导致了方程之间的联系，如果我们不考虑这种联系，而简单地使用单方程的估计方法来估算各方程的回归系数，则估计量将是有偏的，且是非一致的。

【例 10.1】 设最简单的居民消费及收入使用联立方程模型如下：

$$\begin{cases} C_t = \alpha + \beta Y_t + \varepsilon_t \\ Y_t = C_t + S_t + M_t \end{cases}$$

其中，第一个方程是凯恩斯绝对收入假说下的消费方程，即居民的消费 C 是由基本消费 α 和收入水平 Y 的决定量 βY 等两部分构成的，β 为边际消费倾向，该方程有随机残差项，所以它是个随机方程；第二个方程是收入 Y 构成的恒等式定义方程，即收入 Y 由用于消费（当期使用）的 C 与用于储蓄（准备以后用）的 S 及净出口（出口减进口）的 M 等三部分构成。

在这一简单的宏观分析模型中，C 和 Y 是内生变量，即消费 C 是由收入 Y 和边际消费倾向 β 来决定的；同时，收入 Y 又是由消费使用量 C 与准备以后用的 S 及净出口 M 来决定的，其理论依据是消费由收入决定，收入由生产决定，而生产又主要是由消费需求、储蓄和净出口等因素决定的。这样在该联立方程的模型中，储蓄 S 和净出口 M 就是由模型外的因素决定的外生变量。利用该模型说明参数估计的性质如下。

（1）将消费方程代入收入定义方程中，有

$$Y_t = \alpha + \beta Y_t + S_t + M_t + \varepsilon_t$$

整理该式有

$$Y_t = \frac{\alpha}{1-\beta} + \frac{S_t}{1-\beta} + \frac{M_t}{1-\beta} + \frac{\varepsilon_t}{1-\beta}$$

$$\operatorname{cov}(Y_t,\varepsilon_t) = E\{[Y_t - E(Y_t)][\varepsilon_t - E(\varepsilon_t)]\} = E\left[\left(\frac{\varepsilon_t}{1-\beta}\right)\varepsilon_t\right] = E\left[\frac{\varepsilon^2}{1-\beta}\right] = \frac{1}{1-\beta}E(\varepsilon^2) = \frac{1}{1-\beta}\sigma^2$$

该式表明：消费倾向 β 为 0 时，Y 与 ε 的协方差最小，随着 β 的增加方差越来越大，当 $\beta=1$ 时协方差趋向无穷大。可见 Y 与 ε 的关系并不独立，所以只有消费方程是确定性的函数关系（即没有误差项）时，内生变量 Y 与不存在的误差才能相互独立。这样在消费决定方程中的解释变量 Y 与误差 ε 独立的假设不再成立了。

（2）对消费方程的变量进行中心化处理，并以相应的小写字母表示，则求其参数 β 的估计量 b 为

$$b = \frac{\sum yc}{\sum y^2} = \frac{\sum y(\beta y + e)}{\sum y^2} = \beta + \frac{\sum ye}{\sum y^2}$$

对该估计量求期望有

$$E(b) = \beta + \sum E\left(\frac{ye}{\sum y^2}\right)$$

该式说明在 Y 与 ε 不再独立的情况下，后半部分不再为零，所以就有 $E(b) \neq \beta$。即在联立方程模型中，单方程的参数估计不再是无偏的。

（3）对参数 b 的估计量两端取概率的极限，有

$$P\lim_{n\to\infty}(b) = \beta + P\lim_{n\to\infty}\left(\frac{\sum ye}{\sum y^2}\right) = \beta + \frac{P\lim\limits_{n\to\infty}\left(\frac{1}{n}\sum ye\right)}{P\lim\limits_{n\to\infty}\left(\frac{1}{n}\sum y^2\right)} = \beta + \frac{\operatorname{cov}(Y,\varepsilon)}{\operatorname{var}(Y)} \neq \beta$$

该式表明在 Y 与 ε 不独立时，其参数估计量 b 也不是一致性的估计。且估计值与期望值的差距，取决于 Y 与 ε 的偏回归程度。

4. 联立方程模型的残差及相关信息问题

如前所述若使用单方程的估计方法来估算联立方程中的某一方程，则估计量是有偏的，且是非一致的。其根本原因是单方程的估计不能考虑各变量间的有关信息，即在联立方程中用单方程普通最小二乘估计将损失相关变量的信息。同时，在联立方程模型中每个随机方程之间往往也存在某种相关性。并多表现在不同方程的随机误差项之间。如果用单方程模型的方法估计某一个方程，将损失不同方程之间的相关性信息。为此，在联立方程模型中，要充分利用变量间和方程间的各类信息，开辟新的估计方法，使参数的估计尽可能无偏且有效。

10.1.2 联立方程模型的表达与识别

联立方程模型按照其基本形式可以分为两大类，即结构式和简化式。

1. 结构式模型

根据经济理论和经验性规律建立的，描述经济变量之间直接结构关系的方程，称为结构方程。由多个结构方程构成的联立方程模型就是结构式模型。结构式模型的各方程都属于对变量间的因果关系的反映，而反映这些关系的参数也常称为结构参数。一组完备的结构式模型的规范表述内容如下。

设具有 G 个内生变量、K 个先决变量的联立方程系统，应该具有 G 个结构方程，这时的模型称为完备的结构式模型。即独立的结构方程的数目等于内生变量的数目，每个内生变量都分别由一个方程来描述。习惯上用 Y 表示内生变量构成的矩阵，X 表示先决变量构成的矩阵，ε 表示随机项矩阵，β 表示内生变量的结构参数矩阵，Γ 表示先决变量的结构参数（包括常数项）矩阵。则以矩阵式表示的结构模型为

$$\beta Y+\Gamma X=\varepsilon \text{或} (\beta\ \Gamma)\begin{pmatrix} Y \\ X \end{pmatrix}=\varepsilon \tag{10-1}$$

其中各要素的含义如下：

$$\beta=\begin{pmatrix} \beta_{11} & \beta_{12} & \cdots & \beta_{1G} \\ \beta_{21} & \beta_{22} & \cdots & \beta_{2G} \\ \vdots & \vdots & & \vdots \\ \beta_{G1} & \beta_{G2} & \cdots & \beta_{GG} \end{pmatrix};\ \Gamma=\begin{pmatrix} \Gamma_{11} & \Gamma_{12} & \cdots & \Gamma_{1K} \\ \Gamma_{21} & \Gamma_{22} & \cdots & \Gamma_{2K} \\ \vdots & \vdots & & \vdots \\ \Gamma_{G1} & \Gamma_{G2} & \cdots & \Gamma_{GK} \end{pmatrix};\ Y=\begin{pmatrix} Y_1 \\ Y_2 \\ \vdots \\ Y_G \end{pmatrix}=\begin{pmatrix} Y_{11} & Y_{12} & \cdots & Y_{1n} \\ Y_{21} & Y_{22} & \cdots & Y_{2n} \\ \vdots & \vdots & & \vdots \\ Y_{G1} & Y_{G2} & \cdots & Y_{Gn} \end{pmatrix};$$

$$X=\begin{pmatrix} X_1 \\ X_2 \\ \vdots \\ X_K \end{pmatrix}=\begin{pmatrix} X_{11} & X_{12} & \cdots & X_{1n} \\ X_{21} & X_{22} & \cdots & X_{2n} \\ \vdots & \vdots & & \vdots \\ X_{K1} & X_{K2} & \cdots & X_{Kn} \end{pmatrix};\quad \varepsilon=\begin{pmatrix} \varepsilon_1 \\ \varepsilon_2 \\ \vdots \\ \varepsilon_G \end{pmatrix}=\begin{pmatrix} \varepsilon_{11} & \varepsilon_{12} & \cdots & \varepsilon_{1n} \\ \varepsilon_{21} & \varepsilon_{22} & \cdots & \varepsilon_{2n} \\ \vdots & \vdots & & \vdots \\ \varepsilon_{G1} & \varepsilon_{G2} & \cdots & \varepsilon_{Gn} \end{pmatrix}$$

与单方程表述不同的是：Y 在单方程中是数据列向量，而这里是内生变量列向量，其每个变量都以行向量来表述。X 也是单方程的转置，且所有的要素都以矩阵表述。

【例 10.2】 由例 10.1 中的模型可见 C 和 Y 是内生变量，而有无 α、S、M 是外生变量，则结构模型各要素的参数矩阵可表述如下：

$$\beta=\begin{pmatrix} 1 & -\beta \\ -1 & 1 \end{pmatrix},\quad \Gamma=\begin{pmatrix} -\alpha & 0 & 0 \\ 0 & -1 & -1 \end{pmatrix}$$

其中，β 方阵的行是按方程顺序来排列的，其负值的元素都是从原结构模型的右侧向左侧移项时产生的结果；列是按照内生变量 C、Y 的顺序排列的。Γ 的行是方程顺序，列是常数项、S 顺序、M 顺序。对应的内生变量和前定变量及残差的矩阵如下：

$$Y=\begin{pmatrix} C_1 & C_2 & \cdots & C_n \\ Y_1 & Y_2 & \cdots & Y_n \end{pmatrix},\quad X=\begin{pmatrix} 1 & 1 & \cdots & 1 \\ S_1 & S_2 & \cdots & S_n \\ M_1 & M_2 & \cdots & M_n \end{pmatrix},\quad \varepsilon=\begin{pmatrix} \varepsilon_1 & \varepsilon_2 & \cdots & \varepsilon_n \\ 0 & 0 & \cdots & 0 \end{pmatrix}$$

从该例出发求解其中的参数是很困难的，且由于内生变量在各方程中都以解释变量的方式存在，与其各残差项都不独立，因此各方程的参数估计多是有偏的。

2. 简化式模型

用所有先决变量作为每个内生变量方程的解释变量，所形成的模型称为简化式模型。它并不反映经济系统中变量之间的直接经济关系。由于简化式模型中作为解释变量的各变量中没有内生变量，可以采用普通最小二乘估计每个方程的参数，所以它在联立方程模型研究中具有重要的作用。在简化式模型中，各方程常称为简化式方程，而各参数就称为简化式参数。其规范的表达方式为

$$Y = \Pi X + E \tag{10-2}$$

其中参数和残差矩阵如下：

$$\Pi = \begin{pmatrix} \Pi_{11} & \Pi_{12} & \cdots & \Pi_{1K} \\ \Pi_{21} & \Pi_{22} & \cdots & \Pi_{2K} \\ \vdots & \vdots & & \vdots \\ \Pi_{G1} & \Pi_{G2} & \cdots & \Pi_{GK} \end{pmatrix}; \quad E = \begin{pmatrix} E_1 \\ E_2 \\ \vdots \\ E_G \end{pmatrix} = \begin{pmatrix} E_{11} & E_{12} & \cdots & E_{1n} \\ E_{21} & E_{22} & \cdots & E_{2n} \\ \vdots & \vdots & & \vdots \\ E_{G1} & E_{G2} & \cdots & E_{Gn} \end{pmatrix}$$

【例 10.3】　将例 10.1 中的模型转化为简化式，可估计出无偏的结果，表示如下：

$$\begin{cases} C_t = \pi_{10} + \pi_{11} S_t + \pi_{12} M_t + E_{1t} \\ Y_t = \pi_{20} + \pi_{21} S_t + \pi_{22} M_t + E_{2t} \end{cases}$$

其中，π 为对 Π 进行估计的结果。

3. 参数关系体系

将结构式模型的参数矩阵与简化式的参数矩阵建立起对等的关系，如图 10-1 所示。

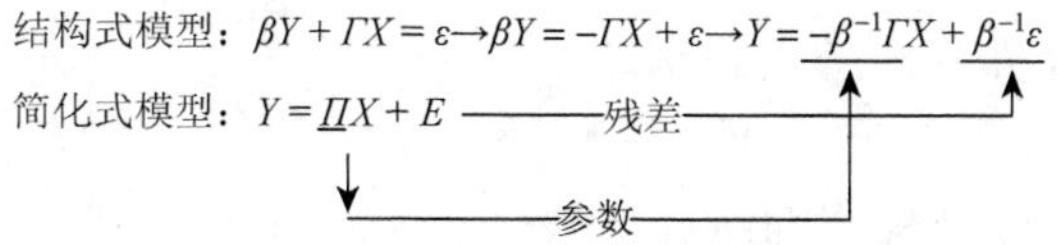

图 10-1　结构式与简化式模型的关系

图 10-1 的实线描述了简化式参数与结构式参数之间的关系，称为参数关系体系；虚线描绘了两种方式之间的残差的关系。参数关系体系不仅反映出两种表达方式的参数之间的联系，更提供了一种求解联立方程组的途径，即首先估计简化式参数，然后再利用参数关系体系，计算得到结构式参数。从参数关系体系还可以看出，简化式参数反映了先决变量对内生变量的直接与间接影响之和，这是简化式模型的另一个重要作用。

【例 10.4】　对于例 10.1 将第二个方程代入第一个方程中，有

$$C = \frac{\alpha}{1-\beta} + \frac{\beta}{1-\beta} S + \frac{\beta}{1-\beta} M + \frac{\varepsilon}{1-\beta} = \pi_{10} + \pi_{11} S + \pi_{12} M + e$$

所以有参数关系：

$$\frac{\alpha}{1-\beta} = \pi_{10}\text{；}\quad \frac{\beta}{1-\beta} = \pi_{11}\text{；}\quad \frac{\beta}{1-\beta} = \pi_{12}$$

求解该方程组，可得

$$\beta=\frac{\pi_{11}}{1+\pi_{11}} \text{或} \beta=\frac{\pi_{12}}{1+\pi_{12}}\text{；}\quad \alpha=\frac{\pi_{10}\pi_{11}}{1+\pi_{11}}+\pi_{10} \text{或} \alpha=\frac{\pi_{10}\pi_{12}}{1+\pi_{12}}+\pi_{10}$$

可见在求得简化式模型的参数后，可以通过参数关系体系获得结构式的参数解。

10.1.3 模型的识别问题

如例 10.1 所示将方程 2 代入方程 1 中，并归纳整理出并不独立的含有（$1-\beta$）的各系数，可以预见联立方程的解不一定是唯一的，也可能根本没有，所以我们要研究模型的识别问题。即模型能否求解出结构参数，就是模型的可识别问题。

1. 模型识别的含义

在联立方程中的每一个方程式都有其被解释变量和解释变量，如果两个方程的变量构成相同，即变量都是相同的，则称为具有相同的统计形式。如果一个方程组中的各方程都不具有相同的统计形式，则联立方程模型才是可识别的。一般情况下：如果联立方程模型中某个结构方程不具有确定的统计形式，则称该方程为不可识别的；如果联立方程模型中某些方程的线性组合可以构成与某一个方程相同的统计形式，则称该方程为可识别的。

【例 10.5】 利用统计形式定义，初步判断如下方程组的可识别性。

$$\begin{cases} C_t=\alpha_0+\alpha_1 Y_{t-1}+\varepsilon_{1t} \\ I_t=\beta_0+\beta_1 Y_t+\beta_2 Y_{t-1}+\varepsilon_{2t} \\ Y_t=C_t+I_t \end{cases}$$

该例中第一个方程是消费方程，因其他方程的任何线性组合都不能构成与该方程相同的统计形式，所以消费方程是可识别的。

第二个方程是投资方程，它是不可识别的，因为第一个与第三个方程的线性组合（可消去 C）构成了与投资方程相同的统计形式。

在各方程的识别过程中还要注意区分以下概念。

1）恰好识别与过度识别问题

就方程组中各单方程而言：不但存在识别与不识别之分，对于可识别的方程，还存在着两种识别情况，即恰好识别与过度识别。其各自含义如下。

如果某一个随机方程具有一组确定的参数估计量（唯一的一组解），则称为恰好识别。

如果某一个随机方程具有多组参数估计量，即有确定的多组解，则称为过度识别。

2）解与识别的关系问题

方程的解与识别是相关又有区别的概念，即在求解方程组时，一般情况下方程的个数要与未知数的个数相同。而方程的数目大于未知数的数目时，常被认为是无解的；如果方程的数目小于未知数的数目，则被认为有无穷多解。但是在模型的识别问题中，无穷多解就意味着没有确定值，所以，如果参数关系体系中有效方程数目小于未知结构参数的估计量数目，则被认为是不可识别的。如果参数关系体系中有效方程数目大于未知结构参数估计量数目，那么每次从中选择与未知结构参数估计量数目相等的方程数，可以解得一组结构参数估计值，换一组方程，又可以解得一组结构参数估计值，这样就可以得到多组结构参数估计值，被认为可以识别，但不是恰好识别，而是过度识别。

3）模型的识别问题

在联立方程模型中每个需要估计其结构参数的随机方程都存在识别问题。而恒等方程由于不存在参数估计问题，所以也不存在识别问题。但是，在判断随机方程的识别性问题时，应该将恒等方程考虑在内。

如果一个模型中的所有随机方程都是可以识别的，则认为该联立方程模型系统是可以识别的。反之如果一个模型系统中存在不可识别的随机方程，则认为该联立方程模型系统是不可以识别的。同样，在联立方程组中有唯一的一组参数解时，称为恰好识别的；而有多组参数解时称为是过度识别的。

2. 联立方程模型识别的判断条件

通过参数关系体系或统计形式来判断模型的可识别性是很麻烦的，为此人们总结出一些规范的程序来判断模型的可识别性问题。具体的程序有如下两个。

1）结构式方程组的识别条件

这种规范的判断方法是直接从结构式模型出发，逐一对模型中的每一个随机方程进行可识别性判断。

设结构式联立方程为 $\beta Y+\Gamma X=\varepsilon$；其共有 G 个内生变量，且每个内生变量对应一个方程；共有 K 个先决变量（含常数项）；其中第 g 个随机方程中包含 G_g 个内生变量和 K_g 个先决变量（含常数项）；并设矩阵 $\{\beta_0\Gamma_0\}$ 是从结构参数矩阵 $\beta\Gamma$ 中提取的元素构成的子阵，其元素为第 g 个方程中未包含的变量在其他 $G–1$ 个方程中所对应的参数，按原有的顺序排列组成的系数子矩阵。利用该子阵，做具体的判断如下。

（1）判断秩条件。

判断秩条件用来判断结构方程是否可识别的基本条件，具体标准有如下两条。

①子阵 $\{\beta_0\Gamma_0\}_g$ 的秩 $R(\beta_0\Gamma_0)_g<G–1$，则第 g 个结构方程不可识别。

②子阵 $\{\beta_0\Gamma_0\}_g$ 的秩 $R(\beta_0\Gamma_0)_g=G–1$，则第 g 个结构方程可识别。

（2）阶条件。

秩条件判断为可识别情况下，进一步用以判断结构方程的识别程度的条件。

如果 $K–K_g=G_g–1$，则 g 方程恰好识别。

如果 $K–K_g=G_g–1$，则 g 方程过度识别。

【例 10.6】　对例 10.2 的简单宏观经济模型，判断其识别情况。则需先根据模型确定参数分块矩阵如下：

$$\begin{cases}C_t=\alpha_0+\alpha_1 Y_{t-1}+\varepsilon_{1t}\\ I_t=\beta_0+\beta_1 Y_t+\beta_2 Y_{t-1}+\varepsilon_{2t}\\ Y_t=C_t+I_t\end{cases}\Rightarrow(\beta\Gamma)=\left(\begin{array}{ccc|cc}1&0&0&-\alpha_0&-\alpha_1\\0&1&-\beta_1&-\beta_0&-\beta_2\\-1&-1&1&0&0\end{array}\right)$$

因其存在两个随机方程，对其各系数子阵及其秩的计算如下：

$$R\begin{pmatrix}1&-\beta_1\\-1&1\end{pmatrix}_1=2$$

对于第一个方程而言：首先，由于第一个随机方程的系数子阵的秩为 $R_1=2$，且模型的内生变量个数 $G=3$，即 $R_1=G–1$，所以第一个方程是可以识别的；其次，由于第一个方程中的内生变量有1个 $G_1=1$，且模型的前定变量 $K=2$，并且第一个方程中的前定变量 $K_1=2$，则有 $K–K_1=0=0=G_1–1$，所以第一个方程是恰好识别的。

对于第二个方程而言：由于 $R_2=1$，$G=3$，则有 $R_2<G–1$，所以第二个方程是不可识别的。

对于联立方程模型而言：由于第二个方程是不可识别的，所以整个模型也是不可识别的。这与从统计形式的定义上看，所得到的结果是一致的。

2）简化式的识别条件

与结构式模型判断一致的简化式方法，其判别的方程为 $Y=\Pi X+E$；与结构式对应，共有 G 个内生变量，且每个内生变量对应一个方程；共有 K 个先决变量（含常数项）；其中第 g 个随机方程中包含 G_g 个内生变量和 K_g 个先决变量（含常数项）；并设矩阵 Z_g 为简化式系数矩阵 Π 中划去第 g 个结构方程所不包含的内生变量所对应的行，及第 g 个结构方程中包含的先决变量所对应的列之后，剩余的参数按原顺序排列所组成的矩阵。做具体的判断也是秩条件和阶条件，其中阶条件与结构式判断相同，只是秩条件有所不同，具体标准为：

子阵 Z_g 的秩 $R(Z_g)<G_g–1$ 时，第 g 个结构方程不可识别；

子阵 Z_g 的秩 $R(Z_g)=G_g–1$ 时，第 g 个结构方程可识别。

10.1.4 联立方程的估算

在联立方程组中因变量之间和方程之间的信息关系，如果逐一按照单一方程估算，所得结果多是有偏的估计量。为此人们探索了很多的估计方法，间接最小二乘法到系统似然估计和贝叶斯估计等方法，使得多方程估计的内容极其丰富，但各类方法都有其优缺点，就其解决问题的主要思路介绍如下。

1. 间接最小二乘法

该方法要先求解简化式模型的各参数，然后再利用参数关系体系，求解出结构式模型的参数。其估计量在小样本下是有偏的，在大样本下是一致的。具体的应用条件如下。

（1）只有在恰好可识别的方程中才能得到确定的解。

（2）简化式各方程中的前定变量之间要求无共线性存在。

（3）各简化式方程的残差项符合经典基本假设。

2. 工具变量法

联立方程模型中，解决内生变量与残差项相关的最理想方法就是工具变量法。如第8章所述，寻找一个与残差无关的代表性的工具变量是非常困难的。所以存在着具体的选择问题。

（1）选择系统内的其他方程中的前定变量。即在联立方程中选择被估计变量方程之外的其他方程的前定变量为工具变量，以保证其与被估计方程的残差的无关性；同时为保证工具变量的代表性，最好选择其所代表的内生变量方程中的前定变量。如果这样的前定变量不止一个，就应该利用因子线性组合或主成分提取等方法综合为一个变量。

（2）二阶段最小二乘法。以简化式各内生变量的回归值作为工具变量代入结构方程中，然后再进行一次最小二乘估计，则称为二阶段最小二乘法。因回归值作为工具变量最具有代表性，其在小样本下虽是有偏的，但在大样本下却是一致性的。它不但适合于恰好识别的方程，还适合于过度识别的方程。当然这种方法同样要求结构式方程要符合经典的基本假设。

3. 系统估算法

系统估算方法是指联立方程求解过程中，同时考虑变量和方程之间的相关信息，并一次性对各方程的所有结构参数同时求解的方法。所以也常称为完全信息估计法，具体的估计方法主要有三阶段最小二乘法和完全信息极大似然估计法等多种方法。其中最典型的方法就是三阶段最小二乘法，它是 Theil 和 Zellner 在 1962 年提出的，即在二阶段最小二乘法的基础上，进行广义最小二乘估计，从而得到三阶段最小二乘法的结果。

设联立方程模型的结构式为 $\beta Y + \Gamma X = \varepsilon$；简化式为 $Y = \Pi X + E$；则三阶段最小二乘法的参数求解过程如下。

1）通过简化式获得工具变量

以简化式回归值作为工具变量，即以最小二乘法对该方程组中的每个随机方程的简化式进行普通最小二乘参数估计，以得到简化式方程组的参数阵 Π，再通过 $\ddot{Y} = \Pi X$ 求得作为工具变量的回归代表值 $\ddot{Y}$。

2）通过二阶段最小二乘获得残差权数

将简化式回归值 $\ddot{Y}$ 作为结构方程中各内解释变量的工具变量后，模型可表述为

$$Y = Z\delta + U$$

式中，$\delta = (\delta_1, \delta_2, \cdots, \delta_G)'$为二阶段各方程的参数估计分块列向量，其中各分向量是各方程二阶段回归系数的列向量；$U = (u_1, u_2, \cdots, u_G)'$为二阶段各方程的残差列向量；$Z = \mathrm{diag}(Z_1, Z_2, \cdots, Z_G)$是各方程的解释变量分块矩阵，其中 $Z_g = (\ddot{Y}'X')$。具体内容为

$$Y = \begin{pmatrix} Y_1 \\ Y_2 \\ \vdots \\ Y_G \end{pmatrix} = \begin{pmatrix} Z_1 & 0 & \cdots & 0 \\ 0 & Z_2 & \cdots & 0 \\ \vdots & \vdots & & \vdots \\ 0 & 0 & \cdots & Z_G \end{pmatrix} \begin{pmatrix} \delta_1 \\ \delta_2 \\ \vdots \\ \delta_G \end{pmatrix} + \begin{pmatrix} U_1 \\ U_2 \\ \vdots \\ U_G \end{pmatrix} = Z\delta + U \tag{10-3}$$

二阶段残差的内容如下：

$$U = \begin{pmatrix} u_1 \\ u_2 \\ \vdots \\ u_G \end{pmatrix} = \begin{pmatrix} u_{11} & u_{12} & \cdots & u_{1n} \\ u_{21} & u_{22} & \cdots & u_{2n} \\ \vdots & \vdots & & \vdots \\ u_{G1} & u_{G2} & \cdots & u_{Gn} \end{pmatrix} \tag{10-4}$$

即二阶段残差的方差-协方差阵为

$$\mathrm{Var}(U) = E(UU') = E\begin{pmatrix} u_1u_1 & u_1u_2 & \cdots & u_1u_G \\ u_2u_1 & u_2u_2 & \cdots & u_2u_G \\ \vdots & \vdots & & \vdots \\ u_Gu_1 & u_Gu_2 & \cdots & u_Gu_G \end{pmatrix} = \begin{pmatrix} \sigma_{11} & \sigma_{12} & \cdots & \sigma_{1G} \\ \sigma_{21} & \sigma_{22} & \cdots & \sigma_{2G} \\ \vdots & \vdots & & \vdots \\ \sigma_{G1} & \sigma_{G2} & \cdots & \sigma_{GG} \end{pmatrix} = \Sigma \tag{10-5}$$

该矩阵 Σ 的值不同，可以表述为如下几种情况。

（1）在各方程的残差都是同方差的，且各方程的残差之间及各方程的残差自身都无自相关时，其方差-协方差为

$$\Sigma=\begin{pmatrix}\sigma^2 I_n & 0 & \cdots & 0\\ 0 & \sigma^2 I_n & \cdots & 0\\ \vdots & \vdots & & \vdots\\ 0 & 0 & \cdots & \sigma^2 I_n\end{pmatrix}=\sigma^2 I_n\otimes I_G \tag{10-6}$$

（2）在各方程之间的残差存在异方差，但各方程之间和各方程的残差都无自相关时：

$$\Sigma=\begin{pmatrix}\sigma_{11} I_n & 0 & \cdots & 0\\ 0 & \sigma_{22} I_n & \cdots & 0\\ \vdots & \vdots & & \vdots\\ 0 & 0 & \cdots & \sigma_{GG} I_n\end{pmatrix}=\mathrm{diag}(\sigma_g^2|g=1,2,\cdots,G)\otimes I_n \tag{10-7}$$

（3）当各方程之间的残差存在异方差，同时各方程之间同期自相关，但方程的残差无自相关时：

$$\Sigma=\begin{pmatrix}\sigma_{11} I_n & \sigma_{12} I_n & \cdots & \sigma_{1G} I_n\\ \sigma_{21} I_n & \sigma_{22} I_n & \cdots & \sigma_{2G} I_n\\ \vdots & \vdots & & \vdots\\ \sigma_{G1} I_n & \sigma_{G2} I_n & \cdots & \sigma_{GG} I_n\end{pmatrix}=\Sigma\otimes I_n \tag{10-8}$$

（4）当各方程之间的残差存在异方差，同时各方程之间同期自相关，各方程的残差也自相关时：

$$\Sigma=\begin{pmatrix}\sigma_{11}\Omega_{11} & \sigma_{12}\Omega_{12} & \cdots & \sigma_{1G}\Omega_{1G}\\ \sigma_{21}\Omega_{21} & \sigma_{22}\Omega_{22} & \cdots & \sigma_{2G}\Omega_{2G}\\ \vdots & \vdots & & \vdots\\ \sigma_{G1}\Omega_{G1} & \sigma_{G2}\Omega_{G2} & \cdots & \sigma_{GG}\Omega_{GG}\end{pmatrix}=\sigma^2\Omega \tag{10-9}$$

3）三阶段广义最小二乘法

通过前两个阶段的最小二乘估计虽然可以得到模型的结构参数估计值，但是残差往往是存在自相关和异方差的。这是因为前两个阶段的求解都是就单一方程进行的，并没有真正考虑变量在各方程之间的关联，从而使其在各方程之间的残差，以及各方程自身的残差分布特征上，表现为异方差或自相关的特征。这种特征实质上是变量在各方程之间在交互作用的具体表现，所以将其分摊到各方程和各变量之中，就能够使残差表现为同方差和无自相关的要求。而这种分解最有效的做法，就是以异方差和自相关的程度为权重进行加权后的最小二乘计算。其中以异方差为权重的计算称为加权最小二乘法，而以异方差和自相关为权重的计算常称为广义最小二乘法，它是消除异方差和自相关的有效手段。

对二阶段的残差 U 观察存在异方差和自相关时，即当 $\Sigma=\sigma^2\Omega$ 时，就应该采用广义

最小二乘来求解结构方程，可以得到其无偏一致性的估计量。即设协方差阵 $\Omega = DD'$，使用其中的 D 的逆矩阵为权重对模型进行加权，并在加权置换后再采取最小二乘公式估计参数 β 的过程。并设 β 的估计值为 B，具体计算过程如下：

$$D^{-1}Y = D^{-1}ZB + D^{-1}U \tag{10-10}$$

$$\begin{aligned} B &= [(D^{-1}Z)'(D^{-1}Z)]^{-1}(D^{-1}Z)'(D^{-1}Y) = [Z'(D^{-1})'D^{-1}Z]^{-1}Z'(D^{-1})'D^{-1}Y \\ &= (Z'\Omega^{-1}Z)^{-1}Z'\Omega^{-1}Y \end{aligned} \tag{10-11}$$

可以证明该公式所得到的回归残差是同方差无自相关的，证明如下：

$$\begin{aligned} E[D^{-1}UU'(D^{-1})'] &= D^{-1}E(UU')(D^{-1})' = D^{-1}\sigma^2\Omega(D^{-1})' \\ &= \sigma^2 D^{-1}DD'(D')^{-1} = \sigma^2 I \end{aligned} \tag{10-12}$$

可见三阶段最小二乘法可以将各残差的偏移分配到各方程的回归系数中，使其达到符合基本假设的要求，但是这要在模型设定正确的前提下，才是有效的。

4. R 中系统估计的程序函数

使用 R 软件进行联立方程的估计，可下载安装 systemfit 程序包，使用 systemfit 命令来实现。具体函数形式为

systemfit(公式，method = "OLS"，inst = N，data = list()，…)　　(10-13)

该函数的主要参数说明如下。

公式：以每一个公式对象存放一个单方程公式，再以列单对象存放多个单方程公式对象的列表，语法规则与单方程相同。

method：该参数是对估算方法的选择，其默认方法是单方程普通最小二乘法（OLS）。选择其他方法时都可以使用其缩写，主要有加权最小二乘法（WLS）、看似无关回归（SUR）、二阶段最小二乘法（2SLS）、加权二阶段最小二乘法（W2SLS）或三阶段最小二乘法（3SLS）等。如选择三阶段最小二乘法时可写：method = "3SLS"。

inst：以此参数为各方程列出工具变量或工具变量列单，是 2SLS、W2SLS、3SLS 等方法中的必选项，可以“工具对象<-～工具变量 1 + 工具变量 2 +…”的形式，及 list(工具对象 1，工具对象 2，…)等形式给出。

data：指定包含模型中各变量数据的数据框。

作为知识的扩展，这里以线性方程组为主进行介绍，非线性方程组可以使用 nlsystemfit 命令进行估计，具体使用中如遇到问题，可查看在线帮助。

【例 10.7】　以消费方程和投资方程为基础，加上外贸方程，可构建一个简化的宏观经济模型如下：

$$\begin{gathered} \text{gdp} = \text{jmxf} + \text{zfxf} + \text{ztz} + \text{jck}; \\ \text{jmxf} = a_0 + a_1\text{gdp} + u_1; \\ \text{ztz} = b_0 + b_1\text{gdp} + u_2; \\ \text{jck} = c_0 + c_1\text{zfxf} + u_3 \end{gathered}$$

调查数据如附表三所示，根据其资料估计联立方程，并初步采用普通最小二乘估算后，并分别存放在 xffc、tzfc、ckfc 等对象中。观察其估算结果，发现 ckfc 方程的常数项不算显著，所以剔除后重新估算。最后以 gdp 和 zfxf 为工具变量，使用三阶段最小二乘法估计如下：

```
>xffc<-jmxf~gdp;tzfc<-ztz~gdp;ckfc<-jck~zfxf+0;mx<-list(xffc,tzfc,
  ckfc))
>inst<-~zfxf+gdp
>systemfit(mx,method="3SLS",inst=ins,data=gdpzcsj)->lljg
>summary(lljg)
systemfit results
method:3SLS
       N   DF       SSR        detRCov     OLS-R2    McElroy-R2
system 108 103      1974018624 7.77934e+19 0.99393   0.999953
   N   DF  SSR       MSE       RMSE        R2        Adj R2
eq1 36 34  448770467 13199131  3633.06     0.996077  0.995962
eq2 36 34  936722198 27550653  5248.87     0.995519  0.995387
eq3 36 35  588525958 16815027  4100.61     0.670086  0.670086
The covariance matrix of the residuals used for estimation
       eq1         eq2         eq3
eq1    13186337    -12517402   -4004355
eq2    -12517402   27445226    -11494592
eq3    -4004355    -11494592   16634122
The covariance matrix of the residuals
       eq1         eq2         eq3
eq1    13199131    -12480674   -4016931
eq2    -12480674   27550653    -11683265
eq3    -4016931    -11683265   16815027
The correlations of the residuals
       eq1         eq2         eq3
eq1     1.000000   -0.655926   -0.268946
eq2    -0.655926   1.000000    -0.541786
eq3    -0.268946   -0.541786   1.000000
3SLS estimates for 'eq1'(equation 1)
Model Formula:jmxf~gdp
Instruments:~zfxf+gdp
             Estimate     Std. Error    t value     Pr(>|t|)
(Intercept)  4.07264e+03  7.47492e+02   5.44841     4.4909e-06***
gdp          3.53332e-01  3.73512e-03   94.59725    <2.22e-16***
Signif. codes:0 '***' 0.001 '**' 0.01 '*' 0.05 '.' 0.1 ' ' 1
Residual standard error:3633.060885 on 34 degrees of freedom
Number of observations:36 Degrees of Freedom:34
SSR:448770467.282294 MSE:13199131.390656 Root MSE:3633.060885
```

```
Multiple R-Squared:0.996077 Adjusted R-Squared:0.995962
3SLS estimates for 'eq2'(equation 2)
Model Formula:ztz~gdp
Instruments:~zfxf+gdp
              Estimate      Std. Error    t value     Pr(>|t|)
(Intercept)   -4.68328e+03  9.44242e+02   -4.95983    1.9365e-05***
gdp           4.78278e-01   5.12362e-03   93.34764    <2.22e-16***
Signif. codes:0 '***' 0.001 '**' 0.01 '*' 0.05 '.' 0.1 '' 1
Residual standard error:5248.871583 on 34 degrees of freedom
Number of observations:36 Degrees of Freedom:34
SSR:936722198.464531 MSE:27550652.896016 Root MSE:5248.871583
Multiple R-Squared:0.995519 Adjusted R-Squared:0.995387
3SLS estimates for 'eq3'(equation 3)
Model Formula:jck~zfxf+0
Instruments:~zfxf+gdp
       Estimate      Std. Error    t value     Pr(>|t|)
Zfxf   0.2561708     0.0240379     10.657      1.563e-12***
Signif. codes:0 '***' 0.001 '**' 0.01 '*' 0.05 '.' 0.1 '' 1
Residual standard error:4100.613049 on 35 degrees of freedom
Number of observations:36 Degrees of Freedom:35
SSR:588525958.091226 MSE:16815027.374035 Root MSE:4100.613049
Multiple R-Squared:0.670086 Adjusted R-Squared:0.670086
```

从计算结果上看各项统计检验都很好，不过这里没有考虑工具变量的恰当性，也没有做其他的各类检验。

10.2 VAR 模型及协整方程组

在对时间序列进行分析的研究中，尤其是没有较为具体的理论指导时，我们可以借鉴单变量的时序分析方法和简化式联立方程组的形式，将所有的时序观察变量都视为内生的被解释变量，以其前定变量和确定性的外生变量为解释变量，来构建联立方程组就是 VAR 模型为核心内容的一类模型。

10.2.1 VAR 模型的结构及特点

VAR 模型从最初的简单形式到现在的一般形式，其间还存在着很多扩展的内容，但其基本形式就是各内生变量的自回归分布滞后方程的批量处理。

1. VAR 模型的基本形式

西姆斯认为 VAR 模型应该是全部内生变量与其滞后期的标准模型，即只有一系列的自回归方程组合构成的 VAR 模型，没有外生变量构成的作用程度。在现实的经济现象中多数都属于随机性的，具有内生特征的变量，所以不加任何限制而使用的 VAR 模型，也称为非限制性 VAR 模型。它是不区分变量的属性，而将其都看作内生的做法。

设 Y_t 是全部内生变量组成的 G 维列向量；$0 \leqslant p \leqslant P$ 是滞后阶数；T 是样本期数；A_1，A_2，…，A_P 都是 G 阶内生系数矩阵系列。ε_t 是扰动变量组成的 G 维列向量，其协方差阵 $\sigma(G)$ 是一个 $G \times G$ 的正定矩阵。则 VAR 模型的一般表达式为

$$Y_t = A_0 + A_1 Y_{t-1} + A_2 Y_{t-2} + \cdots + A_P Y_{t-P} + \varepsilon_t \tag{10-14}$$

其中各部分的具体内容如下：

$$Y_t = \begin{pmatrix} Y_{1,t} \\ Y_{2,t} \\ \vdots \\ Y_{G,t} \end{pmatrix};\quad Y_{t-p} = \begin{pmatrix} Y_{1,t-p} \\ Y_{2,t-p} \\ \vdots \\ Y_{G,t-p} \end{pmatrix};\quad A_0 = \begin{pmatrix} A_{10} \\ A_{20} \\ \vdots \\ A_{G0} \end{pmatrix};\quad A_p = \begin{pmatrix} a_{11p} & a_{12p} & \cdots & a_{1Gp} \\ a_{21p} & a_{22p} & \cdots & a_{2Gp} \\ \vdots & \vdots & & \vdots \\ a_{G1p} & a_{G2p} & \cdots & a_{GGp} \end{pmatrix};\quad \varepsilon_t = \begin{pmatrix} \varepsilon_{1t} \\ \varepsilon_{2t} \\ \vdots \\ \varepsilon_{Gt} \end{pmatrix}$$

这种形式与联立方程的简化式基本相同，且较简化式更为简化了一步，即没有外生给定的变量。而对于其中的某个变量而言，其单方程就是一个典型的自回归分布滞后模型。如果 VAR 模型中有 G 个变量，则其就是 G 个自回归分布滞后模型构成的简化式联立方程组。

2. VAR 模型的基本假设与特点

任何模型都有其基本假设，VAR 模型所含的基本假设如下。

1）模型中的所有变量都是内生的

由于简化式联立方程模型的解释变量可以分为两部分，一部分是滞后内生变量，另一部分是外生变量。如果做系统中的各外生变量 X 与内生变量 Y 的回归：$Y_t = BX_t + Z_t$，则可取得残差 Z_t 的序列数据，它是没有外生变量影响的各变量值。若以此类所有的残差数据来构建 VAR 模型，则可以得到系统中不受外生影响的全部内生变量构成的 VAR 模型。所以西姆斯将全部变量都看作内生的做法，实质上是假定其外生作用都被剔除的前提下的分析过程。这样就单个方程来看，其被解释变量的滞后就是自回归的部分，而其他内生解释变量的滞后又构成了分布滞后的部分。所以就各个单方程来看，它们都是自回归分布滞后的 ADL 模型。即在经济理论（或变量属性）未知的情况下，ADL 模型就成为探索性地从一般到具体的建模方法所选定的最初形式。

2）VAR 模型是个稳定的系统

最初的 VAR 模型主要用于经济预测，其效果要好于在现有理论基础上建立的结构式联立方程，所以人们认为它是相对稳定的系统。这里的稳定是在模型的设定合理的前提下，才能得到保证的，所以稳定性也就成为各类模型的假设之一。由稳定性可知其基本要求如下。

（1）以滞后算子表示的 VAR 模型就是 $A(L)Y = \varepsilon$；其中：

$$A(L) = I - A_1 L - A_2 L^2 - \cdots - A_P L^P$$

（2）Y 中的各变量都是平稳的；

（3）$\varepsilon_t \sim \text{i.i.d}N(0, \sigma^2)$，$\text{Cov}(\varepsilon_{it}, \varepsilon_{jt}) = 0$，即 ε 是白噪声过程。

3. VAR 模型的主要特点

VAR 模型最主要的作用是为预测服务，所以人们只关注其一般性的动态规律。这样在使用 VAR 模型时，就具有如下几个特点。

（1）不以严格的经济理论为依据。建立 VAR 模型时并不需要考虑模型所反映的经济关系，进而将各回归系数都不进行约束性的 T 检验或 F 检验。

（2）VAR 模型的解释变量中不包括任何当期变量，所有与联立方程模型有关的问题（主要是参数估计量的非一致性等问题）在 VAR 模型中都不存在。即解释变量全部都是各内生变量的滞后期，所以需要确定模型的最大滞后期，使模型能反映出变量间相互影响的绝大部分信息。

（3）由于 VAR 模型各方程的解释变量都是滞后的前定变量，所以不必对解释变量在预测期内的取值做任何假定或估算，用于预测使用非常方便可行。

（4）VAR 模型估计需要很大的计算量，其变量的多少和滞后期的大小，都关系到计算的数量和结果。比如，一个 VAR 模型含有三个变量，最大滞后期 $P=3$，则有 $PN^2=3\times3^2=27$ 个参数需要估计。当样本容量较小时，多数参数估计量的误差较大。

（5）用 VAR 模型做近期外推预测较为准确，但是做长期的外推预测时，只能预测出变动的趋势，且对短期波动预测不理想。

10.2.2　VAR 模型的估计与检验

VAR 模型的理论简单，测算上的重复工作较大，所以很需要使用软件来实现。

1. VAR 模型的估计

估算 VAR 模型的途径很多，可以使用 R 中的联立方程求解函数 systemfit(公式，数据框)等命令对 VAR 模型进行估计；也可以使用 arima(数据框)得到以各列来表示不同的方程的估计结果，各行是回归系数和估计的方差等信息。在 vars 包中的 VAR()函数是较好地以普通最小二乘估算每个方程的命令，具体如下：

VAR(Y，p = 1，type = ″const″，season = NULL，exogen = NULL，
　　lag.max = NULL，ic = c(″AIC″，″HQ″，″SC″，″FPE″))　　（10-15）

各参数使用说明如下：Y 为包含各内生变量的数据；p 为滞后期要求；type 是对模型是否包含确定性因素选择，仅含常数项时选择 const，仅含趋势项时选择 trend，两者都包含时选择 both，两项都没有时选择 none。默认时是有常数项 const；season 是对季节性虚拟变量的设定；exogen 是对外生变量的设定；ic 是选择滞后期的判断准则，默认是全选择。

vars 包中的函数很多，可以完成详细的各类 VAR 模型的计算和分析，如 VAR、SVAR、vec2var、SVEC、Phi、Psi、plot、irf 等，需要时可查看帮助文件。

2. VAR 模型的检验

由于 VAR 模型的解释变量只是由各变量的滞后变量构成的，同时又不考虑其显著性检验等问题，所以该模型的检验主要是对各变量滞后期的选择。检验的主要方法如下。

1）确定滞后阶数 P 的似然比检验

似然比检验的原假设：在滞后数为 P 时，系数矩阵 A_P 的元素均为 0；被择假设是系

数矩阵 A_p 中至少有一个元素显著不为 0。1980 年西姆斯确定的 χ^2 检验的统计量为

$$LR = -2(T-P)(\log L_{(P-1)}-\log L_{(P)})\sim\chi^2(n^2)$$

其中，$L_{(P)}$为 VAR 模型的最大滞后期 P 时的似然函数，一般情况下，计算出似然比检验统计量 LR 后，与 5%的 χ^2 临界值水平比较，如果是 LR＞$\chi^2_{0.05}$ 则拒绝原假设，表示滞后期显著，此时增加滞后值能够显著增大极大似然估计值；否则，接受原假设，即该滞后期不显著。

似然比检验是从最大的滞后数开始进行检验，每次减少一个滞后期，直到拒绝原假设。检验中所使用的似然比的数值可在 summary(VAR 对象)中获得。

2）残差信息测算检验

判断模型的滞后期时，人们经常使用 AIC 和 SC，即 AIC 和 SC 的值越小模型就越显著，但该检验不能单独使用，要结合其他恰当性检验进行。

3）最终预测误差

最终预测误差（final prediction error，FPE）准则是寻找使最终预测误差最小的滞后阶数 P 的依据指标。FPE 的基本计算式为

$$FPE(P) = s_P^2(T + P)/(T-P) \tag{10-16}$$

其中，s_P^2 为滞后 P 期残差的方差估计；T 为样本长度，P 为滞后期。这一指标也是越小越好，且此处理能够平衡选择较低阶数造成的偏离性的风险与选择较高滞后阶数造成的方差增大的风险。

【例 10.8】 使用附表三的人口数据 RKSJ 中的 NCRK、CZRK、JYRK、YCJY、ECJY 等五列数据组成数据框 VARSJ，并就相关的 VAR 模型估算如下：

```
> VAR(VARSJ)

VAR Estimation Results:
=======================
Estimated coefficients for equation CZRK:
=========================================
Call:CZRK=CZRK.l1+NCRK.l1+JYRK.l1+YCJY.l1+ECJY.l1+const
   CZRK.l1  NCRK.l1  JYRK.l1    YCJY.l1     ECJY.l1    const
 1.025185e+00 1.878437e-01  2.591180e-01  -1.295075e-01  -3.054758e-02  -2.772472e+04

Estimated coefficients for equation NCRK:
=========================================
Call:NCRK=CZRK.l1+NCRK.l1+JYRK.l1+YCJY.l1+ECJY.l1+const
   CZRK.l1  NCRK.l1  JYRK.l1    YCJY.l1     ECJY.l1    const
-1.882962e-01 6.573981e-01  -9.573414e-02 4.209859e-02  -2.132746e-02  4.081663e+04

Estimated coefficients for equation JYRK:
=========================================
```

```
Call:JYRK=CZRK.l1+NCRK.l1+JYRK.l1+YCJY.l1+ECJY.l1+const
   CZRK.l1  NCRK.l1   JYRK.l1     YCJY.l1      ECJY.l1     const
 6.046144e-02  1.178756e-01  9.278694e-01  -1.322766e-02 3.491489e-02  -6.586894e+03

Estimated coefficients for equation YCJY:
=========================================
Call:YCJY=CZRK.l1+NCRK.l1+JYRK.l1+YCJY.l1+ECJY.l1+const
   CZRK.l1  NCRK.l1   JYRK.l1     YCJY.l1      ECJY.l1     const
 4.648246e-01  7.082161e-01  -4.131334e-01 8.272485e-01  -1.156531e-01 -4.103676e+04

Estimated coefficients for equation ECJY:
=========================================
Call:ECJY=CZRK.l1+NCRK.l1+JYRK.l1+YCJY.l1+ECJY.l1+const
   CZRK.l1  NCRK.l1   JYRK.l1     YCJY.l1      ECJY.l1     const
 -6.167586e-01 -6.771115e-01 8.884549e-01  -7.261372e-03 1.008412e+00  1.949895e+04
```

使用 irf(VAR 对象)可以计算 VAR 对象的各变量的脉冲反应函数值；使用 plot(VAR 脉冲对象)可以绘制各变量的脉冲响应图示，如图 10-2 所示。

该图中标题上的变量是产生脉冲的影响变量，而图中曲线是各变量的响应情况，其中线是 0 基准线，曲线距离基准线的远近说明响应的衰减与扩张；上下两条虚线是 95% 的置信区间的引导线，通过该线可以观察到响应的稳定状况。

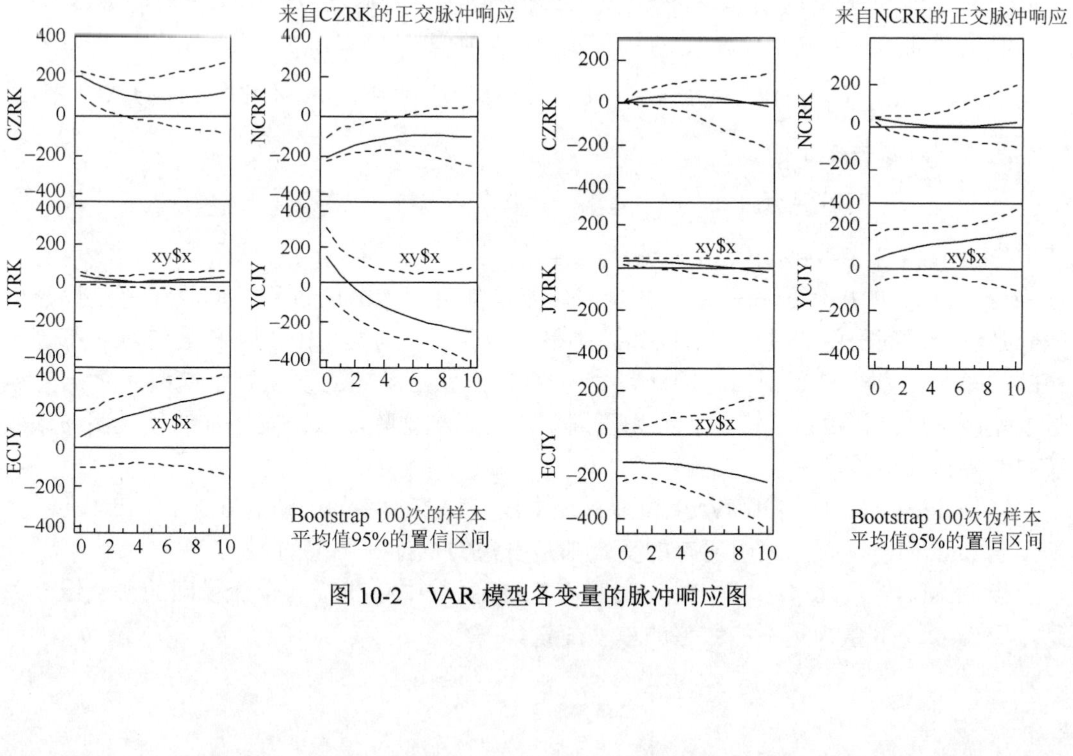

图 10-2　VAR 模型各变量的脉冲响应图

10.2.3 VAR 模型的进一步应用

从 VAR 建模出发，经过一系列的检验和精简，最终形成少数的几个稳定均衡的方程，是从一般到具体建模的基本目标。当现实的经济变量是平稳的序列时，可以直接采用普通最小二乘估计其 VAR 模型；而经济变量是不平稳的序列时，直接使用 VAR 模型易产生伪回归。为此，人们从 VAR 出发寻找出一套建立协整方程的方法，并系统地实现了从一般到具体的基本建模方案，具体内容如下。

1. Johansen 协整检验

在 9.3 节介绍了协整及其 GE 两步法建立误差修正模型等基础知识，使用定义进行多变量多方程的协整性检验很不方便。Johansen 等提出了一种用 VAR 模型进行协整检验的方法，通常称为 Johansen 检验或 JJ 检验，是一种进行多重协整检验的较好方法。

1）JJ 协整检验的基本原理

由于社会经济现象多是非平稳的，所以设 VAR 模型中的第 g 个变量 Y_{gt} 是非平稳的单整过程，则在 P 阶滞后的 VAR 模型式（10-14）的右侧同时加减一项 $A_P Y_{t-(P-1)}$，则可以得到：

$$Y_t = A_0 + A_1 Y_{t-1} + A_2 Y_{t-2} + \cdots + A_{P-1} Y_{t-(P-1)} + A_P Y_{t-P} + A_P Y_{t-(P-1)} - A_P Y_{t-(P-1)} + \varepsilon_t$$

则有

$$Y_t = A_0 + A_1 Y_{t-1} + A_2 Y_{t-2} + \cdots + (A_{P-1} + A_P) Y_{t-(P-1)} - A_P \Delta Y_{t-(P-1)} + \varepsilon_t$$

接下来在上式的基础上再加减一项 $(A_{P-1} + A_P) Y_{t-(-2)}$，则上式将变为

$$Y_t = A_0 + A_1 Y_{t-1} + A_2 Y_{t-2} + \cdots + (A_{P-2} + A_{P-1} + A_P) Y_{t-P+2} - (A_{P-1} + A_P) \Delta Y_{t-P+2} - A_P \Delta Y_{t-P+1} + \varepsilon_t$$

依次类推，直到同时加减 $(A_2 + \cdots + A_P) Y_{t-1}$，则有

$$Y_t = A_0 + (A_1 + A_2 + \cdots + A_P) Y_{t-1} - (A_2 + \cdots + A_{P-1} + A_P) \Delta Y_{t-1} - \cdots - (A_{P-1} + A_P) \Delta Y_{t-P+2} - A_P \Delta Y_{t-P+1} + \varepsilon_t$$

两边同时减去 Y_{t-1} 有

$$\Delta Y_t = A_0 + \pi Y_{t-1} + \pi_1 \Delta Y_{t-1} + \pi_2 \Delta Y_{t-2} + \cdots + \pi_{P-1} \Delta Y_{t-P+1} + \varepsilon_t \tag{10-17}$$

其中，$\pi = (A_1 + A_2 + \cdots + A_P) - 1$；$\pi_p = -A_{p+1} + A_{p+2} + \cdots + A_{P-1} + A_P (A_{p+1} + A_{p+2} + \cdots + A_{P-1} + A_P)$，$p = 1, 2, \cdots, P-1$ 的操作过程就是对各阶滞后变量都进行差分的过程，即将单整过程经过差分必然会得到平稳的过程。所以如果协整关系存在，则式（10-17）的各分项将都是平稳的，即 πY_{t-1} 项也是平稳的。因此，式（10-17）就是著名的误差修正模型，而 πY_{t-1} 就是误差修正项。其中系数矩阵 π 称为压缩矩阵或影响矩阵，该影响矩阵的秩说明在该系统中的协整关系数量。

当 $\text{rank}(\pi) = 0$ 时，表明 VAR 模型系统中没有协整关系的向量存在。

当 $\text{rank}(\pi) = G$ 时，表明所有的变量都是平稳的或都是协整的。

当 $\text{rank}(\pi) = r$（$0 < r < G$）时，表明该 VAR 系数中存在着 r 个变量间的协整组合关系，而 $M-r$ 个变量则是不能协整的单整变量。

2）利用误差修正项对协整回归的探寻

Johansen 还证明了在协整关系存在的条件下，矩阵 π 还可以进一步分解为 α 和 β 两部分的乘积，其中 α 就是各协整模型的误差修正项的回归系数权重构成的矩阵，即速度调整系数矩阵；而 β 就是各协整模型的协整向量（协整回归系数构成的向量）构成的协整矩阵。即

$$\pi = \alpha\beta' \tag{10-18}$$

其中，$\operatorname{rank}(\alpha) = r$；$\operatorname{rank}(\beta) = r$；将式（10-18）代入式（10-17）则有

$$\Delta Y_t = A_0 + \alpha\beta' Y_{t-1} + \sum_{p=1}^{p=1} \pi_p \Delta Y_{t-p} + \varepsilon_t \tag{10-19}$$

由于经过差分后的各项都是平稳的，该式若为误差修正模型，则其各项都是平稳的。

误差修正项中的 $\beta' Y_{t-1}$ $'Y_{t-1}$ 就应该是基期的协整回归，即每一行的不全为 0 的系数构成的线性组合都是一个协整方程。而 α 的各行则是各项调整作用的一组权重，可见这种分解的结果不具唯一性，这也是协整关系多重存在的表现。

3）JJ 检验的 R 函数

JJ 检验过程的 R 函数在 urca 包中，由 ca.jo 命令来实现，具体内容如下：

ca.jo(x, type = c("eigen", "trace"), ecdet = c("none", "const", "trend"), K = 2,
　　spec = c("longrun", "transitory"), season = NULL, dumvar = NULL)　（10-20）

各参数说明如下。

x 为求取协整关系的矩阵或数据框。

type 是检验方法的选择，即在最大特征根法 eigen 与特征轨迹法 trace 之间，及两者都要使用的选择。

ecdet 为协整方程的属性，即在协整方程中是否包含截距和确定性趋势。none 不包含截距，const 包含常数项，trend 包含趋势在内。

K 为 VAR 系统的最大滞后期。在数据项数允许的范围内设置。

spec 是向量误差修正的规范要求，在长期与即时之间选择。

season 是在季节性数据中必须设置相应的频率，如“4”是指季度数据。

dumvar 为如果虚变量应该包括一个矩阵的行维度。

该程序的计算结果会分别给出：检验平稳性的基础特征值，协整关系数量 r 的假设检验过程，及以各被解释变量的协整系数为 1 的标准化的各协整方程的系数矩阵 β 和荷载矩阵 α。

由于该检验只适合 $I(1)$过程的检验，且对滞后期很敏感，需要使用恰当的滞后期，所以最好在滞后期确定后使用。

【例 10.9】　利用例 10.8 中的数据框 VARSJ 进行 JJ 协整检验如下：

```
>summary(ca.jo(JJSJ[,2:6]))

######################
#Johansen-Procedure#
```

```
########################
Test type:maximal eigenvalue statistic(lambda max),with linear
trend
Eigenvalues(lambda):
[1] 0.81446274 0.72360557 0.63455995 0.39882507 0.03769222
Values of teststatistic and critical values of test:
       test 10pct  5pct  1pct
r<=4 | 0.96   6.50   8.18   11.65
r<=3 | 12.72  12.91  14.90  19.19
r<=2 | 25.17  18.90  21.07  25.75
r<=1 | 32.15  24.78  27.14  32.14
r=0  | 42.11  30.84  33.32  38.78
Eigenvectors,normalised to first column:
(These are the cointegration relations)
        CZRK.l2   NCRK.l2     JYRK.l2    YCJY.l2    ECJY.l2
CZRK.l2 1.0000000 1.00000000  1.0000000  1.0000000  1.0000000
NCRK.l2 0.9557785 1.31037159  0.9897967  0.9468095  0.9092085
JYRK.l2 -1.2680599 -1.12667459 -0.7430256 -1.4785312 -2.3308453
YCJY.l2 0.5904360 0.06555039  0.4434872  0.5119946  -0.1756166
ECJY.l2 0.3583678 0.19571637  0.2213097  0.5040765  -0.4201278
Weights W:
(This is the loading matrix)
         CZRK.l2    NCRK.l2    JYRK.l2     YCJY.l2     ECJY.l2
CZRK.d -0.27267502 0.6364583  -0.00757803 -0.27511461 -0.06116490
NCRK.d 0.21947602  -0.6830028 -0.09734613 0.28277655  0.04668004
JYRK.d 0.06476528  0.1759560  -0.12074460 0.08490027  -0.01699879
YCJY.d -0.81863495 0.3152137  -0.10111741 -0.31865113 0.09621772
ECJY.d 0.93841712  0.3778001  -0.30374778 -0.43976468 -0.02939545
```

该检验结果表明存在具有线性趋势的协整关系，具体包含四部分内容。

一是默认的特征根，表明协整关系是否存在，具体判别需要查J分布表。

二是秩条件判断可能的协整关系数量，如本例中假设 $r<=0$ 时，检验统计量42.11大于所有的三个显著性水平的临界值，即否定没有协整关系的原假设；而在 $r<=1$ 的假设下则以100%的把握认为存在至少一个协整关系；同理当原假设为 $r<=2$ 的假设，则在95%的把握上认为存在两个可能的协整关系；而当假设为 $r<=3$ 和4时都不能否定原假设，即可以判断该组数据间存在两个以上的协整关系。

三是可能的协整系数 β 矩阵，每一列都可能构成一个协整方程。

四是可能的误差修正模型的修正调整系数 α 矩阵，每一行都是各变量的滞后作用于各协整方程的速度调整系数。

注意：这类检验的计算结果，都只是我们创建协整回归中的参考信息，不能作为建模的最终结果来使用，最终的回归方程还是需要通过各类检验才能使用的。

2. 格兰杰因果关系检验

由格兰杰于 1969 年提出，西姆斯于 1972 年推广的因果关系检验方法，解决了 X 是否引起 Y 的原因问题，主要看现在的 Y 能够在多大程度上被过去的 X 解释，即加入 X 的滞后值是否使模型解释的程度提高了。如果 X 在 Y 的预测中有帮助，或者 X 与 Y 的相关系数在统计上显著，就可以认为 Y 是 X 引起的格兰杰因果关系。在协整系统基本确定后，需要明确具体的协整关系时，要结合因果关系和滞后期等检验，来选择确定最终的协整模型。结合 9.3 节的内容，将因果关系检验的具体内容介绍如下。

1）格兰杰因果关系及其定义

设对 Y_t 进行 h 期预测的均方误差为

$$\mathrm{MSE}=\sum(\hat{Y}_{t+i}-Y_{t+i})/h \tag{10-21}$$

则格兰杰因果关系判断的基本思想如下。

如果 $h\gg 0$，基于（Y_t，Y_{t-1}，…）预测 Y_{t+h} 得到的均方误差 MSE_Y，与基于（Y_t，Y_{t-1}，…）和（X_t，X_{t-1}，…）两者共同作用得到的预测 Y_{t+h} 的均方误差 MSE_{YX} 相同，则格兰杰判断 X 不是 Y 的原因。其具体定义如下。

对于线性函数，若有

$$\mathrm{MSE}[E(Y_{t+h}|Y_t,\ Y_{t-1},\ \cdots)]=\mathrm{MSE}[(Y_{t+h}|Y_t,\ Y_{t-1},\ \cdots;\ X_t,\ X_{t-1},\ \cdots)] \tag{10-22}$$

则称 X 对于未来的 Y 是无线性影响的信息。

反之如果 X 的前期信息对 MSE 的减少有贡献，则称 X 在格兰杰意义上对 Y 有因果关系。

注意：格兰杰对因果关系的判断有效性与时序数据的时间跨度有关，在时间跨度与事物变化不一致时，可能会出现错误的推论。

2）多变量间无格兰杰因果关系的条件

对于有 m 个变量的 VAR 模型，利用从 $t-1$ 到 $t-P$ 期的所有信息，以 a 为 A 的估计矩阵，则最优预测如下：

$$\hat{Y}_t=a_1Y_{t-1}+a_2Y_{t-2}+\cdots+a_PY_{t-P},\quad t=1,2,\cdots,T$$

作为两个变量的推广，对多变量的组合给出如下的系数约束，即如果在 VAR(p)中，不存在 Y_{jt} 到 Y_{it} 的所谓的格兰杰意义上的因果关系，其必要条件是：$a_{ij}(p)=0$，$p=1,2,\cdots,P$；其中 $a_{ij}(p)$是 a_p 的第 i 行第 j 列的元素。

3）格兰杰因果关系检验的主要方法

格兰杰因果关系检验实质上是检验一个内生变量的滞后变量是否可以引入其他内生变量的方程中。一个变量如果受到其他变量的滞后影响，则称它们具有格兰杰因果关系。例如，在一个 2 元 p 阶的 VAR 模型中：

$$\begin{pmatrix}Y_t\\X_t\end{pmatrix}=\begin{pmatrix}a_{10}\\a_{20}\end{pmatrix}+\begin{pmatrix}a_{11(1)}&a_{12(1)}\\a_{21(1)}&a_{22(1)}\end{pmatrix}\begin{pmatrix}Y_{t-1}\\X_{t-1}\end{pmatrix}+\begin{pmatrix}a_{11(2)}&a_{12(2)}\\a_{21(2)}&a_{22(2)}\end{pmatrix}\begin{pmatrix}Y_{t-2}\\X_{t-2}\end{pmatrix}+\cdots$$
$$+\begin{pmatrix}a_{11(p)}&a_{12(p)}\\a_{21(p)}&a_{22(p)}\end{pmatrix}\begin{pmatrix}Y_{t-p}\\X_{t-p}\end{pmatrix}+\begin{pmatrix}\varepsilon_{1t}\\\varepsilon_{2t}\end{pmatrix}$$

当且仅当系数矩阵中的 $a_{12}(p)$ 全部为 0 时，变量 X 不是引起 Y 的格兰杰原因，即 X 外生于 Y，这时判断的方法是 F 或 χ^2 检验。

（1）使用 F 检验。对上述二元 p 阶 VAR 模型的 X 是否为 Y 的格兰杰因果关系进行的 F 检验过程如下。

首先，确定原假设：X 不是 Y 的格兰杰因果关系。

H_0：$a_{12}(p)=0$，$p=1,2,\cdots,P$；

H_1：至少存在一个 p 使得 $a_{12}(p)\neq 0$。

其次，检验统计量为

$$S_1=\frac{(\mathrm{RSS}_0-\mathrm{RSS}_1)/p}{\mathrm{RSS}_1/(T-2p-1)}\sim F(p,T-2p-1)$$

其中，RSS_1 是无约束方程的残差平方和，即不包含检验系数阵的模型的残差平方和；RSS_0 是有约束方程的残差平方和，即包含 X 滞后变量的方程的残差平方和；在满足正态分布的假设下，S_1 服从 F 分布。但是其检验结果与滞后程度有关，且对处理非平稳性的方法极其敏感。

最后，做出判断，即如果 $S_1>F_\alpha$ 则拒绝原假设，认为 X 是 Y 的格兰杰原因；否则接受原假设，认为 X 不是 Y 的格兰杰原因。

（2）使用 χ^2 检验。这是与 F 检验接近等价的检验，原假设与 F 检验相同，检验统计量为

$$S_2=T(\mathrm{RSS}_0-\mathrm{RSS}_1)/\mathrm{RSS}_1\sim\chi^2(p)$$

S_2 服从自由度为 p 的 χ^2 分布，若 $S_2<\chi^2_\alpha$ 接受原假设，认为 X 不是引起 Y 的原因；若 $S_2>\chi^2_\alpha$ 拒绝原假设，认为 X 是 Y 的格兰杰原因。

在 R 中有“MSBVAR”包中的 granger.test()函数和“lmtest”包中的 grangertest()都能实现变量间的格兰杰因果关系检验。

【例 10.10】 利用 VARSJ 对其中的 ECJY 与 YCJY 两个变量的因果关系判断如下：

```
>grangertest(ECJY~YCJY,VARSJ,order=2)
Granger causality test
Model 1:ECJY~Lags(ECJY,1:2)+Lags(YCJY,1:2)
Model 2:ECJY~Lags(ECJY,1:2)
Res.Df Df      F  Pr(>F)
1     20
2     22 -2 3.0314 0.07081.
>grangertest(YCJY~ECJY,VARSJ,order=2)
Granger causality test
Model 1:YCJY~Lags(YCJY,1:2)+Lags(ECJY,1:2)
Model 2:YCJY~Lags(YCJY,1:2)
Res.Df Df      F Pr(>F)
1     20
2     22 -2 0.5751 0.5717
```

从检验结果上看，一产就业和二产就业之间没有格兰杰因果关系。注意滞后期的敏感性。

10.3　结构方程模型

从基本理论出发构建的结构方程模型，虽然受到理论局限性的影响，但是总比没有理论的探索更为可取，尤其是各类检验技术还可以帮助人们迅速调整理论的偏差。但是从传统的联立方程视角出发，还有许多问题尚未解决，具体表现为解释变量的随机性、系统内协调变量之间的共线性、现实数据的观察误差，以及系统的可视化等问题的存在。为了克服这些问题，在 20 世纪 70 年代由 Jöreskog 将因子分析的测量分析与路径分析的回归建模相结合[①]，提出了解决上述问题的结构方程模型（structural equation modeling，SEM）。

10.3.1　结构方程模型的基本思想与特征

作为结构式联立方程模型的拓展，为了解决观测误差、随机解释变量、可视化等问题，结构方程模型常采用似然估计、广义矩估计或贝叶斯估计等方法，并借助计算机软件工具实现了较为理想的解决方案，其主要优点和特征如下。

1. 结构方程模型的主要优势

结构方程模型相对于传统的结构式联立方程组具有如下优点。

1）假设简化

结构方程模型适应理论的灵活性，基本假设也不苛刻，并考虑到观测误差的广泛存在，而将所有的观测变量都设有残差，这样在系统中对各变量的残差作系统性控制，就解决了方程及变量之间的信息损失和随机性解释变量等问题。因而也就没有了随机性和共线性等一系列的检验和处理问题。

2）探索性应用及可操作性强

使用计算机程序解决复杂的估算、检验和分析等难题，使得该模型的适应力强，且可以很方便地对模型进行修改和重塑，所以在科研中被广泛应用和不断完善。

3）可视化有助于辅助分析

通过可视化的绘图来描绘各模型结构，有助于形象地了解模型的内容和结构，并能很轻松地展示模型的功效，所以在迅速的普及进程中。

4）模型以系统关联为核心

模型以评价多维的相互关联的关系为核心，有利于发现这些关系中没有察觉到的概念及其蕴藏的规律，同时具有联系信息技术吸纳能力，特别是难以直接度量重要因素的信息和影响作用。

2. 结构方程模型的变量问题

结构方程模型将潜变量和残差变量纳入模型之中，用于反映比较抽象的概念和隐藏信息等行为所体现的变量。

---

① 在 20 世纪 30 年代由 Thurstone 在 20 世纪初 Spearman 的单一因素智力模型的基础上提出了多因素分析模型，同时代的 Wright 提出了研究路径分析模型。

1）潜变量

潜变量还可以看作其对应显变量的抽象和概括，是实际工作中无法直接测量到的或很难观测的变量。在进行潜变量的分析中，往往是以其可观测的显变量的综合或主成分或因子所体现的指标，这样在一般情况下一个潜变量往往对应着多个显变量，所以显变量也可视为特定潜变量的反映指标。潜变量分为内生潜变量和外生潜变量，外生潜变量是在模型不受其他任何一个变量的影响但影响其他变量的变量，内生潜变量是在模型中总会受到其他变量影响的变量。这样在结构方程模型中就增加了潜变量为被解释变量的方程，也多了解释变量为潜变量的相关内容。

2）残差变量

对于可观测的变量，传统的做法都视为没有误差的变量，所以将观察测量等产生的误差都忽略不计了，而有时这种误差的影响可能会关系到建模的质量，为此在结构方程模型中对所有的观测变量和内生变量都设有残差，以分析变量之间的误差传导等问题。

3）中介变量

在结构方程模型中还可以有既是解释变量又是被解释变量的特殊变量，既受其他变量的影响又影响其他变量的中介变量。且中介变量可以是观测变量，也可以是潜变量。

因此，在结构方程模型中的变量具体划分为三种，即可测变量（一般以 x 和 y 表示）、潜在变量（一般以 ξ 和 η 表示）、残差变量（一般以 δ、ε、ζ 来表示）；同时这些变量又分为内生（如 y 和 η）和外生（如 x 和 ξ）两类等，而残差又与各变量对应（如与 x 对应的残差是 δ、与 y 对应的残差是 ε、与 η 对应的残差是 ζ）。

3. 结构方程模型的构建步骤

与一般计量经济模型相比，结构方程模型的构建过程和环节基本一致，只是细节上存在一些差异，并体现了结构方程模型的特征。

1）模型的设计

模型设计要考虑观测变量（现实的经济指标等）与潜变量（理论上的新概念与关键性新因子）的关系，各潜变量之间的相互关系等的设计是传统模型所未有的。

2）模型拟合

模型参数的估计，以系统性估计来完成传统方法难以解决的参数估计问题，且借助模型隐含的协方差阵与样本协方矩阵的“差距”最小来实现最优化处理。

3）模型评价

通过路径系数（载荷系数）的显著性、各参数与预设模型关系的合理性、各拟合指数是否达到理想的水平等一系列新的系统性检验手段来分析评价模型的质量。

4）模型修正

根据检验的结果，对模型扩展（使用修正指数）或模型限制（使用临界比率）等内容进行调整，以达到理想的状态。

10.3.2 结构方程模型的形式和规范

建立规范的结构方程模型，使用系统软件来提高建模效率和质量，所以适应软件的需要限定主要内容如下。

1. 结构方程模型的数理形式及其图示表达

结构方程模型对客观事物的均衡模拟，是基于如下几类关系模型进行的。

1）结构方程模型的数理形式

结构方程模型主要由如下三类方程构成。

（1）外生测度模型。外生测度模型是反映外生变量对其潜变量测定的模型，其方程组的基本形式如下：

$$\begin{cases} x_{11} = \lambda_{11}^x \xi_1 + \delta_{11} & x_{12} = \lambda_{12}^x \xi_1 + \delta_{12} & \cdots & x_{1a} = \lambda_{1a}^x \xi_1 + \delta_{1a} \\ x_{21} = \lambda_{21}^x \xi_2 + \delta_{21} & x_{22} = \lambda_{22}^x \xi_2 + \delta_{22} & \cdots & x_{2b} = \lambda_{2b}^x \xi_2 + \delta_{2b} \\ \vdots & \vdots & & \vdots \\ x_{P1} = \lambda_{P1}^x \xi_P + \delta_{P1} & x_{P2} = \lambda_{P2}^x \xi_P + \delta_{P2} & \cdots & x_{Pc} = \lambda_{Pc}^x \xi_P + \delta_{Pc} \end{cases} \tag{10-23}$$

在该类方程组中各 x 都是外生变量，由各 x 的成分因子承载各潜变量 ξ，所以各 λ^x 就是其载荷矩阵，表明各潜变量 ξ 在各个实测指标 x 中体现的程度。

（2）内生测度模型。即由内生观测变量来测定的潜变量模型，其方程组形式如下：

$$\begin{cases} y_{11} = \lambda_{11}^y \eta_1 + \varepsilon_{11} & y_{12} = \lambda_{12}^y \eta_1 + \varepsilon_{12} & \cdots & y_{1d} = \lambda_{1d}^y \eta_1 + \varepsilon_{1d} \\ y_{21} = \lambda_{21}^y \eta_2 + \varepsilon_{21} & y_{22} = \lambda_{22}^y \eta_2 + \varepsilon_{22} & \cdots & y_{2e} = \lambda_{2e}^y \eta_2 + \varepsilon_{2e} \\ \vdots & \vdots & & \vdots \\ y_{q1} = \lambda_{q1}^y \eta_q + \varepsilon_{q1} & y_{q2} = \lambda_{q2}^y \eta_q + \varepsilon_{q2} & \cdots & y_{qf} = \lambda_{qf}^y \eta_q + \varepsilon_{qf} \end{cases} \tag{10-24}$$

同样在该类方程组中各 y 都是内生变量表现，由各 y 的成分因子承载各潜变量 η，所以各 λ^y 就是其载荷矩阵，表明各潜变量 η 在各个实测指标 y 中体现的程度。

（3）结构方程。结构方程是反映理论内容的核心方程组，具体形式如下：

$$\begin{aligned} \eta_i &= \sum \gamma_{ik}\xi_k + \sum \alpha_{il}x_l + \sum \rho_{im}\eta_m + \sum \beta_{ig}y_g + \zeta_i \\ y_j &= \sum \gamma_{ik}\xi_k + \sum \alpha_{il}x_l + \sum \rho_{im}\eta_m + \sum \beta_{jh}y_h + \varepsilon_j \end{aligned} \tag{10-25}$$

式中，η 共有 q 个，y 及各项目都可以没有，但每个方程都有现实的理论含义，其中系数 γ 为外生潜变量的回归系数，α 为外生显变量的回归系数，ρ 为内生潜变量的回归系数，β 为内生显变量的回归系数。

2）结构方程模型的图示表达

模型的可视化是模型表达的一种方式，也是帮助我们认识模型、修改模型的重要工具。通常使用路径分析的方法，如图 10-3 所示。图中以矩形框表达显变量，以圆圈或椭圆表示潜变量，以箭头线表示各种关系，具体说明如下。

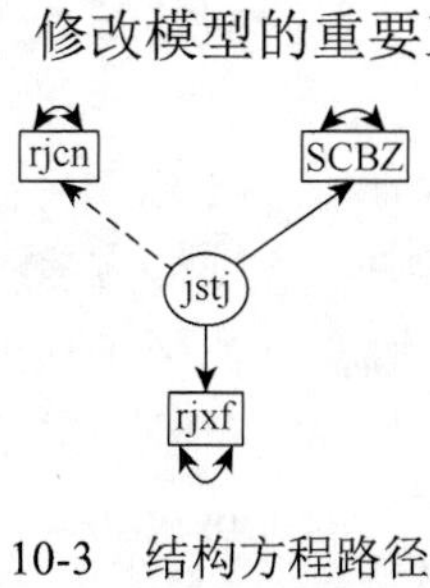

图 10-3　结构方程路径图

（1）两个变量之间的单项箭头表示因果关系，以双向箭头表示相关或互为因果的关系。

（2）单一箭头指向观测变量时，表示为该显变量的观测误差。

（3）单一箭头指向内生变量时，表明为方程的残差。

（4）弧形双箭头所指向的变量间是相关的，且没有结构关系。

（5）变量间没有箭头，则表明其没有直接关系。

（6）实线是直接关系，虚线为反馈或次要关系。

这些图形的绘制，可以通过软件包 semPlot 中的 semPaths( )程序很轻松地绘制出来。该程序是绘制路径图的强大命令，它是简化的所谓扫描电镜模型的绘图方法，命令形式如下：

$$\text{semPaths(对象名, ⋯)} \tag{10-26}$$

该函数中的对象名是最主要的必备参数。对象主要包括回归对象、路径对象、因子对象、结构方程对象等常用的统计分析对象，只是使用时需要将各种对象求解，利用求解后的结果来绘图。绘图程序中的其他参数有 20 余项，都是对图形的特殊要求，使用中可以省略，有特殊要求时可查找帮助文件。

2. 结构方程模型的特征分析

在上述各方程中的矩阵要素主要有 x、y、ξ、η、λ^x、λ^y、γ、α、ρ、β、δ、ε、ε_n、ζ 等内容；各要素在模型中的性质和作用解释如下。

1）各要素的含义及其作用

x 是外生观测变量，y 是内生观测变量，ξ 是外生潜变量，η 是内生潜变量。

λ^x、λ^y 称为因子负荷矩阵，各元素 λ_{ij} 反映了各观测变量在潜变量的测定中的载荷权重。

γ、α、ρ、β 称为路径系数，也是各个结构方程的回归系数。

δ、ε、ε_n、ζ 分别代表各类变量的残差，包含测度误差和结构误差。

2）各类误差的基本假设

在模型中的各类误差的基本假设与一般的计量模型一致，具体表现如下：

$\delta \sim \text{i.i.d}N(0,\ \sigma_\delta^2)$；$\varepsilon \sim \text{i.i.d}N(0,\ \sigma_\varepsilon^2)$；$\zeta \sim \text{i.i.d}N(0,\ \sigma_\zeta^2)$；$\varepsilon_n \sim \text{i.i.d}N(0,\ \sigma_\varepsilon^2)$

在这些基本假设成立时，必然引申出解释变量与误差无关的假设。

3）方差和协方差分析

设 S 为可测变量的协方差矩阵、Λ 为潜变量的载荷矩阵、Θ 为误差项的协方差矩阵，则结构方程模型中的样本观测变量协方差可以分解为

$$S = \Lambda\Phi\Lambda' + \Theta \tag{10-27}$$

其中，除了 S 是已知的，其他要素都是未知的，但是在基本假设下等式关系确定，其具体特征含义如下。

（1）同一潜变量的观测变量的协方差为

$$\begin{aligned}\text{Cov}(x_{mi},\ x_{mj}) &= \text{Cov}(\lambda_{mi}\xi_m + \delta_{mi},\ \lambda_{mj}\xi_m + \delta_{mj})\\ &= \lambda_{mi}\lambda_{mj}\text{Cov}(\xi_m,\ \xi_m) + \lambda_{mi}\text{Cov}(\xi_m,\ \delta_{mj}) + \lambda_{mj}\text{Cov}(\xi_m,\ \delta_{mi})\\ &\quad + \text{Cov}(\delta_{mi},\ \delta_{mj}) = \lambda_{mi}\lambda_{mj}\text{Var}(\xi_m) = \lambda_{mi}\lambda_{mj}\end{aligned}$$

式中，各项协方差符合基本假设则都为 0，而潜变量的方差可以限定为 1。则该式表明某潜变量在两个显变量之间的载荷系数之积，就是两个变量之间的协方差。

（2）对于不同潜变量的观测变量的协方差为

$$\begin{aligned}\text{Cov}(x_{mi},\ x_{kj}) &= \text{Cov}(\lambda_{mi}\xi_m + \delta_{mi},\ \lambda_{kj}\xi_k + \delta_{kj}) = \lambda_{mi}\lambda_{kj}\text{Cov}(\xi_m,\ \xi_k)\\ &\quad + \lambda_{mi}\text{Cov}(\xi_m,\ \delta_{kj}) + \lambda_{kj}\text{Cov}(\xi_k,\ \delta_{mi}) + \text{Cov}(\delta_{mi},\ \delta_{kj})\\ &= \lambda_{mi}\lambda_{kj}\text{Cov}(\xi_m,\ \xi_k) = \lambda_{mi}\lambda_{kj}\varphi_{mk}\end{aligned}$$

式中，φ_{mk} 为潜变量协方差阵 $\Phi = \text{cov}$（ξ_m，ξ_k）的元素。即两个显变量之间的协方差就

是其在各自潜变量上的载荷与两个潜变量协方差之积，反映了其间的间接效应的传导过程。

（3）观测变量的方差为

$$\mathrm{Var}(x_{ij}) = \mathrm{Var}(\lambda_{ij}\xi_i + \delta_{ij}) = \lambda_{ij}^2\,\mathrm{Var}(\xi_i) + \lambda_{ij}\mathrm{Cov}(\xi_i,\ \delta_{ij}) + \mathrm{Var}(\delta_{ij}) = \lambda_{ij}^2 + \sigma_{\delta ij}^2$$

在基本假设成立的条件下，各观测变量的方差就是其载荷的平方与其残差的方差和。即显变量的方差是其在潜变量的载荷的平方与其误差的方差，反映了显变量代表潜变量的方差分解情况。

可见式（10-27）所表达的内容，是模型基本假设成立条件下的各方差协方差阵的特征。而以此式为基础，分别测算左侧实际观测变量的协方差阵 S 和右侧的模型各要素的数据信息 $\Sigma(\Theta)$，然后再以 $S-\Sigma(\Theta)$的距离达到最小为基准，来估算模型的各参数就是结构方程模型的核心内容。

3. 结构方程模型的程序表达及其规范

由于结构方程模型的构建需要借助计算机来实现，所以不同的程序其表达的方式也存在一定的差异。这里以 lavaan 程序包为例，其在系统中的方程可分为四类，分别使用四种表达方式来描述。

1）回归关系方程及表达方式

这类方程是传统意义上的方程，用于反映事物关联的关系方程，一般按照传统的回归公式标注法，即“被解释变量～各解释变量组合”；各解释变量的组合方式多以‘+’链接。

2）测量关系方程或表达式

这类方程是针对潜变量进行测定的方程，一般使用因子分析将该潜变量与其关联的显变量连接起来的方程，所以也称为因子方程。在 lavaan 包中，以“=～”为连接符，其公式形式为

潜变量 =～ 各相关显变量的链接组合　　(10-28)

3）残差共变关系表达式

该类关系是进行误差调整和测算过程中使用的，只是两两变量之间误差传导关系的表达。在 lavaan 中以“～～”连接符来表示变量间的误差传导关系。在该连接符两端的变量相同时是其残差的方差自相关，而两端变量不同时是两者协方差的关系。

4）水平变量的表达

这是只有截距（常数项）的方程，一般表达为“变量～1”的形式。

将这四种方程以一个字符串的形式组合起来就是一个结构方程模型的表达对象。如果模型内容很长，可以将模型（单引号之间的内容）储存入 txt 文本文档中（如 myModel.lav），使用 readLines()命令读取链接文件：

myModel<- readLines("路径/myModel.lav")　　(10-29)

读取的对象与内存中的公式一样使用。

10.3.3　模型的系统估算

对模型进行系统性估算是结构方程模型的核心技术，而且是一个逐步调整的循环过程，所以这一过程的重复估算量很大，是一项需要借助计算机软件才能实现的工作。这

样就需要知道对模型进行识别性判断，以及对模型质量的判断标准，并在此基础上分析判断修正分析和调整的领域，以系统稳妥地完成模型构建的主体工作。

1. 结构方程模型的估计对象

模型的估算基本上就是对回归系数的估计，但是在结构方程模型中参数的种类较多，名称也不一致，所以在学习具体的估算前，要先将有关的参数概念归纳如下。

1）参数的基本分类

结构方程模型中的参数主要可以从如下三个视角进行分类观察。

（1）潜变量自身的参数。潜变量自身的参数是指在模型的估算过程中潜变量是需要通过显变量来描绘的，所以对它的参数估计主要是其在总体中的真实水平和变动程度，即潜变量自身的期望与方差。

（2）变量之间的关系参数。反映变量之间的关系的参数包括如下三类：一是测度方程中的因子载荷系数；二是结构方程中的回归系数，常称为路径系数；三是误差传导系数，即各类误差之间的协方差。

（3）估计对象的参数。按照估计的需要，结构方程模型中的参数还可以分为如下三类：一是自由参数，即估计之前取值未知（可以自由取值）的待估计参数；二是固定参数，即依据理论或假设而取固定值的参数，这类参数不需要估计；三是限定参数，即取值在一定的限定范围之内，缩小迭代次数的参数。

当我们所需要的方程因参数过多而无法求解时，我们常常通过固定或限制某些参数的取值，来化简估计过程。在结构方程模型中一般对潜变量测定时保持观测变量残差的方差，或因子载荷等参数固定为1，可以化简分析过程，提高估算效率。

2）参数作用的基本表示

在回归方程中各回归系数都是偏回归系数，其在结构方程模型中，由于不只是回归方程，所以常称为直接效应系数。那么必然存在间接效应系数，即通过中介变量传导的各直接效应系数的连乘积就是其间接效应系数。所以在模型中某变量对另一变量的总效应就是其直接效应与其间接效应的总和。

2. 结构方程模型的识别

由于结构方程模型的条件宽泛，模型的识别要求也很简单，其必要条件就是观测数据的点位数dp不能少于待估计的参数量t是模型可识别的必要条件。

1）待估计的参数量df

这是模型中的全部参数量剔除固定参数后的数量，其中全部参数量是指模型中的所有路径系数、所有载荷系数、所有误差项的方差、所有外生变量的方差等四类内容的总和。而固定参数量则是指模型中被人为确定的常数参数，是不需要估算的内容。两者之差才是待估计的参数量。

2）观测点位dp

观测点位是指观测变量的方差和协方差的数量，即在有p个外生观测变量和q个内生观测变量的情况下，则观测数据的点位数为$dp=(p+q)(p+q+1)/2$。具体的判断如下：

当df = dp时，模型为恰好识别；

当df＜dp时，模型为过度识别；

当 df＞dp 时，模型为不可识别。

在进行模型估算的过程中，要保持所估计的模型是可识别的，才能较好地估算模型。

3. 结构方程模型的估算与程序的使用

结构方程估计的基本原理是观测变量的变动与潜变量的变动一致，即促使模型的隐含协方差与样本观测的协方差的距离（$S-\Sigma(\Theta)$）最小。而对该距离的拟合函数的构建方法不同，便产生了不同的估计过程，如二阶段最小二乘法、非加权最小二乘法、最大似然估计法、广义最小二乘法、加权最小二乘法、对角加权最小二乘法等都可以使用。一般情况下二阶段最小二乘法不需迭代，在程序中作为初始值的估计方法。而最大似然估计法是无偏、一致、渐进有效的估计，所以是最常用的迭代估计方法。在不同的软件包中都是使用这些方法，但是并不统一，其侧重不同、命令的函数名称也不相同。在 lavaan 程序包中主要使用的估算函数如下。

（1）验证性因子分析 cfa( )函数。拟合验证性因子分析（confirmatory factor analysis，CFA）模型的函数是与探索性因子分析（exploratory factor analysis，EFA）不同的方法，探索性因子分析是统计学中常规的因子分析方法，而结构方程模型中为了减少参数估计的数量，并尽可能地利用已知的部分信息，经常对部分参数等进行限制性处理，所以这种情况下的因子分析就是验证性因子分析。其估算函数的形式为

cfa(模型公式，公式中数据集)　　（10-30）

使用 summary( )函数来查看估算的相关信息。

（2）结构方程估算 sem( )函数。这是对系统性估算的核心函数，函数形式简介如下：

sem(模型公式，数据框, …)　　（10-31）

与其他函数类似，使用 summary(估算对象)函数观察统计检验等相关信息。

sem( )和 cfa( )这两个函数很相似，实际上，这两个函数现在几乎是一样的，但在 summary( )函数中添加了 standardized = T 参数后，报告中会出现 Std.lv，Std.all 两列，前者只有潜变量被标准化了，后者为所有变量都标准化了，也称为“完全标准化解”。

对于一个对应四个指标的潜变量，lavaan 默认将第一个指标的因子载荷固定为 1，其他指标为自由。

（3）其他相关函数的使用可借助帮助文件，简单列示如下：parameterEstimates(fit)#参数估计；standardizedSolution( )#标准化参数估计；fitted( )#拟合协方差矩阵和均值向量；resid()#拟合模型残差；fitMeasures( )#返回所有拟合度量指标；inspect( )#查看拟合的 lavaan 对象的具体信息等。

1）估算中的特殊情况处理

（1）固定参数的处理。lavaan 默认的处理方式是将各潜变量的各核算因子中的第一个因子的载荷固定为 1，而其他指标为自由估算。如果你有一个很好的处理让某些因子载荷都固定为 1，如因子 2 为固定参数，则在该因子的公式中乘上 1，即公式形式如下：

潜变量 = ～因子 1 + 1*因子 2 + … + 因子 k

一般来说，你需要通过给相关变量预先乘以一个数字来固定公式的参数，称为预乘

机制。如果你想让第 1 个因子也是自由估算的，则需在其前面乘以 NA，如：

潜变量 = ～NA*因子 1 + 因子 2 + … + 因子 *k*

这就是探索性因子分析。

（2）独立性设置。如果认定两个变量之间是独立的，需要将其相关系数设为 0，即在模型中要添加一个协方差公式并将参数设为 0，如：

变量 1～～0*变量 2

表明变量 1 与变量 2 之间是独立的。不表明独立关系时，则默认为是相关的。如果所有的变量之间都是独立（正交）的，则在模型估算的函数中添加 orthogonal = TRUE 参数，可省去分别定义的麻烦。

（3）参数初始值的设置。lavaan 包默认为自由参数自动生成初值，但是有时迭代不出结果，如果你知道其参数的可能值范围或期望，可以通过 start(初始值)函数来自己设定初值，并在模型设定时放在该参数的位置上。

（4）参数名称的管理。可以按照需要对各参数命名，也是在各参数的位置上以字母开头设置参数名称。

（5）参数的约束。有些情况会限定某些变量的参数值，如某参数等于某数、某些参数相等或某些参数等于某值等限定情况。可以通过两种途径来实现：一是在相应的参数位置上设置以相同的参数名称表示为相等；二是单独以约束性内容设置的约束方程，举例如下：

b1＞exp(b2 + b3)；b1 = = (b2 + b3)^2 #表明对参数 b1 施加两个限定；

x1 + x2 + x3～0.5*1 #表明对 x1、x2、x3 的截距项都施加等于 0.5 的约束；

x1～1#表明 x1 是以平均值为截距单独项函数的约束。

预乘机制所使用的固定参数，修改初始值和参数标签等操作，都可以称为修改器。在模型设置中可以同时对各参数进行上述限定，各项限定可以“ + ”链接，只要变量名称相同不会产生混乱。

2）分组建模

如果你建立的模型是可分组的数据，且想分组估算各组的模型，只需要在估算函数 cfa 或 sem 中添加分组参数“ group = ‘分组索引变量’ ”即可实现。报告单先给出总模型的分析结果，后分布给出各组的分析结果。特殊约束时，要注意如下几点。

（1）公式中使用某参数命名或约束时只适用于第一组模型，如果对各组模型都限定，需要使用 c()函数依顺序给出。

（2）如果限定所有的参数在各组方程中都相等，则在估算方程中添加“group. equal = c("loadings"))”即可实现。

（3）测验的观察变量与潜变量之间的关系在不同组别或时间点上保持不变的性质称为测量不变性，其成立与否是进行组间比较的重要前提，可以用 measurementInvariance( )函数来估算，即按照特定次序对每个模型都与基准模型比较，并且对先前的模型进行卡方差异性检验以展示拟合度量的差别，但是这个方法比较原始，需要加载 semTools 包才能实现。

10.3.4　结构方程模型的评价与修改

结构方程模型的构建是个不断优化的过程，而对模型的评价及其测评标准则是我们进行优化的依据，即依照评价信息来修正和完善模型的迭代过程，才是结构方程模型的建模过程。

1. 结构方程模型的质量评价基本信息

一般的评价内容包括参数的合理性、解释的程度、拟合指数等三个方面。

1）参数的合理性

在结构方程模型中，存在着各类参数，虽然各参数是经过统计方法测定的，但是其反映了现象之间的关联方向和相关的程度。所以其对应的理论与测试的结果要一致，即参数的方向和数值的大小等内容要符合理论或经验的要求，除非理论属于谬误等情况。

具体包括：因子载荷必须在 0.5～0.95，模型测量误差不能为负，各部分显著性检验都要通过，标准误差不能过大。

2）解释的程度

在结构方程模型中，每个估算的方程都存在着解释变量对被解释变量的决定程度的测算，即判定系数的大小反映了解释能力和解释的效果。所以判定系数大的模型要优于判定系数小的模型，而迭代修改过程中能够改变判定系数，并使其增加的修正方向是正确的，按此方向修改到判定系数最大。

3）拟合指数

拟合指数是反映模型拟合效果的统计指标，其评价的内容和方法很多，不同的软件和程序所给出的指标也有所不同。就 R 中的 summary 函数无读取的结构方程评价信息介绍如下。

（1）结构方程模型的基本信息：分别给出最优化方法是 NLMINB，待估计的随机性参数，数据共组数；采用的极大似然估计量；模型拟合检验统计量；自由度等内容。

（2）基准模型的检验：最小功效统计量、自由度、概率值等内容。

（3）用户模型与基线模型的比较：比较拟合指数（comparative fit index，CFI），塔克刘易斯指数（Tucker-Lewis index，TLI）等以接近 1 为好指标。

（4）对数似然信息标准：限制模型对数似然函数值（H0），无限定模型的对数似然函数值（H1），自由参数个数；赤池信息准则（Akaike information criterion，AIC）值，贝叶斯准则（Bayesian information criterions，BIC）值，调整的贝叶斯准则值；似然值越大越好，准则越小越好。

（5）近似均方根误差（RMSEA），一般认为小于 0.06 为好；90%的置信区间；P 值表明 RMSEA＜0.05 的结果；标准化的均方根误差 SRMR，一般小于 0.08 为好。

2. 模型修正

在结构方程模型中，经常需要对模型进行修正以获得更高的拟合度。然而，一个模型中可以修正的项目很多，修正的顺序和程度是什么呢？需要更详细的参考信息，在 lavaan 中也提供了相应的程序供我们使用。

1）修正信息的提前

可以通过在 summary( )函数中增加参数 modindices = TRUE，来得出修正指标，例如：

mi<- modindices(结构方程估计对象)

mi[mi$op = = ″ = ～″,]

可以得到修正依据 MI 和 EPC 的测算结果，一般在 MI 和 EPC 都较大时，需要修正该变量的系数限制。

2）修正原则

MI 为修正指数，反映限制性参数的放开可以改变的模型拟合度的卡方值，所以一般 MI 值大于 5 时就表示该变量的存在具有统计意义，建议放开限制加入模型。但是具体运用时需要考虑加入路径后系数的显著性，而且从理论上讲是否行得通，如果理论上说不通，应该不加，加上后如果不显著（t 值的绝对值小于 1.96）也不要加。由于 sem 要求各潜变量的测度方程中的各因子间是相关的，而各潜变量方程之间的误差是相互独立的，所有误差项之间是相互独立的，各误差与潜变量间的关系也是独立的（虽然很难达到），所以 MI 的修正主要使用在各潜变量方程内部的各因子之间。一般经验如下。

（1）优先修正潜变量间关系，再修正误差项共变关系。

（2）在误差项共变关系修正中，先修正 MI 最大的，一次只修正一个，重新分析之后再进入下一步修正。先修正同一个测量模型中的误差项共变关系，再考虑不同测量模型中的误差项共变关系。

（3）如果模型中存在不显著的路径，先将其路径删除，然后再修正误差项。

（4）当某个误差项或测量指标与其他多个参数共变性较强时，可以直接删除修正。

（5）修正到什么程度呢？如果一个模型多数指数已经达到拟合标准，就可以停止了。

综合实训案例

【例 10.11】 以附表二和附表三的部分数据来构建中国宏观简化模型。

1. 初步设计

考虑到我们的生活水平主要表现为消费支出水平的高度，所以核算出 rjxf = JMXF/RK 的数据，而生活水平又是由生产力水平决定的。然而生产力的水平却是潜变量，需要我们进行因子核算，为举例方便在现有的数据中反映技术条件表现的指标主要有人均生产能力 rjcn = ZCFGDP/RK 和第三产业的比重 SCBZ = SCJY/JYRK。因此对结构方程模型分析所需的基本数据进行核算如下：

```
rjxf=ZCFGDP$JMXF/RKSJ$RK
rjcn=ZCFGDP$ZCFGDP/RKSJ$RK
SCBZ=RKSJ$SCJY/RKSJ$JYRK
JGSJ<-data.frame(ZCFGDP,RKSJ,rjxf,rjcn,SCBZ)
```

按照 lavaan 包的要求来设计模型的方程如下。

首先，生活水平 rjxf 是由生产力水平（技术条件 jstj）决定的，则有简单的结构方程：

rjxf～jstj

该结构方程是描绘显变量与潜变量的因果关系的方程，所以可以使用常规的表述方法。

其次，生产能力表现为技术条件 jstj 是个潜变量，又表现为人均产能 rjcn 与三次比重 SCBZ 等两个因素来反映。结构方程路径图如图 10-3 所示。所以测度方程为

jstj = ～rjcn + SCBZ

2. 初步估算和绘图

综合上述考虑编写 lavaan 规范性模型，估算和绘图程序为

```
>GS<-'rjxf~jstj;jstj=~rjcn+SCBZ'
>sem(GS,JGSJ)->GSHG
>semPaths(GSHG)
```

3. 初步评价

结构方程 GSHG 对象的主要信息，在 summary 函数中使用，fit 参数结果为

```
>summary(GSHG,fit.measures=TRUE)
lavaan 0.6-4 ended normally after 209 iterations
   Optimization method                           NLMINB
   Number of free parameters                          6
   Number of observations                            27
   Estimator                                         ML
   Model Fit Test Statistic                       0.000
   Degrees of freedom                                 0
Model test baseline model:
   Minimum Function Test Statistic              226.699
   Degrees of freedom                                 3
   P-value                                        0.000
User model versus baseline model:
   Comparative Fit Index(CFI)                     1.000
   Tucker-Lewis Index(TLI)                        1.000
Loglikelihood and Information Criteria:
   Loglikelihood user model(H0)                  61.705
   Loglikelihood unrestricted model(H1)          61.705
   Number of free parameters                          6
   Akaike(AIC)                                 -111.409
   Bayesian(BIC)                               -103.634
   Sample-size adjusted Bayesian(BIC)          -122.274
Root Mean Square Error of Approximation:
   RMSEA                                          0.000
   90 Percent Confidence Interval          0.000  0.000
```

```
   P-value RMSEA<=0.05                           NA
Standardized Root Mean Square Residual:
   SRMR                                          0.000
Parameter Estimates:参数估计的内容同前
```

◆阅读与思考

做事要有系统性的准备

记得学习投入产出分析时老师讲过的一个故事，即第二次世界大战初期，美国某军火商为了制造一批飞机而按照飞机所用的耗材比例准备了生产所需的各种材料。但是生产中发现飞机所需要的大量铝材需要进行电解，而电解过程需要导电性能好的铜，然而生产前并没有准备那些间接使用的各类材料，因此影响了生产活动。据说最后以国库中的白银替代了铜，才完成了订单。为此军方寻找了当时的各个研究领域，发现在经济学中已经有了对这种情况进行系统性分析的工具，即投入产出分析法。所以，后来的许多大的系统性的工程分析都采用了投入产出分析法，并在此基础上发展出了许多的分析工具。

同样在朝鲜战场上需要准备多种战略物资，是各大军火商关心的事情，可是由于军方情报的保密性而很难获取相关的数据。所以研究这一课题的格林斯潘利用第二次世界大战时的相关数据建模预测了这些需求量信息。由于预测的准确性，军方怀疑是情报的泄露，不过通过这类事项也让人们认识到了格林斯潘的高明之处，同时也成为他被任命为美联储主席的资本之一。从系统视角出发分析复杂现象的错综复杂关系的需求，将会越来越多，尤其是在大数据时代对系统性分析的需求将会更大。

本章小结

对于多方程而言，虽然较单方程复杂，但其接近现实生活，少了许多假设。多方程所面临的随机解释变量、方程和误差间的相关性、理论的灵活性等问题都是客观存在的。人们采取了很多的方式方法，从不同的视角来解决这些问题，所以就有了联立方程模型、VAR 模型、协整性检验和结构方程模型等相关的知识与做法，为现实的经济活动分析提供了有效的工具和规范思路。尤其是各类程序包的编制，为这思路和探索提供了操作性的保障，也为这些理论的推广和应用做出了不小的贡献。

◆作业与练习

1. 依据本章理论，观测客观现实或二手资料，构建一个结构方程模型。
2. 就现有程序包的使用和推广做出详细的说明。
3. 为改进或提高部分分析效率修改或编写新的 R 程序。

主要参考文献

靳云汇，金赛男. 2011. 高级计量经济学[M]. 下册. 北京：北京大学出版社.

克莱尔 J D 等. 2011. 时间序列分析及应用 R 语言[M]. 潘红宇，等译. 北京：机械工业出版社.

李子奈. 2005. 计量经济学[M]. 2 版. 北京：高等教育出版社.

汤银才. 2008. R 语言与统计分析[M]. 北京：北京大学出版社.

王涛. 2015. 计量经济学[M]. 北京：科学出版社.

伍德里奇 J M. 2018. 计量经济学导论：现代观点[M]. 6 版. 费剑平，林相森，译. 北京：中国人民大学出版社.

张晓峒. 2007. 计量经济学基础[M]. 天津：南开大学出版社.

案 例 数 据

书中案例所用数据存放在 JLJJX. RData 中，具体数据如下。

附表一　2004～2015 年东北地区生态观测数据表

bh	dq	nf	egr	zfb	jyb	gcs	jys	gls	kds	rzs	wds	gdb	szs
1	LN	2004	0.415	0.108	0.122	2.390	0.068	7.10	323	2 378.7	10.875	0.282	19.304
2	JL	2004	0.381	0.114	0.126	2.040	0.047	5.80	324	2 602.6	7.133	0.298	17.273
3	HLJ	2004	0.366	0.133	0.128	2.637	0.028	7.00	298	2 363.4	5.842	0.249	13.786
4	LN	2005	0.391	0.113	0.119	2.289	0.075	7.50	313	2 499.9	9.450	0.282	25.486
5	JL	2005	0.367	0.121	0.117	1.975	0.041	6.80	325	2 324.6	5.600	0.298	29.867
6	HLJ	2005	0.343	0.138	0.124	2.809	0.031	7.40	301	2 134.0	4.700	0.249	15.736
7	LN	2006	0.386	0.125	0.109	1.948	0.081	7.93	321	2 219.4	8.300	0.282	17.662
8	JL	2006	0.351	0.132	0.123	1.877	0.035	7.34	340	2 424.9	6.600	0.298	18.869
9	HLJ	2006	0.338	0.139	0.122	2.792	0.034	7.29	308	2 227.9	5.300	0.249	15.389
10	LN	2007	0.381	0.119	0.111	1.836	0.083	9.03	326	2 360.9	9.033	0.276	17.682
11	JL	2007	0.350	0.126	0.115	1.823	0.038	8.27	340	2 533.6	7.675	0.295	18.463
12	HLJ	2007	0.349	0.135	0.118	2.819	0.038	8.24	330	2 359.2	6.650	0.250	10.397
13	LN	2008	0.393	0.121	0.102	1.823	0.083	9.37	307	2 570.7	8.600	0.276	17.973
14	JL	2008	0.353	0.137	0.108	1.908	0.045	9.20	332	2 380.9	7.200	0.295	17.716
15	HLJ	2008	0.354	0.140	0.107	2.731	0.046	9.46	334	2 337.8	6.600	0.250	9.767
16	LN	2009	0.393	0.121	0.102	1.823	0.083	9.37	307	2 570.7	8.600	0.276	17.973
17	JL	2009	0.353	0.137	0.108	1.908	0.045	9.20	332	2 380.9	7.200	0.295	17.716
18	HLJ	2009	0.354	0.140	0.107	2.731	0.046	9.46	334	2 337.8	6.600	0.250	9.767
19	LN	2010	0.356	0.110	0.112	1.445	0.102	10.21	346	2 275.2	7.242	0.340	40.993
20	JL	2010	0.333	0.131	0.107	1.761	0.061	10.27	341	2 295.0	5.150	0.374	36.644
21	HLJ	2010	0.350	0.124	0.102	2.320	0.060	11.27	340	2 152.1	4.508	0.335	18.044
22	LN	2011	0.361	0.105	0.108	1.338	0.110	10.60	347	2 619.0	7.700	0.339	19.919
23	JL	2011	0.334	0.130	0.106	1.593	0.066	10.50	341	2 699.6	5.900	0.375	16.857
24	HLJ	2011	0.368	0.113	0.096	1.898	0.060	11.50	340	2 282.6	5.200	0.335	13.309
25	LN	2012	0.366	0.102	0.112	1.272	0.115	10.90	329	2 577.2	7.400	0.338	36.980
26	JL	2012	0.338	0.119	0.111	1.521	0.072	11.00	344	2 438.3	5.200	0.374	24.573
27	HLJ	2012	0.374	0.113	0.095	1.841	0.068	11.80	345	1 773.8	4.600	0.335	17.789
28	LN	2013	0.327	0.119	0.119	1.253	0.119	11.10	215	2 389.6	7.900	0.337	31.297
29	JL	2013	0.303	0.136	0.114	1.439	0.087	11.80	230	2 396.4	5.600	0.374	32.412

续表

bh	dq	nf	egr	zfb	jyb	gcs	jys	gls	kds	rzs	wds	gdb	szs
30	HLJ	2013	0.356	0.124	0.096	1.683	0.068	12.10	239	2 023.5	4.300	0.335	30.013
31	LN	2014	0.283	0.212	0.114	1.219	0.132	11.60	259	2 690.0	9.200	0.337	9.858
32	JL	2014	0.271	0.197	0.119	1.355	0.097	12.10	271	2 674.5	7.100	0.374	16.329
33	HLJ	2014	0.277	0.211	0.110	1.843	0.055	12.10	268	2 055.9	5.100	0.335	19.964
34	LN	2015	0.282	0.202	0.115	1.154	0.094	11.50	261	2 412.8	9.000	0.336	12.095
35	JL	2015	0.268	0.196	0.122	1.323	0.106	12.50	269	2695.7	7.200	0.373	17.679
36	HLJ	2015	0.276	0.195	0.114	1.736	0.015	12.00	314	2 090.7	5.600	0.335	17.211

注：表内各栏目的含义 dq 地区、nf 年份、egr 恩格尔系数（%）、zfb 住房比例（%）、jyb 教育比例（%）、gcs 公厕数（个/万人）、jys 就业数（亿人）、gls 公绿数（m^2/人）、kds 空达数（天）、rzs 日照数（时/年）、wds 温度数（℃）、gdb 耕地比（hm^2/万人）、szs 水资源数（m^3/人）。DSSST 为该数据框的对象名。

附表二　实行市场经济后的中国 GDP 支出法核算数据　　（单位：亿元）

year	ZCFGDP	ZZXF	JMXF	ZFXF	ZBXC	GDZBXC	CHBD	JCK
1992	27 334.2	16 225.1	12 312.2	3 912.9	10 833.6	8 461	2 372.6	275.6
1993	35 900.1	20 796.7	15 696.2	5 100.5	15 782.9	13 574.4	2 208.5	−679.5
1994	48 822.7	28 272.3	21 446.1	6 826.2	19 916.3	17 187.9	2 728.4	634.1
1995	61 539.1	36 197.9	28 072.9	8 125.1	24 342.5	20 357.4	3 985.1	998.6
1996	72 102.5	43 086.8	33 660.3	9 426.4	27 556.6	23 319.8	4 236.8	1 459.1
1997	80 024.8	47 508.7	36 626.3	10 882.3	28 966.2	25 363.2	3 603	3 550
1998	85 486.3	51 460.4	38 821.8	12 638.6	30 396.6	28 751.4	1 645.2	3 629.3
1999	90 823.8	56 621.7	41 914.9	14 706.7	31 665.6	30 241.4	1 424.2	2 536.6
2000	100 576.8	63 667.7	46 987.8	16 679.9	34 526.1	33 527.7	998.4	2 383
2001	111 250.2	68 546.7	50 708.8	17 837.9	40 378.9	38 064	2 314.9	2 324.7
2002	122 292.2	74 068.2	55 076.4	18 991.8	45 129.8	43 796.9	1 332.9	3 094.2
2003	138 314.7	79 513.1	59 343.8	20 169.3	55 836.7	53 964.4	1 872.3	2 964.9
2004	162 742.1	89 086	66 587	22 499.1	69 420.5	65 669.8	3 750.7	4 235.6
2005	189 190.4	101 447.8	75 232.4	26 215.4	77 533.6	75 809.6	1 724	10 209.1
2006	221 206.5	114 728.6	84 119.1	30 609.5	89 823.4	87 223.3	2 600	16 654.6
2007	271 699.3	136 229.5	99 793.3	36 436.2	112 046.8	105 052.2	6 994.6	23 423.1
2008	319 935.9	157 466.3	115 338.3	42 128	138 242.8	128 001.9	10 240.9	24 226.8
2009	349 883.3	172 728.3	126 660.9	46 067.4	162 117.9	156 734.5	5 383.4	15 037.1
2010	410 708.3	198 998.1	146 057.6	52 940.5	196 653.1	185 827.3	10 825.8	15 057.1
2011	486 037.8	241 022.1	176 532	64 490.1	233 327.2	219 671	13 656.3	11 688.5
2012	540 988.9	271 112.8	198 536.8	72 576.1	255 240	244 600.7	10 639.3	14 636.0
2013	596 962.9	300 337.8	219 762.5	80 575.3	282 073	270 924.2	11 148.8	14 552.1
2014	647 181.7	328 312.6	242 539.7	85 772.9	302 717.5	290 053.1	12 664.4	16 151.6

附表五　中国历史上的人口

中国纪年	公元纪年	人口/亿人
武王克商（西周建国）	公元前 1046 年	0.055 0
周平王元年（东周始）	公元前 770 年	0.100 0
秦始皇称帝	公元前 221 年	0.200 0
汉高祖五年（西汉建国）	公元前 206 年	0.131 0
汉文帝二十三年	公元前 157 年	0.250 0
汉平帝二年	公元 2 年	0.630 0
汉桓帝十一年	公元 157 年	0.720 0
魏文帝（曹丕）元年	公元 220 年	0.190 0
晋武帝（司马炎）元年	公元 265 年	0.275 4
晋惠帝十年	公元 300 年	0.347 9
晋安帝十年	公元 407 年	0.322 8
隋文帝（杨坚）十年	公元 581 年	0.453 0
唐玄宗（李隆基）四十四年	公元 755 年	0.904 5
宋太祖（赵匡胤）元年	公元 960 年	0.459 8
北宋徽宗十年	1110 年	1.206 6
南宋丁宗二十八年	1223 年	1.248 0
明嘉靖四十五年	1566 年	1.663 0
清顺治十八年	1661 年	0.906 996 16
清道光十四年	1834 年	4.000 000 00
中华民国元年	1912 年	4.429 445 29
中华民国八年	1919 年	4.682 874 73
中华民国十八年	1929 年	4.953 811 99
中华民国二十六年	1937 年	4.967 237 11
中华民国三十五年	1946 年	5.164 583 01
中华人民共和国	1949 年	5.454 185 98
中华人民共和国	1964 年	7.049 9
中华人民共和国	1981 年	10.007 2
中华人民共和国	2001 年	12.762 7

附表六　主要统计分布名字符表

命令符	中文名	命令符	中文名	命令符	中文名
norm	正态分布	unif	均匀分布	beta	贝塔分布
t	t 分布	exp	指数分布	lnorm	对数正态
f	f 分布	weibull	韦布尔分布	Logis	逻辑分布
chisq	卡方分布	gamma	伽马分布	Cauchy	柯西分布
pois	泊松分布	signrank	符号秩	wilcox	秩和
binom	二项分布	geom	几何分布	hyper	超几何分布
nbinom	负二项分布	tukey	学生化极差		